运营改变乡村

OPREATION CHANGES THE COUNTRY

乡村运营

临安样本

LIN'AN SAMPLE

OF

RURAL OPERATION

陈伟洪　主编

ZHEJIANG UNIVERSITY PRESS
浙江大学出版社
·杭州·

图书在版编目（CIP）数据

乡村运营临安样本 / 陈伟洪主编. -- 杭州 ： 浙江
大学出版社，2024. 10. （2025.4重印）-- ISBN 978-7-
308-25285-0

Ⅰ. F592.755.4

中国国家版本馆CIP数据核字第2024J0B364号

乡村运营临安样本

XIANGCUN YUNYING LIN'AN YANGBEN

陈伟洪　主编

责任编辑	赵　静	
责任校对	胡　畔	
封面设计	林智广告	
出版发行	浙江大学出版社	
	（杭州市天目山路148号　　邮政编码 310007）	
	（网址：http://www.zjupress.com）	
排　　版	杭州林智广告有限公司	
印　　刷	杭州高腾印务有限公司	
开　　本	787mm×1092mm　1/16	
印　　张	20.5	
字　　数	419千	
版 印 次	2025年4月第1版　2025年4月第2次印刷	
书　　号	ISBN 978-7-308-25285-0	
定　　价	100.00元	

临安经营村庄的理念和引入市场主体发展村落景区的探索，是推动"两进两回"的有益尝试，值得充分肯定。

——时任浙江省委副书记、省长　袁家军

2019 年 12 月 13 日

像杭州的临安区，积极推进"村庄经营"，在理顺产权的基础上，引进专业运营团队，充分盘活山水资源，探索出乡村振兴的有效路径。

——时任浙江省委副书记、省长　郑栅洁

2020 年 12 月 9 日

从美丽乡村向美丽经济、从行政力量向市场力量、从零碎化向整村化、从单打向组合拳、从短平快向可持续的一系列转变，形成政府、市场、企业、村集体和农户的利益共同体、命运共同体、发展共同体，实现共建共创共生、共荣共享共治，这是乡村振兴共同富裕的题中之义，也是"千万工程"向共同富裕大场景下的乡村振兴尤其是产业振兴迭代升级的重大课题和现实需求，对全省具有普遍的启示和借鉴意义。

——浙江省常务副省长　徐文光

2022 年 5 月 7 日

临安围绕乡村运营所做的探索，体现了专业的人干专业的事，市场的事交市场来做，政府有所为，更应善于通过创新机制有所为的理念，对全省推进乡村文旅事业高质量发展具有借鉴意义。

——浙江省文化和旅游厅党组书记、厅长　陈广胜

2022 年 7 月 24 日

总结临安村庄经营好做法，发挥市场化机制，更好推动"两进两回"。

——2020 年《浙江省政府工作报告》

目
录

理论篇　乡村运营的临安之光

引导篇　乡村运营的临安之魂

乡村运营的临安之光

第一章 临安乡村运营的理论内涵

一、乡村运营（村庄经营）导则

（一）范围

本导则内容包括乡村运营的术语与定义、总则、运营招引、运营要求、运营支持及运营考核。本导则适用于临安区行政村、自然村开展的乡村运营。

（二）规范性引用文件

通过对以下各类标准和规范的规范性引用而构成本文件必不可少的条款。其中，标注年份的引用文件，仅该年份对应的版本适用于本文件；未标注年份的引用文件，其最新版本（包括所有的修改单）适用于本文件。

《环境空气质量标准》（GB 3095）

《生活饮用水卫生标准》（GB 5749）

《农村生活污水处理设施污水排入标准》（DB33/T 1196–2020）

《农村生活垃圾分类处理规范》（DB33/T 2091–2018）

（三）术语和定义

下列术语和定义适用于本文件。

1. 乡村运营

乡村运营商运用市场化的手段，对乡村内外部资源要素进行整合、配置和经营的活动。

2. 乡村运营商

注册登记在运营村庄、从事乡村运营的法人经济组织。

3. 乡村运营师

熟悉乡村产业，爱乡村、会策划、懂经营、善管理的人员。

（四）总则

1. 总体目标

通过运用市场化手段，盘活乡村闲置资源，培育壮大乡村产业，促进科技进乡村、资金进乡村，青年回农村、乡贤回农村的"两进两回"，激活乡村经济发展的内生动力，实现"产业兴旺、生态宜居、乡风文明、治理有效、生活富裕"的乡村振兴总目标。

2. 基本原则

（1）市场导向

应坚持以乡村运营商为主体，以市场需求为导向，合理配置乡村内外部资源，按照市场化运营方式，政府和主管部门提供支持和指导，实现乡村运营可持续、健康发展。

（2）系统思维

应坚持系统化运营理念，合理配置乡村投资和运营业态，注重产业融合、文旅融合、生态融合发展。

（3）文化凸显

应坚持因地制宜，应用在地文化赋能，充分体现乡村特点，顺应乡村文化肌理，发展有历史记忆、地域特色、旅游品质的乡村业态产品。

（4）生态优先

应坚持生态优先、合理开发和利用生态资源，保留乡貌、乡风、乡味、乡情和乡愁，把绿色发展理念贯穿于乡村运营全过程。

（5）内生发展

应坚持促进科技进乡村、资金进乡村，青年回农村、乡贤回农村的"两进两回"，注重培育乡村造血功能，充分发挥农民主体作用，带动村民增收致富。

（6）尊重村民

应尊重村民利益和发展意愿，注重与村民、乡贤、返乡青年结成产业链条，兼顾运营商、村集体与村民三者利益，实现利益共享、合作共赢。

（五）运营招引

1. 招引流程

乡村运营商招引可分为招商信息发布、洽谈、考察、答辩、试运营、考核、谈判、签约等阶段，具体流程如图 1 所示。

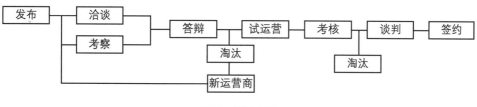

图 1 招引流程

2. 招引对象

（1）应具备策划文创能力、资源集聚能力、运作经营能力，兼具乡村情怀和工匠精神。

（2）应进行村落资源摸底调查，形成调查报告。

（3）应提炼村庄运营发展主题，定位精准，符合村庄实际。

（4）策划方案中业态落地项目及景观节点、小品空间布局应安排合理。

（5）应有切实可行的乡村运营盈利模式。

（六）运营要求

1. 乡村运营商

（1）应遵守国家的法律法规，取得相应的运营资格。

（2）应组建由乡村运营师等专业人才组成的运营团队，且常态驻村。

（3）应加强运营安全管理，制定安全预案，落实安全措施。

2. 运营环境

（1）运营区域内饮用水应符合《生活饮用水卫生标准》（GB 5749）的规定。

（2）运营区域内空气质量应符合《环境空气质量标准》（GB 3095）的规定。

（3）运营区域生活污水处理全覆盖，并应符合《农村生活污水处理设施污水排入标准》（DB33/T 1196–2020）的规定。

（4）运营区域内垃圾分类处理应符合《农村生活垃圾分类处理规范》（DB33/T 2091–2018）的规定。

3. 运营制度

（1）应与村委分工合作，形成明确的工作制度、机制。

（2）宜建立运营工作例会制度，运营工作例会内容覆盖整村运营，有村内关联业态代表参加。

（3）应建立村庄综合管理机制，安全、秩序、服务、投诉等管理制度健全。

（4）应运行专家咨询工作机制，举办重大活动、推进重要工作等应征询专家小组意见和建议。

4. 运营内容

（1）应积极招引投资商或乡贤、返乡青年在村庄投资各类业态，有完整的招商计划和方案。

（2）应积极引进乡村旅游或与三产融合的各类乡村新业态、新产品。

（3）宜契合村落主题，设计和布置村庄景观节点、小品、标识系统等，营造旅游氛围。

（4）宜帮助民宿、农家乐或其他传统业态转型升级，提升文化内涵和服务质量。

（5）宜根据村庄资源策划开发民俗非遗类、乡村美食类、农事体验类、农户康养类等"一村一品"特色体验项目。

（6）宜采用当地特色材料或特产开发具有地域特色和文创品牌的旅游商品。

（7）宜通过策划包装，串联村庄与业态、周边景区、企业等形成区域性线路产品。

（8）宜结合当地特色及地域文化举办线上线下营销推广、乡村节庆等活动。

（9）宜协助村庄组建农家乐（民宿）协会或其他组织，引导其开展一系列对村庄发展有益的活动。

（10）应利用多个网络平台发布运营产品信息，实现线上预订、满意度评价等功能。

5. 运营人员

（1）应定期组织公司从业人员与全村的乡村旅游从业人员培训。

（2）宜培育建立乡村创客基地，吸引返乡（在乡）青年在村庄创业或就业，参与乡村运营。

（七）运营支持

1. 运营例会

乡村运营主管单位或运营机构宜定期召开运营例会，沟通交流运营工作，着重提出运营问题和困难，讨论解决问题的办法。

2. 运营沙龙

乡村运营主管单位或运营机构宜定期举办运营沙龙，吸引各界人士参与交流，传播乡村运营理念，导入乡村运营相关资源，推动乡村运营高效发展。

3. 运营问诊

乡村运营主管单位宜成立由相关业界专家组成的乡村运营专家咨询委员会，对村庄运营工作进行实地考察，就运营工作存在的问题提出意见和建议。

4. 运营推广

政府有关部门应积极借助主流媒体、自媒体、推介会、论坛、沙龙等渠道，搭建系统化的多方赋能服务平台，帮助运营商推广宣传，扩大影响，促进各方优质资源有序流动。

（八）运营考核

1. 考核对象

（1）新入驻乡村运营商且入村实际运营 1 年以上。

（2）年度考核合格的乡村运营商。

2. 考核内容

应按照文旅主管部门制定的考核细则进行年度考核。

3. 考核应用

运营商的考核成绩合格，可作为资源分配或奖励的依据。

乡村运营坚持以习近平总书记全面实施乡村振兴"产业兴旺、生态宜居、乡风文明、治理有效、生活富裕"[①] 的重大战略决策部署为指导，以发展"美丽经济"为目标，以乡村文旅为切入点，通过政府引导和保障，充分发挥市场的主导作用，盘活乡村资源，全面推进农村三产融合，实现多方共赢，推动美丽乡村向"美丽经济"转化。为有效指导、协调和规范乡村运营工作，充分发挥乡村多功能价值，促进乡村可持续发展和全面振兴，特制定本导则。

本标准按照《标准化工作导则》（GB/T 1.1—2020）"第 1 部分：标准化文件的结构和起草规则"起草。

本标准由临安区文化和广电旅游体育局提出并归口。

本标准起草单位：临安区文化和广电旅游体育局、杭州市临安区产品质量监测中心、浙江农林大学乡村运营研究所。

本标准作为杭州市临安区地方标准（DB330185/T 008—2021）。由杭州市临安区市场监督管理局 2021 年 6 月 7 日发布，并于 2021 年 6 月 7 日实施。

---

① 习近平：《习近平总书记两会金句》，《人民日报》2019 年 3 月 14 日第 9 版。

二、临安乡村运营模式课件（2018 年）

陈伟洪

（一）乡村运营是什么？乡村运营不是什么？

以前，我们所谓的乡村运营其实是综合管理的职能，美丽乡村的基础设施、公共配套建设完成后，由村委会接手，进行简单的维护和整治。自 2017 年乡村运营传播开来后，很多人对乡村运营的理解有了突破，但仍旧存在偏差，观点理论可谓五花八门。大多数人把乡村运营看作一个活动或打造一个项目或推出一条旅游线路，或售卖农特产品，或进行新媒体推广等。我认为，这仅仅是乡村运营的一个方面。

我对临安乡村运营的定义如下：乡村运营是以政府为主导，招引市场化主体进驻乡村，与村集体形成利益共同体，利用市场化的整合手段对乡村存量资源和资产进行整村性、系统化、多维度的运营，达到发展乡村旅游和实现乡村振兴的目的，并非单一的投资项目、节庆活动或促销产品的行为。

乡村运营不是单一的手段和行为，不是做规划、搞策划，不是举办活动，不是宣传营销，不是乡村新媒体运作，不是电商直播，不是单体投资项目，不是旅行社单次招引游客行为等。

（二）关于整村运营概念

怎样理解整村运营的概念？我认为主要包括两个方面：一是闲置资源、资产的整村化；二是产品的关联度、产业的系统化。

（三）为什么需要乡村运营？乡村运营解决乡村发展中的哪些瓶颈和困难？

一是"绿水青山就是金山银山"理念转化的通道在哪里？绿水青山就是金山银山，但有了绿水青山不等于就有了金山银山，这当中，还需要有转化的通道。这个通道是什么？当然不是把山上的树砍了，把水中的沙挖了，拿到市场去卖，这里就需要更为高明的谋虑、策划以及创新的方式和手段。另外，我们讲乡村振兴的首要方面，产业如何振兴？我认为，乡村产业也进入市场化竞争阶段，而产业竞争是需要运营这样高级化手段的。

二是广袤乡村中大量沉睡的资源资产（包括村庄闲人、村庄空心化）如何"唤醒"，实现经济、文化、生态、美丽等多元价值？

三是传统农业等产业附加值如何提升？农文旅如何融合？

四是村庄里单体产品和业态如何提升附加值？村落产业之间及业态和产品如何互为

有机关联，形成村庄产业系统，实现可持续高质量发展。

五是针对之前我们美丽乡村建设中存在的一些弊端，政府多年来投入的基础设施和配套设施如何"焕发新生"？

想要破解以上问题，我认为采取市场化运营是重要的路径。

（四）关于乡村运营思维

乡村运营讲究的是运营思维、运营方式、运营手段以及运营手法。

临安的乡村运营思维，首先是遵循市场化规律的思维，例如系统思维、闭环思维、"游戏规则"思维、多方共赢（利益共同体）思维、"中医系统疗法"思维等。

（五）关于乡村运营商和乡村运营师

乡村运营商指市场化的专业团队，乡村运营师指运营团队中具有专业水平的成员。

乡村运营师要具备乡村运营思维、情怀和理想、高人一筹的智慧、资源集聚能力、工匠精神、平台构建及市场运作的手段。

（六）乡村由谁来运营？

为什么要选择市场化主体——乡村运营商？

专业的事交给专业的人来做，与政府部门、村委会相比，运营商更有优势，因为运营商解决了三个"力"：动力、脑力、劳力。

（七）为什么不直接招引投资商而首先招引运营商？

投资商的思路和精力主要是围绕单个项目，而运营商是从一个产品体系进行全村的整合打造。一个村落的旅游主题谋划在前，所有动作围绕主题气质和风格来展开。

投资商是以他所投资的项目为主，以项目的盈利为目的，而运营商是以整个村落的旅游如何做起来为目标任务。

运营商其中一个任务就是精准招引投资商，侧重"小而美"的业态和产品。

（八）谁是乡村运营商？如何招引运营商？

运营商需要具备五个条件：一是具备策划和文创能力；二是具备集聚资源能力；三是具备市场运作能力；四是具备乡村情怀和理想；五是能深耕乡村，具备工匠精神。

招引运营商的主要方式为社会公开招募和发动圈层资源。

（九）乡村运营和乡村建设是什么关系？

政府投入资金、配套建设基础设施，只是乡村建设与运营的基础，产业的植入和良性循环才是乡村建设与运营的源头活水。

要实现产业植入、提升产品附加值，就需要引入乡村运营师，放手让"专业人干专业事"，在市场竞争中亮出自己的真本事。所以，在临安的整村运营模式中，从产品包装、定位，再到业态布局，乡村运营师享有高度自主权，很大程度上都能自己说了算。在乡村振兴这块"画板"上，运营师可以挥毫泼墨、自如挥洒。

但乡村发展仅仅靠打造一个产业还远远不够。在临安，乡村运营师还要融会贯通，打造产业生态。比如，我们引进一家民宿，运营商可能会考虑通过民宿的系列产品，把民宿客人引导到采摘业态、研学游或者乡村的其他体验上来，使这些产品之间都能形成关联。

在临安的乡村发展中，乡村运营包含乡村建设。临安开展乡村建设与运营的关键点在于思维前置——将运营思维与举措放在乡村规划与建设之前，围绕一个特定的主题建设与运营，避免形成"千村一面"的模式。

同时，我们始终以运营的思维指导建设，通过让运营为业态服务的方式开展建设，让单一的业态集群化发展，规避大投资、大风险的业态，追求"小而美"的业态。通过乡村建设与运营的同步发展，我们要在保留临安整村产业结构形态的大框架下，让氤氲的烟火气和厚重的文化底蕴成为充实乡村发展内涵的肌理。

（十）乡村运营的内容、方式、手段

1. 主要内容

（1）传统农业产业（种植业、养殖业）；

（2）旅游产业；

（3）乡村振兴层面（产业、文化、组织、人才、生态、治理等）。

2. 方式

（1）整村化；

（2）系统化；

（3）维度化。

3. 手段

（1）文创；

（2）旅游；

（3）科技化；

（4）数字化；

（5）内生力；

（6）引外力。

（十一）临安乡村运营的缘起和做法

2017 年开始，临安招引市场化团队破解美丽乡村的困境，由原来的政府包揽变为政府与市场力量共同发力，多年来形成了一套系统化的做法。

1. 工作流程

（1）成立各级工作机构

①成立区级层面领导小组、镇（街）领导小组。

②成立建设、运营工作的"司令部"和"参谋部"。

（2）招引运营商

由临安区文化和广电旅游体育局（简称文旅局）和有关镇（街）共同实施。

①招商资料准备、手册制作、媒体发布，并以各种小分队形式招引运营商。

②准运营商与意向村庄"相亲"、座谈、调研，形成初步的运营、策划方案（不超过 3000 字）。

（3）专家把关

临安区文旅局运营专家组通过审阅策划方案，判断运营商的运营能力，确定其是否可以作为合作运营商。

（4）运营商签约

①运营商在村庄注册公司，50 万元资金注入。

②运营商与村委会达成合作意向，组建村落景区运营公司。

③临安区文旅局、镇（街）同时见证，村委会和运营公司签订协议。

（5）策划案（策划、规划、实施方案）

①运营公司牵头与策划公司、规划设计公司编制策划案。

②策划方案评审。临安区文旅局组织运营、建设等专家参加。

③运营专家提出策划方案的评审意见（以书面形式提交）。

④策划设计单位按照专家意见修改完善方案。

⑤专家组最后签名通过策划方案。

（6）项目实施、业态落地

①项目招标施工由镇（街）组织实施。

②专家组每月至少一次指导、检查项目执行情况，提出项目（业态）和工作过程中存在问题的书面整改意见。

③镇、街、村负责督促项目施工单位严格执行。

（7）运营工作例会

①临安区文旅局每月召集一次运营工作例会。

②村级运营工作例会，村委会和运营公司参加，文旅局和镇（街）指导。

（8）验收、支持

①运营公司准备年度工作台账。

②临安区文旅局请第三方考核机构验收村落景区运营绩效。

③考核结果公示，奖励资金拨付给运营公司。

2. 基本做法

（1）聘请专家顾问；

（2）过程"把脉问诊"；

（3）每月召开运营工作例会；

（4）举行运营沙龙会；

（5）建立运营商微信工作群，每日呈报运营工作记录；

（6）推广"驻村日记"；

（7）创建临安乡村运营微信公众号；

（8）建立运营营销中心，抱团合作（6家）。

（十二）临安乡村运营模式的主要做法和特点

1. 市场化，遵循市场规律运营

确保运营主体市场化、运营行为市场化。运营商依靠市场手段实现村庄经济价值，而不是单纯依靠政府项目，做"施工队"，或做村委会的"跟班"。运营商进村一年内不收政府和村委会一分钱。

2. 政府积极有为

"为"在何处？从过去"大包大揽"的做法，改为"引导、规范、服务、赋能"。此外，主导构建一套乡村运营闭环（规则）体系。

3. 轻资产运营

不做重资产投入，确保运营商的主要精力放在谋略、策划、系统布局、招引、造势、营销、管理以及对整村产业系统的布局等运营手段上。

4. 以商引商

这是临安乡村运营模式最巧妙的做法。运营商通过村庄主题策划后，再精准招引更多"小而美"的业态和产品投资商落地乡村，不主张招引大项目落户乡村。

5. 运营前置

运营思维和举措置于乡村建设甚至规划之前，确保规划、建设和运营呈一体化发展，不浪费投资，不破坏村庄生态资源。

6. 奖励后置

对运营商实行年度考核，政府聘请第三方机构实施考核，考核合格后才给予奖励。考核奖励可以说是一种"跳起来摘桃子"的"对赌"方式。

7. 运营手法

两个维度：一是策略、策划、文创、招引、旅游和科技化、数字化等手段；二是内生动力激发和外力协同方式。

8. 整村性、系统化、多维度的运营方式

运营商通过整村性运营度，将业态、产品、村民形成有机关联的系统，也可以称之为产业系统，更高层次称之为村庄生态。

9. 多方共赢

政府、村集体、村民、投资商、运营商等在乡村运营中均有获益。当然运营商的运营首先要构建自身盈利模式。

10. 闭环系统构建

在政府主导下，形成招引—进入门槛—试运营退出机制—专家"把脉问诊"—政府赋能—年度考核—奖励的闭环，各方遵循乡村运营"游戏规则"。

（十三）如何以运营的方式把乡村旅游做起来？

组建团队包括策划、文案、文创设计、新媒体运作、活动组织、项目建设、营销宣传、综合管理等人才，可采取兼职形式和合作形式。

1. 资源调查

运营商先了解村庄的"家底"和特色。突破原有资源调查方式，以临安有村落景区资源调查 16 项内容的调查表为指导。

2. 主题定位

明确村落旅游的主题和市场定位，以及村庄多个子 IP 的谋划。

3. 运营方案

策划为先，布局规划，实施方案。排兵布阵，运用"弹钢琴"手法，整合各类力量，寻找运营有效切入口。

4. 造势营销

活动包括创建乡村运营微信公众号，整合新媒体运作、传播，每个阶段策划民俗文化类旅游活动。

5. 招引投资

运营商精准高效招引投资商，注重圈层策划。投资建设经营业态项目，侧重于"小而美"的业态招引和打造。

6. 营造氛围

增加村庄的调性，为旅居客群提供情绪价值。利用乡土材质打造符合村落气质的景观小品。村庄有生气的场景营造，生产场景、民俗场景打造，光影场景应用，使村庄气质呈现"烟火气""文艺味"。

7. 业态产品

一是按照资源禀赋，注重"小而美"；二是传统产业提级；三是农文旅体融合；四是创意创造；五是政府项目作"运化"；六是数字化、科技化。

8. 线路产品

围绕村落旅游主题，把打造的业态和体验活动、景观点等串成旅游线路产品，一个村落线路产品可以组多条旅游线路，有村内和村外两种形式。

9. 社会合作

运营商借助外力，与各类公益组织、高校机构、乡贤组织、网络营销机构、新媒体团队、企业协会、社区组织等加强合作。

10. 管理服务

加强服务保障、环境整洁、生态及民俗保护等。

（十四）运营改变乡村（运营思维下的乡村案例）

以村落一家人为例：1.0 版的水稻田，传统农业耕作形式；2.0 版的水稻田，种粮大户投资经营模式；3.0 版的水稻田，系统化运营模式。

家庭成员原状：在城里工作的知识青年；在家务农的父亲母亲，父亲以种植水稻为业，母亲做家务，打打麻将，即闲置的劳动力；在家养老的爷爷和奶奶，爷爷会酿酒的技艺，奶奶有纳鞋底的手艺。他们在院子里晒太阳度日。

当运营进入村落，一切发生改变。

把村里 10 位父亲的水稻田统一流转来种植和收获→植入文创和旅游→亲子游→研学游→大米包装→直播营销（稻田艺术节等），附加值提升；村里 10 位母亲打造一桌乡村土菜→乡村厨娘会→系统化打造→成果显现；知识青年回乡→爷爷酿酒作坊→奶奶传统文化鞋底伴手礼等，由此形成关联度。

（十五）运营大戏（各自的角色）

运营商主要做运营，那么政府是不是就做"甩手掌柜"了？当然不是。在运营这场大戏中，各自扮演的角色如下：

运营商→主角；

投资商→配角；

政府部门→跑龙套；

村委会→股东；

村民→主人；

专家→师爷。

运营商是主角：承担村落景区发展规划、项目投资、招商投资、产品开发、旅游营销、日常运营、综合管理等职能，并扮演"第二村委会"角色，参与村庄发展议事会议。

投资商是配角：按照村落景区主题和风格开展项目投资，只对自己投资的项目负责。

政府部门是"跑龙套"：摒弃过去在规划设计、项目施工、村庄整洁等方面"大包大揽"的做法，改为承担引导和规范职能。

村委会是股东：代表村集体与运营商签订合同，以集体资产入股。村委会在运营工作业务上不干涉、不参与经营管理，主要协助并保障运营商在村落顺利开展运营工作。

村民是主人：作为农民，可通过出售农产品获益；作为投资者，可通过乡村民宿、伴手礼、采摘园等获益；作为劳动者，可在家门口就业。

专家是师爷：旅游部门特聘乡村旅游专家团队，定期对运营商进行指导和交流，为运营商提出对策建议，保证其有复制推广的价值、促进改革的价值。

乡村运营是一个新生事物，它是一项系统化的工程，并非一蹴而就的单一的工作，需要我们以运营的思维，以改革的方式去推进。

（十六）以民宿产业为核心的乡村运营应该怎么做？

民宿近年来发展迅猛。从单体民宿来讲，临安民宿可以与莫干山和安吉等地民宿媲美，但临安民宿还缺乏一个叫得响的区域品牌，这是临安民宿亟须引起重视的一个方面。我们将从以下六个方面进行打造。

1. 打造临安民宿区域公共品牌

由政府牵头实施。单体民宿只会考虑自己一家民宿如何做得好、有市场，但一个区域的民宿如何打造成有统一的风格特色、有主题、有内涵、有市场定位等的公共品牌，只能靠政府牵头引导，以市场化力量来整合实施。

2. 打造民宿微旅游目的地概念，着力提高民宿的品质和内涵

（1）请专业团队对临安民宿进行从内涵到软饰的整体文创策划设计，植入更多本土符号和文化特色。

（2）把民宿从只拥有单一吃、住功能的场所提升为复合业态和旅游线路产品相结合的场所，即打造民宿的旅游目的地概念，从而让游客在当地停留时间延长、消费增多。

3. 民宿的淡季市场如何突破

精准的市场营销。主要抓两端：一端是民宿的产品，民宿产品围绕独有的主题活动和特色内涵展开，打造能满足旅游要素的线路产品；另一端是市场营销，要思考如何做到定位精准和手段精到。

4. 积极推进民宿"五个一"

即一桌农家土菜、一个文创伴手礼、一个农家小菜园、一条体验线路、一个文化书坊。

5. 民宿小集群运营

民宿的"单打独斗"模式已成为过去式，多家民宿应该根据地域抱团合作，围绕资源共享、优势互补、业态布局、营销合力等方面展开运营，朝着打造"民宿社区"的方向前进，前景才会更广阔。当然，政府对此的引导和政策助力同样非常重要。

鼓励民宿与周边村民签订用品和食材供应协议，坚持"从田间到餐桌"的经营理念。

6. 民宿要有营销策略和手段

细化民宿产业的分工，让不适宜开民宿的村民专心做其他产业，保证整个乡村的和谐致富环境；确保临安的民宿用品和食材回归乡土自然文化。

结语：乡村运营是一个新生事物，它是一项系统化的工程，并非一蹴而就的单一的工作，需要我们以运营的思维，以改革的方式去推进。

运营改变乡村！我们信心满怀！

三、临安乡村运营的框架体系

临安乡村运营框架体系及服务保障机制如图 2 和图 3 所示。

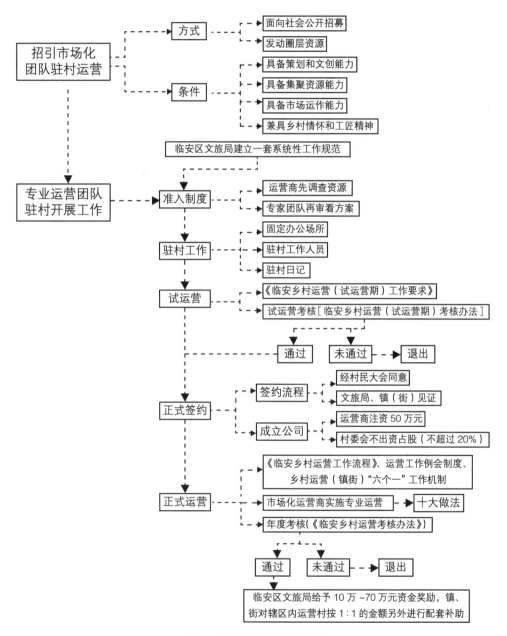

图 2　临安乡村运营框架体系

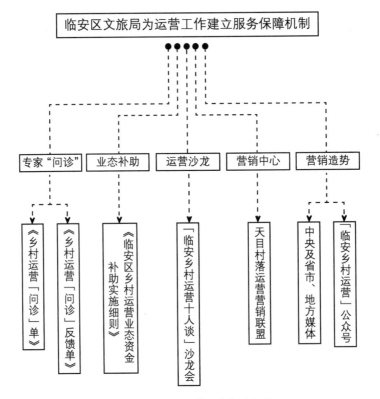

图3 临安乡村运营服务保障机制

四、临安乡村运营激活市场力量振兴乡村的调查报告

浙江省人民政府研究室、临安区文旅局联合调研组

按：临安是美丽乡村示范县，但临安和全省各地一样，在深入实施乡村振兴战略的过程中遇到了乡村建设主要依靠财政投入、"千村一面"、乡村产业造血功能弱、专业化运营缺乏等问题。2017 年 5 月以来，临安创造性地开展了"村落景区市场化运营"，大力实施"两进两回"行动，激活了乡村振兴的内生动力。2019 年前三季度，临安接待乡村旅游游客共 1295.5 万人次，同比增长 32%；旅游营业收入共 13.9 亿元，同比增长 55.5%。调研组认为，临安乡村改革的最大价值在于：较好解决了美丽乡村经营主体的问题，激发了市场无形之手的决定性作用，更好地发挥了政府有形之手作用，走出了新时代乡村振兴的新路子。

（一）临安美丽乡村的"两难困境"和破解之道

1. 两难困境

2017 年初，临安首次提出"村落景区"概念，计划用三年时间打造 30 个精品村落景区。2019 年，临安提出打造以"八线十景"为重点的示范型村落景区。

临安早已经历过美丽乡村的"两难选择"：美丽乡村建设是由政府投入，还是依靠市场投资；村落景区运营是由政府运营，还是交给市场运营。目前许多建成的美丽乡村虽有美丽的外壳，却无"造血"的功能，遇到了进退两难的困境：进则缺乏内生动力；退则回到"二次荒废"。临安乡村存在着几个共性问题：一是有美丽无特色，乡村旅游设施雷同，导致"千村一面"；二是有"输血"无"造血"，缺乏产业植入；三是有想法无办法，政府把基础设施交给村委会运营后，村委会却无力维持，游客中心等设施难以为继。

相对而言，乡村变美丽并不难，难的是用美丽变钱、变百姓收入；难的不是建设，而是运营。美丽乡村需要变旅游资源为旅游产业，运用市场手段实现产业植入。这项市场化程度高的工作交给村委会来完成，显然不合适。那么，村落景区到底要由谁来运营呢？这是临安面临的首要问题。

2. 破解之道

2018 年以来，浙江省委、省政府部署实施"科技进乡村、资金进乡村，青年回农村、乡贤回农村"行动。经营村庄、"两进两回"，临安找到了破解美丽乡村"两难困境"的金钥匙。

临安区委、区政府下定决心：市场的问题交给市场去做！首创"村落景区市场化运

营"，村落景区的运营面向社会招引运营商，以实现乡村与市场的结合。2017年5月5日，临安市旅游局召开首场村落景区招引运营商会议，有20多家旅游、文创类企业参加。

乡村与市场的"结婚"，不是"拉郎配"，而是"自由恋爱"，是一个自由自愿的"相亲—结亲"。那么，如何在茫茫"人海"中找到目标运营商？临安区旅游局要求运营商具备四个基本条件：一是具备策划和文创能力；二是具备集聚资源能力；三是具备市场运作能力；四是兼具乡村情怀和工匠精神。运营商为选择村落景区则实地考察了村落的环境、区位、通达性、资源禀赋和文化民俗，了解建筑存量和村干部的综合素质等。双方"相中"后就自愿"结亲"。双方在实践过程中开创了几大机制。一是签约组建合资公司。运营商和村委会共同组建村落景区运营公司，在临安区旅游局和镇政府的见证下签约。村委会以村集体的游客中心、停车场、文化礼堂等设施的使用权入股，占10%～20%；运营商以货币资金入股，注册资金不少于50万元，日常运营费用由运营商承担。在整个运营过程中，政府和村委会不投资一分钱。二是运营公司注册地必须在村落落户。组建专门的运营团队，在日常办公场所开展常态化工作。签约运营时间可长可短，一般为10～30年。三是可商定解除协议退出运营。运营公司如两个月工作没有明显进展，则可退出。例如，2018年7月，白水涧村与杭州一公司签约后，一直无法开展工作，双方最终通过协商解除了协议。

2017年8月9日，临安旅游集散中心与杨溪村正式签约，成为第一家村落景区运营商。两年来，临安有17个村落景区与12家运营商签约，以商招商的有22家、落户项目达35个，总投资达1.67亿元，进村高端专业人才有98人，吸引回乡创业青年85人，初步达到以经营村庄撬动"两进两回"的目的。

（二）临安村落景区市场化运营之法和实际成效

1. 市场之法

村落景区运营商进驻后，临安为了把旅游做起来，根据村落特色开展了各项工作。一是组建团队。招聘策划、文案、活动组织、项目建设、营销宣传、综合管理等人才。二是调查资源。临安区总结提炼了16项村落景区资源调查内容。运营商先了解村庄的"家底"和特色，再明确村落旅游的主题和市场定位等。三是实施规划。策划有鲜明个性的旅游主题是关键环节。临安的村落景区都有自己的主题风格，如"天目月乡""忠孝文化"。乡村旅游设施建设、景观节点、旅游产品、业态打造以及市场营销都要统一到主题风格中，不做大而全的规划文本，而是侧重于实用型规划，制定实施方案。四是市场营销。这是贯穿整个运营过程的手段，包括创建村落运营微信公众号、整合新媒体宣传、每个阶段策划民俗文化类旅游活动。五是招引投资。先招引运营商再招引投资商。村落景区运营是一种轻资产的运营方式，运营商自身不做大的投资，而是精准高效招引各类投资商集聚到村落，投资建设经营"小而美"的业态和产品项目。六是营造旅游氛围。运营商采用"添油加醋""锦上添花"的方式，利用乡土材质打造符合村落气质的景观小品，成为游客的打卡点。七是打造旅游业态。运营最重要的是确保旅游业态和产品的落地。两年来通过运营落地的业态有：民宿、采摘园、雕塑馆、木艺坊、酿酒坊、美术馆、乡村酒吧、麻酥糖馆、草鞋馆、年糕坊等。每个村落景区都根据本地特产开发了文创伴手礼等旅游产品。八是包装旅游线路。运营商围绕村落旅游主题，把打造的业态和体验活动、景观点等串成旅游线路产品，推向目标市场。九是加强社会合作。运营商借助外力，与乡贤组织、网络营销机构、抖音团队、企业协会、社区组织、大学培训机构等加强合作。十是加强管理与服务。包括游客进村的秩序、安全、服务等保障，村落环境整洁，生态和传统文化，民俗保护等。

在村落景区市场化的改革实践中，政府、运营商、投资商、村集体、村民和专家等各就各位，找到了自身的"角色定位"。政府部门是"跑龙套"，摒弃了过去从规划设计、项目施工到村庄整洁等各个环节"大包大揽"的做法，改为承担引导和规范职能，由临安区文旅局出台《临安村落景区运营考核办法》，突出业态与产品考核，每年组织第三方机构对运营商开展绩效考核，对考核合格的运营商实行20万～100万元的奖励。乡村运营商是主角，承担参与村庄发展规划、项目投资、招商投资、产品开发、旅游营销、日常运营、综合管理等各项职能，并扮演"第二村委会"的角色，参与村庄发展议事会议。投资商是配角，按照村落景区主题和风格开展项目投资，只对自己投资的项目负责。村委会是股东，代表村集体与运营商签订合同，以集体资产入股。村委会在运营工作业务上不干涉、不参与经营管理，主要协助并保障运营商在村落顺利开展运营工作。村民是主人，作为农民可出售农产品获益，作为投资者可投身乡村民宿、伴手礼、采摘园等获益，作为劳动者可在家门口就业。专家是"师爷"，旅游部门特聘乡村旅游专家团队，定期对运营商进行指导和交流，为运营商提出对策建议。

实践表明，临安村落景区的运营与其他乡村的做法有明显不同：一是出发点不同。临安村落景区的运营和建设发轫于市场，其运营的诸多内容都是借市场手段打造，而非依靠政府的力量。二是两只手作用不同。运营商起决定性作用，作为独立的经济体，它有自身的一套盈利模式和运作体系，不是政府的"施工队"，不是完全按照政府指令按部就班去做。三是运营主体不同。运营商与投资商各扬其长。投资商只是负责投资项目在村落的实施和盈利过程，考虑的是游客顺利游览和经济回报；而运营商要考虑在客人游览景区之后，吸引游客住民宿、果园采摘、购买土特产等，实现乡村最大增值。四是项目布局不同。运营商讲究项目系统性，运营注重整个村落资源、内外力量、各类手段的系统性运作，如一个村落里业态的布局并不是"民宿＋民宿"，而是"民宿＋酒吧＋

采摘园"这样一个有机系统。五是管理方式不同。乡村管理服务不是政府或村委会的行政管理，而是以企业化方式进行的，更加规范高效，能够可持续发展。

2. 实际成效

临安找到了乡村振兴的发力点，坚持以经营村庄撬动"两进两回"，初步形成了"科技进乡村、资金进乡村，青年回农村、乡贤回农村"的乡村振兴氛围，也由此取得了诸多成效。

一是美丽乡村旅游实现从注重基础建设向注重业态和产品的转变。可持续是美丽乡村面临的难题。通过运营商的进入，旅游业态和产品的打造成为重点，这是一个质的改变，乡村发展变得良性持续，乡村活力得到激发。月亮桥村，多年来陆续投入约3000万元，村落是美丽了，但旅游始终没有起来。依托天目山景区，月亮桥村只是见证了大批匆匆过客，村民没有得实惠。村委会也背着沉重债务举步维艰。2017年10月引进运营商后，运营商收购村民闲置房11幢，对外招引投资商，民宿、木艺坊、雕塑馆、美术馆、玫瑰庄园、四季果园、天河酒坊等一批业态相继落地，一批有思想的青年团队也随之而来，玫瑰精油、玫瑰酱、天目茶盏等一批文创伴手礼被推向市场。2019年1—10月，共接待游客8万人次，总收入达到1000万元。杨溪村充分挖掘孝子祠、忠臣韩世宗墓、五圣桥、郎氏宗祠、文化礼堂等忠孝文化资源，2018年吸引游客2万多人次，创造经济收入70万元。基础设施建设让村庄美起来，业态和产品让村庄繁荣起来。

二是美丽乡村旅游实现从闲置资源、资产向文创产品的转变。运营商来了，村民盼来了做旅游的知识青年，村民也自发参与到旅游的发展中，他们欣喜地发现被弃之角落的老物件竟然成了宝贝！村里当作废物的老砖老瓦老木料变成了稀罕物！田地里的普通特产做成了精美的旅游商品！高虹镇龙门秘境村落景区一直藏在深闺。2017年9月，该村落景区的运营商娄敏是乡贤，从小在大山村的外婆家长大，创业成功后一直想为外婆所在村的乡亲办点实事。两年来，他收购或租赁了石门老供销社、石门敬老院、石门老街若干民居、龙上村木粉厂、大山村古梯田、金菊坞菊花基地、狮子山攀岩基地等，带来投资2500万多元，带来专业人才21人，吸引回乡创业青年10人，吸纳当地村民就业150人。

三是美丽乡村村集体和村民从低收入向高收益转变。月亮桥村，原集体收入年仅5万元，引入运营商后，2018年村集体获得400万元收入，且今后每年能保证有30万元的收入。杨溪村，村集体收入2017年为15万元，2018年为20万元，2019年为30万元。2019年，该村7幢老房子被江苏一公司租用开发，目前400万元已到账。龙门秘境村落景区的石门村、龙上村、大山村，2018年分别获得收益10万元、17.5万元和20万元。同时，运营带动农民直接成为受益者。农民的闲置房被租用，而且房租每年水涨船高；农民参与旅游经营，或开民宿或开商店，不会经营的村民发挥各自特长，为民宿供应农家食材及民俗用品和特产。如白沙村，2018年游客人数达29.6万人次，旅游收入达7900万元，农村人均收入5万元，市场力量让"老树发新芽"。大山村村民童银忠靠酿酒为生，乡村运营公司统一包装他家的酒后，年收入达18万元。石门村村民蔡木兰之前无收入来源，在"龙门客栈"民宿工作后年收入达5万元。

四是美丽乡村振兴从单一行政力量向多元市场化力量转变。一些村并不被看好可以做旅游，大家习惯以自然风景来判断是否可以搞旅游。但运营商进入后，提出旅游发展思路，并率先启动旅游，积极为村委会出点子、做参谋、当助手。有了专业做旅游的团队，给了村委会很大的信心，村干部主动积极参与环境整治、村民关系协调、旅游活动协助等工作，村集体组织的战斗力、凝聚力、向心力增强。发展氛围起来了，有的"农二代"知识青年开始返乡创业。在个别村落景区，农家乐提升版和民宿小集群初步形成，在政府的支持下，农家乐、民宿业主志愿组建互助合作组，达到资源共享、活动共办、市场共推的目的。政府、村委会、运营商、农民等多层关系，构建了以内生动力为主的乡村振兴模式。而维系乡村可持续发展的关键是市场力量，最重要的是解决了"乡村产业需要市场化运营，运营的主体是谁"这一关键问题。

（三）当前遇到的困难、问题及启示、建议

1. 主要问题

一是基层乡村的市场化运营理念问题。目前，临安的运营工作还是以区文旅部门为主，"小马拉大车"。乡镇政府对运营的概念的理解还存在偏差，把运营等同于综合管理，也就是乡村的环境、卫生、秩序等管理。有的乡镇对运营的理念理解不透彻，认为乡村旅游需要招引千万元以上的投资商，而不需要轻资产的运营商，所以对运营商进村运营支持比较少。有的乡镇根据各自职能，要求运营商实施一些与运营关联度不大的任务，或活动或形象工程，使得运营商疲于应付。有的村干部习惯于传统的工作方式，对运营这样的新生事物带有疑惑和抵触情绪。

二是优秀乡村运营团队引进难问题。市场的运营人才队伍的缺乏导致运营商总体素质良莠不齐；运营商对运营理念和运营手段的欠缺，使得运营进度缓慢和落地成果不明显。当前，市场上有成熟的酒店运营商，有景区运营商，也有民宿运营商，但对于乡村旅游的运营，尚没有形成成熟的市场人才队伍。接下来，需要加大招引运营商的力度和方法创新；要吸引乡贤、本地青年返乡的力量注入乡村运营。

三是美丽乡村建设和运营脱节问题。村落景区分为建设和运营两大环节，区农村工作领导小组办公室（简称农办）把基础设施项目建设好之后，交给区文旅局来运营。从实际看，存在着运营和建设脱节的现象。先期实施的建设环节没有运营商的介入；缺乏市场化主体和定位，建成后偏离市场需求，后期运营需要重新补课，造成资源破坏和资

源浪费情况。如双庙村村落景区运营商策划打造一个大型徒步线路产品，需要对现有基础设施进行改造完善，经过测算有 200 万元资金缺口，但双庙村的建设资金已在前期投资完毕，再申请几无可能。

四是村干部的激励机制问题。村干部是与运营商联系最紧密的层面，也是运营成败的关键因素。但运营工作对村干部来讲，是一项全新的把握难度较大的工作，也不属于他们日常的工作任务，所以他们不想也不愿花费更多的时间和精力。有的村干部则不经商量，自作主张搞一套，影响运营工作。如何激发村干部的动力？要实施考核，对于运营工作成效明显的村干部，一是荣誉上要表彰，二是待遇上要提高。

2. 启示与建议

2017 年以来，浙江省"万村景区化"工作卓有成效，共有 4736 个村成为景区村庄。但是，如何把美丽乡村转化为美丽经济？临安实践表明：临安激活市场力量，破解了招商难、造血难、引才难、增收难；以市场化催生产业振兴、促进乡村振兴的内生动力，是乡村振兴的基本方向和实现路径。临安乡村改革的最大价值在于：坚持市场有效、政府有为、企业有利、百姓受益，较好地解决了美丽乡村经营主体的问题，激发了市场"无形之手"的决定性作用，更好地发挥政府"有形之手"作用，走出了新时代乡村振兴的新路子。

一是建议依托新时代农村合作社打造"乡村振兴共同体"。临安探索出的"政府 + 运营商 + 投资商 + 村集体 + 村民 + 专家"的新时代农村合作社组织，是对毛泽东同志提出的农村合作社思想的传承，是新时代农村经济组织的创新，有利于充分调动各方积极性，参与乡村产业发展和乡村振兴，推进乡村经济治理现代化。建议适时复制推广新型农村经济合作社，打造"乡村振兴共同体"。

二是建议在临安开展乡村市场化改革试点。市场力量是解决浙江省美丽乡村建设"后半篇"发展文章、推进乡村振兴的有效路径。临安探索多年，但乡村振兴还在路上，依然存在如何找准政府与市场边界、如何引进优质运营商和投资商、如何为运营商营造良好的营商环境、如何避免产业雷同、如何持续促进农民增收等问题。建议在临安开展乡村市场化改革试点，列入 2020 年浙江省政府重点工作，创新完善通过市场力量振兴乡村的体制机制。

执笔：陈伟洪（临安区文旅局副局长）

卿雄志（浙江省人民政府研究室办公室副主任）

此文刊载于 2019 年 12 月 12 日浙江省人民政府研究室《调查与思考》第 90 期，获浙江省委副书记、省长袁家军批示。

五、实现共同富裕的一条有效途径

——杭州市临安区乡村运营模式的调查与思考

浙江省人民政府咨询委员会　陈荣高

按：乡村运营模式作为浙江省基层探索推动乡村振兴和共同富裕的创新实践，示范引领作用逐渐显现。2017 年以来，杭州市临安区以改革的思路寻求破解乡村运营难题的出路，在全省率先开展村落景区市场化运营，坚持"政府有为、市场有效、村民受益"。经过 5 年时间的探索，走出了一条通过运营引领村落景区化助推农旅文旅融合发展、促进乡村振兴的新路径，并取得了明显成效。对此，陈荣高委员专门进行了实地调研，深入剖析了杭州市临安区乡村运营模式的做法和特点，并就复制推广临安经验、加强乡村经营、推动共同富裕提出了相关具体建议。

（一）临安乡村运营模式的主要做法和成效

杭州市临安区自 2017 年初开始探索乡村运营试点，到 2022 年已有 5 个年头，全区共有 20 个市场化运营团队进驻 24 个村落开展运营，累计实现旅游收入 4.9 亿元，村集体收入增加 8930 万元，村民直接收入增加 2169 万元（人均收入增加 1.2 万元）。比如村落传统种植的大米，通过运营商的策划、包装和营销，售价从每斤 1～2 元提升到每斤 8 元甚至几十元。在此基础上，发挥运营商"以商招商"的积极性，推动项目落地 102 个，总投资达 3.9 亿元，盘活利用农村闲置房 177 处、闲置土地 3500 亩，招引投资业态项目 98 个，投资额 3.4 亿元，给本地村民增加就业岗位 1200 余个，吸引 800 余名青年返乡创业，其中各类手工匠人参与业态经营 238 人。

1. 招引运营团队，注重市场化运行

从 2017 年开始，杭州市临安区公开招引多批市场化运营团队进驻各村落开展整村运营，改变以往由政府包揽"美丽乡村"的做法，让专业的人做专业的事。运营团队以市场方式和手段整合乡村资源，以企业经营方式运作，运营商接受政府指导和规范，但不盲从政府的指令，不做政府的"施工队"。该区已基本形成涵盖资源调查、主题策划、招引投资、业态打造、氛围营造、活动推广、造势营销、线路设计、社会合作、管理协同等十个方面做法的运营模式，乡村运营的诸多内容都是借助策划、营销、管理等市场手段量身定制设计和推进，而非依靠政府的力量。

2. 推行整村联动，因地制宜以商招商

杭州市临安区乡村运营采取整村性、系统化、多维度的方式，不是单一项目的投资

经营，而是把整个村落视作一个大的旅游产品，同时村落各产业、产品、业态、农民、形态、组织等之间形成系统化、多维度的关联、融合和相互作用，以乡村旅游为主业切入，特别是通过轻资产运营、以商招商，推进整村产业发展。比如，运营商确定村落发展主题策划后，按照村落资源、文化、风貌等特色，通过精准、高效手段再招引更多"小而美"的业态和产业投资商落地乡村。

3. 构建运行机制，实现互利共赢目标

坚持运营商、投资商、村民、村集体、政府等多方共赢的思路，运营商与村集体必须签约成立运营公司，村集体不出资，但以游客中心、停车场等设施的使用权入股，一般占股 10% ～ 20%。运营公司在村里设立办公场所，运营商至少要有一人常态化驻村开展运营工作，村委会协助并保障运营公司顺利开展工作，但不干涉运营公司正常经营管理事务。同时，专门建立对运营商的考核奖励机制，聘请第三方机构进行考核，考核不合格的将被淘汰（已淘汰 3 家），且考核前的一年时间内不给予运营商奖励和补助。

（二）临安乡村运营模式的主要特点和启示

1. 从依靠行政力量推动向多元化业主作为转变

政府在乡村振兴上更多采用基础建设的资金投入方式，乡村变美了、变整洁了，但产业的植入和发展仍需市场的力量。市场化力量进入乡村，并不单纯依靠一两个投资商，而是在运营商的"媒介"作用下，使得投资商、乡贤、回乡青年、厨娘会、村民投资业主、各类社会组织、公益群体等各类人才汇聚在乡村，形成乡村振兴的一股有生力量。随着人才回归农村，各类资金和科技也进入乡村。政府的力量和市场以及社会的力量在乡村共同发挥作用，形成了可持续发展的利益共同体。

2. 从单家独户经营向股份制合作经营转变

运营商运营乡村的手法是整村性、系统化的方式，通过前期资源调查，主题策划，将乡村的山水、田地、美食、民俗、非遗、民宿、特产、古道、矿坑等资源有机串联起来，通过整体策划、整合要素、统一经营，精准招引投资商、系统化管理等手段，改变原先乡村资源零散开发和单家独户的经营方式。运营商进驻村落，与村集体共同成立运营公司，村经济合作社占股份，确保村民在乡村经营中的利益。比如运营商进驻杨溪村后，挖掘当地忠孝文化资源，利用闲置的忠孝祠堂，开发成忠孝学堂文旅研学产品，大量客流引入，带动了农田山地、集群民居、乡村美食的开发，形成了特色旅游线路，实现了村民共富。

3. 从资源分散荒废向有序集聚盘活转变

运营商进驻乡村之前，村落的资源大都散落在各处，很少得到有效和持续利用而

被长期闲置和荒废。临安引入乡村运营团队，其根本目标就是将乡村视作一个大的旅游产品，而非以独立的零碎化的资源开发方式来打造。运营商利用自身的策划、文创、传播、营销等专长，通过资源调查、主题策划、招引投资、串线开发等手段，将乡村的资源有效盘活。临安乡村运营采取整村性系统化的方式，使得各资源高效有序利用，形成整村集聚互为关联的多维系统。

4. 从美丽乡村资源向美丽经济高质量转变

临安乡村运营既坚持做实美丽乡村的基础之本源，同时又注重乡村产业的植入和可持续，拓宽和提升美丽资源向美丽经济高质量转变的路径和效益。在规划、建设环节植入市场经济理念，在考虑村民生产生活便利幸福的前提下，建立以市场为导向的产品和服务研发设计理念，重点开发乡村休闲、度假、运动、研学、文创等符合现代文旅消费的新业态、新产品。如龙门秘境村落景区山清水秀、整洁美丽，原先仅有几十家低端农家乐，以夏季接待上海老年人的消费为主。近几年，通过乡村运营，业态和产品多元化，发展成为长三角乡村旅居休闲之地，带动了一方经济发展和乡村共富。

（三）以乡村经营推动共同富裕的几点建议

1. 总结推广临安乡村运营模式的成功经验

进一步总结提炼临安乡村运营模式的经验，在完善既有成果的基础上，进一步强化实践和研究，全面规范乡村运营招引、试运营、正式运营、运营考核全过程，进一步明确政府、运营商、村委会、村民、专家、媒体、金融机构等在乡村运营过程中的角色职责，推动临安乡村运营的经验标准化；定期召开专业论坛、研讨会或开展专项课题研究，梳理分析乡村运营发展的新问题，丰富充实临安乡村运营模式的内涵和外延，使其不断趋于完善、可复制、可推广，并面向浙江省推广临安乡村运营的做法，使临安乡村运营模式成为浙江省高质量发展建设共同富裕示范区的一张特色"金名片"。

2. 高度重视乡村运营队伍建设

乡村运营是一个全新的概念，是乡村领域的一个新生事物，要有一批高素质、复合型的人才来操盘。目前，优秀运营人才的短缺，是乡村运营整体绩效和进程偏慢的重要因素之一。要高度重视乡村运营队伍建设，开创新举措，全过程加以培育。一是鼓励高校、科研机构和社会组织及企业建立乡村运营职业人才实训基地，培育一批有情怀、善经营、懂策划的乡村运营师。二是政策引导，助推更多乡贤回乡、知识青年返乡、科研院校等各类人才进乡。三是注重培养新型职业农民，并引导优秀职业农民就地参与整村运营。四是鼓励更多职业院校增设乡村运营相关课程以及更多实践机会，引导学生积极学习乡村运营专业知识和提高实践操作能力。

3. 研究落实乡村运营激励政策

建议进一步重视完善对乡村运营商的考核激励政策，严格实施奖励制度，各方遵循考核奖励的"游戏规则"，把奖励环节后置；加强对"运营商要跳起来才能摘到桃子"奖励机制的设计，对乡村运营师个人的奖励要纳入乡村振兴人才奖励政策范围。同时，要出台对村干部参与运营工作的绩效激励机制，将经营绩效与村干部待遇挂钩，对于表现优秀的村干部给予精神鼓励和物质激励。

4. 精准发挥政府协调服务功能

在乡村运营中，政府要发挥积极有为的作用。要完善乡村运营组织机制，建立主要领导挂帅的乡村运营"指挥部"，统筹调度各部门的工作任务；强化土地保障，进一步完善农村承包地"三权分置"办法；强化资金保障，建立乡村运营专项基金等金融产品；建立督查考核机制，将乡村运营工作纳入各乡镇（街道）年度综合考核内容。同时，要提高政府投入在乡村建设上的精准性，建立以运营为导向的建设投资机制，以市场经营的视角和理念引领乡村基础配套设施和公共服务优化完善，促进村庄建设与市场化运营相适应，推动政府奖补类资金重点向有利于运营的村庄倾斜，进一步提高政府资金的使用效率。

建议人：陈荣高（浙江省人民政府咨询委员会乡村振兴部部长，浙江省政协原秘书长、党组原成员、机关党组原书记）
　　　　陈伟洪（杭州市临安区文旅局副局长）

此文刊载于 2022 年 5 月 5 日浙江省人民政府咨询委员会《咨询研究》第 22 期，获浙江省常务副省长徐文光批示。

六、浙江临安"村庄经营"探索共富新路

近年来，杭州市临安区积极探索"村庄经营"模式，激活市场力量振兴乡村，由村级集体经济组织牵头搭建平台，公开招募市场化团队驻村运营，引导资金、科技进乡村，青年、乡贤回农村，为新型农村集体经济赋能，形成村集体出资源、市场出运营、政府出规则、"能人"出智慧、村民出力量的乡村振兴共同体，破解招商难、造血难、引才难、增收难等问题，开辟农民农村共富新路径。截至 2022 年 12 月，临安区共有19 个市场化运营团队进驻 22 个村庄开展经营。运营商"以商招商"社会投资项目 102个，为本地村民增加就业岗位 1350 余个，累计实现旅游收入 7.1 亿元，村集体收入增加 9112 万元，村民收入增加 2820 万元。

（一）村集体出资源

"村庄经营"模式中，村集体招募运营商签约成立运营公司，盘活乡村沉睡资源。村集体不出资，不干涉公司日常经营，以游客中心、停车场等设施的使用权入股。村合作社收储村民闲置资源转让给运营商经营。村委会除年底分红外，每年可获得5 万～ 30 万元保底回报。村集体还可成立企业承接乡村运营相关延展业务获利。例如，高虹镇龙门秘境村落景区招募运营商进驻后，运用市场化手段引入社会投资 1.2 亿元，打造梯田小火车等业态近 20 个，村民增收 700 余万元。村集体企业依靠租赁、流转及承接小型项目等，两年实现经济效益 357.6 万元。杨溪村依托孝子陈斗龙、忠臣韩世忠等名人，发掘"忠孝文化"资源，与运营商合作开发"忠孝学堂"，吸引学生上午听课、下午观光，旅游收入让村集体经济翻番，村民增收 20% 以上。

（二）市场出运营

"村庄经营"团队遵循市场规律，尽可能减少风险，增加收益。运营商与村集体签订 10 ～ 30 年运营协议，双方效益共创、风险共担。运营商以资金入股并承担日常费用，组建专门团队驻村办公。一方面，创新运用资源调查、主题策划、线路设计等方法盘活乡村资源；另一方面，通过业态打造、社会合作等"以商招商"形式吸引社会投资，整村化、系统化推进资源集约利用，让沉睡资产焕发生机。例如，洪村运营商将废弃渣土场改成露营基地，两个月收入突破 70 万元；发动赋闲妇女成立"乡村厨娘会"，开办 7 家"洪运家宴"；流转 197 亩荒芜稻田，打造"径山阳坡禅米"品牌，村集体增收 22万元。

（三）政府出规则

政府并不因运营商进村就袖手旁观，而是积极创造良好制度环境，引导各方遵循

"游戏规则"。一是出台村庄经营导则,规范完善运营商招募标准和流程,保护村民参与和决策权利。二是建立考核奖励办法,每年委托第三方机构对运营商进行考核评估,对于合格者根据得分给予 20 万～ 100 万元资金补助。三是组建村落景区营销中心,组织 7 家运营商设立营销中心,"抱团作战"对外推广区域文旅品牌。四是实施专家"问诊"制度,每周带领专家进村走访,开具"问诊单",并提出改进建议。2022 年,共开出"问诊单"57 张,收到建议 280 余条。

(四)"能人"出智慧

乡村振兴"能人"主要是在外求学、创业成功后回乡的当地人。他们有乡村情怀,希望家乡繁荣发展、共同富裕,愿意汇集到村庄经营平台,为乡村发展贡献智慧。例如,高虹镇石门村青年娄敏,创办传媒公司后回乡应聘成为龙门秘境村落景区首位运营师,流转土地 1800 亩,为村集体增收 150 余万元,直接带动 200 多名村民就业。洪村青年任银从香港科技大学毕业后,与村委会、运营商共同投资 30 万元创办咖啡吧,每年为村集体带来 3 万元保底回报。目前,临安区已有 9 个村组建青年乡贤会,共吸引了 948 名返乡青年回村创业就业。

(五)村民出力量

村民是乡村"主人翁"。"村庄经营"充分激发了广大村民的积极性,村民作为股东可将自然资源以及房产等入股或租让给运营商经营,作为劳动者可在家门口就业,作为农民可出售农产品获益,从而通过租金、分红、薪金、销售等实现增收。例如,太湖源镇指南村村民依托太湖源旅游板块建设 83 家农家乐,村人均收入 10 年增长为原来的 5 倍,达 5 万多元。石门村村民在"龙门客栈"民宿工作,年收入达 5 万元。大山村村民家酿土酒经运营商统一包装后,年收入达 18 万元。

振兴乡村、促进农民农村共同富裕应充分发挥市场作用。临安区"村庄经营"模式充分运用乡村市场化改革,解决了"乡村产业谁来经营、怎么经营"的关键问题,具有以下特点:一是主体市场化,运营商是以市场为导向的独立经济体,不是简单的政府"施工队";二是决策科学化,运营和建设决策高度服从市场规律,而非服从政府意志;三是分工精细化,村民是主人、村委会是股东、运营商是"主角"、投资商是"配角"、专家是"师爷"、政府"跑龙套",各方分工合作,共建共享;四是布局系统化,项目布局注重对整村资源的系统性运作,形成良好产业生态;五是管理企业化,以企业方式进行专业化、人性化管理,而非政府或村委会的行政管理。

目前,临安区经营村庄的理念和引入市场主体发展乡村的探索,已传遍浙江、走向全国。例如,绍兴市新昌县全县推广"村庄经营",253 个行政村中经营性收入 50 万元以上村数量增加到 159 个,村集体总收入增长 18%。河南省洛阳市召开大会,邀请临安区专家现身说法，在洛阳市推广经验。安徽省庐江县开启"村庄经营"后，半年成功招引景域驴妈妈、花间堂等多家知名企业，培育32个网红打卡点。村庄经营正形成一条高效率、可持续、惠民生的农民农村共富新路径，成为破解缺市场、缺人才、缺资源等乡村振兴痛点的管用"良方"。

　　此文刊载于2023年1月20日国家发展改革信息专报《支持浙江高质量发展建设共同富裕示范区》专刊第13期（总第47期）

七、陈伟洪：临安乡村运营模式是撬动乡村振兴的有效路径

——《文旅浙壹说》2022 年 5 月 27 日

编者语： 文化和旅游象征着"诗与远方"，是协调化解新时代"人民日益增长的美好生活需要和不平衡不充分的发展之间的矛盾"的重要力量。在浙里，文化和旅游业已率先实现"双万亿产业"目标，以文化人，以旅富民，刚柔并济助力全省经济社会高质量发展。为进一步发掘和分享浙江文旅有价值的探索和实践，剖析和解读浙江文旅大产业背后之区域、团队和个体攻坚克难的创新创业精神，《文旅浙壹说》特开设《行话"1+1"》访谈栏目，力图立足行业、行家、行情、行风，通过对话全业各类"尚实干、求创新、善思考、愿表达"的人物，搭桥梁，廓迷雾，鼓信心，赋能量，促发展。

文旅浙壹说： 陈局您好，很高兴咱们又见面了。这些年，我们以媒体人的身份多次到临安调研采访，我们注意到，临安涌现出一个"乡村运营模式"的创新做法，这个做法不仅得到了浙江省委、省政府多位主要领导的书面批示或口头肯定，而且在行业内知名度也很高，现在政府、媒体、学界等很多方面都对它有讨论，但我们也发现，很多人对这种模式仍处于"知其然而不知其所以然"的状态，作为这个模式的创始人和力推者，总体上您怎么定义该模式？

陈伟洪： 非常感谢你们的关注。"乡村运营"这把火早已烧出了我们临安，目前正烧向全国，河南、广东、江苏、山东和我们省内绍兴、衢州、湖州等地有关部门到临安考察学习过后，都开启了相关的实践。但在工作交流中我深切地感知到，很多参与者还是没能比较准确地把握临安乡村运营模式的核心本质。我也很希望通过不同方面的深入探讨，以不断深化各方面对临安乡村运营模式的认识。关于这个模式的定义，我们也是在不断探索中加以完善的，现在不能说十全十美，但基本已经涵盖了我们的初心、理念、手法、目标等内容。我的理解是，临安乡村运营模式是以乡村振兴、共同富裕为目标，以打造整村旅游产品为切入口，公开招引一支有策划能力、运营能力、组织能力的市场化团队，并在政府部门和村集体的共同参与下，开展轻资产、系统化、多维度的市场化乡村运营，同时从产品供给和市场需求两端发力，推动资源的积聚、盘活和变现，从而激发乡村发展内生动力的模式。

概括来讲，临安乡村运营模式最重要的特征，一是引入市场化团队进驻村落，二是开展专业化运营，三是开启整村运营的方式。

文旅浙壹说：我记得第一次听说临安乡村运营的概念还是 2017 年初，那时全国各地旅游部门在乡村的主要工作多是"乡村旅游转型升级"之类，而临安已开始着手探索乡村运营，的确谋虑得很早，因此，临安被不少专家定位成"全国乡村运营模式策源地"。从某种意义上说，"头口水"往往并不好吃，以您当时作为临安市旅游局副局长的角色，探索去干这件事，等于给自己增加一项充满不确定的大工程，请问您当时是怎么考虑的？

陈伟洪：我长期分管乡村旅游方面的工作，每年差不多有将近三分之二的时间在乡村工作和调研，常常为许多"千村一面"的美丽乡村"有面子没里子、有想法没办法、有'输血'没'造血'"的问题感到纠结和困惑。后来，我在工作中开始有意尝试运用市场运营的手法，帮助一些乡村做提升，如指导五星村发展特色铜锅饭以及农家乐升级版，指导指南村打造太平灯会和指南十八碗乡村家宴等特色业态，达到整村运营的市场效应。但在具体的实践中，我发现单靠政府临时性、阶段性的辅导，力量不够、效率不高，缺乏持续的力量。靠村委会去推，力量也不足，还有可能造成方向和举措上的偏差。于是我开始考虑是不是应该在市场上找专业的第三方公司来推动，这种思考就是临安乡村运营模式的萌芽。

2017 年，临安区旅游局在大明山召开一个民宿圆桌高峰研讨会，我和民宿产业链上经营房车基地、营地、酒吧、咖啡吧、新媒体等机构人员聊至深夜，碰撞出了新的灵感。如果临安邀请这样一批有资源、懂谋划的人到村里做运营，调动村里的土地、人力等闲置资源，加上他们本身所积累的经验和行业资源以及市场运作能力，不就能把乡村所需的一些业态和产品落地乡村，吸引游客在村里停留和消费，带动村集体的增收以及乡贤的回归了吗？这不仅符合国家发展乡村和共同富裕的主旋律，而且对于临安乡村旅游的创新发展也是一大利好。可以说，正是这些积极意义不断鼓舞着我们力推这套模式的决心和信心，其余一概没有再多想。

2017 年，临安市委、市政府启动升级版的"美丽乡村"工程，计划用三年打造 30 个"村落景区"。我们临安市旅游局作为责任部门，决定以市场化运营的手段推进这项工作。当年 5 月，临安市旅游局召开首场村落景区招引投资运营商会议，当时会议名称之所以特别注明"投资"二字，就是担心那时刚刚起步，直接说招引"运营商"，怕外界不接受、不理解，这场招商会吸引了 20 多家旅游和文创类企业参加，当天晚上，大家热烈探讨运营之法，兴奋不已，这也更加坚定了我招引市场化团队进村运营的决心。第二天，我们就带着这些企业和机构陆续进村实地考察交流。自此，临安便有了首批乡村运营商。

文旅浙壹说：由于国家一直鼓励发展乡村旅游，近年又大力实施乡村振兴战略，应该说目之所及，全国各地似乎还有许多依托乡村旅游撬动乡村发展的经验和做法，市面上一些企业、协会等机构和不同层面的专家也在不同场合推广他们自认为优秀的案例，请问您认为临安乡村运营模式与众不同之处或者说其核心竞争力、生命力在哪？

陈伟洪：这也是我们在几年实践过程中不断对比、总结的问题。的确，最近这些年乡村发展得很热，各种各样的案例和做法繁多，但我经过亲身试验，广泛与不同领域、层面的党政领导、专家学者等交流探讨之后，反而对我们的模式有更大的信心。首先，我们很早就将自己这套做法称为"模式"，我认为这很有讲究，一般的做法不能称之为"模式"，因为叫"模式"就代表着其从始至终有一套完整的流程和闭环系统机制。许多所谓"模式"，一般性工作做法是没有的，我们就有。从招商到考察、从签约到试运营、从正式运营到专家问诊再到年度考核，既有框架体系，又有细则详规，其具体表现就是我们2021年正式推出的全国第一部乡村经营导则地方标准。而只有成为"模式"之后，才能被很好地复制和推广。

我认为，临安乡村运营模式与其他地区一些做法有差异，可以这样讲，临安是以招引一个"团队"为主，而其他地方以招引"项目"合作方式为主。

"市场化"是我们临安乡村运营模式的灵魂。纵览其他地区一些案例，个人以为其市场化程度还有所欠缺，如国内很多地方通行的做法，即运营商接受某个乡村的运营委托之后，就能拿到一笔当地政府直接给的运营经费，政府不先给钱就没人干，那实质上仍是政府在兜底。临安模式不仅实行"运营主体市场化"，而且实行"运营行为市场化"。所有引进的运营主体并非由政府指定，而是政府通过公开招募、发动圈层资源等方式向市场招引专业团队，注意我讲的是招引一个团队而不是一个人，运营团队与乡村自由自愿地从增进了解、"相亲"走到签约"结亲"，政府在其中相当于牵线的"媒人"。签约后，双方需要组建驻村办公的合资运营公司，注意这里强调的"驻村办公"，这是硬性要求，团队遥控运营是不行的，运营公司股份占比自行协商，村里一般都是以公共资源的使用权作价入股，不需要出一分资金。当然，如果磨合中发现彼此不合适，运营商随时可以退出。正式运营之后，运营商需要利用自身的人脉和资源，对外招引投资商进村开发项目，当业态成功落地、通过考核后，政府才会提供相应奖励补贴，这意味着如果运营的业态不遵循市场导向，运营将无以为继。这种"运营前置、奖励后置"的做法，和其他地区在运营之初就进行大规模的投入有本质差别，临安的做法是"把市场的事交给专业的人去做"。

"系统化思维"和"轻资产运营"也是临安模式与众不同的关键点。其他乡村发展模式大多依托单个项目，如民宿、漂流、采摘亲子游、文创伴手礼、田园综合体等，对外进行招商引资，并根据项目需要招引、组建运营团队为项目服务。临安模式是站在整村发展角度，从一个区域的公共利益出发，引进高品质的运营商团队而非拥有千万资产的投资商，运营商必须负责全村的整体运营，对乡村进行整村性、系统化、多维度的策划和布局，全面为乡村今后几年甚至十几年的发展做好长远打算。运营商自身不需要搞传统那种大拆大建式的重投资，而是通过对村里的老物件、老习俗、老房屋、荒田地等闲置资源的"微改造、精提升"，孵化新产品和业态，实现一种轻资产运营，其中有关项目、投资等由运营商根据村庄发展主题以及产业特色的需要进行针对性的"再招引"，这也是一种"运营前置"的思维，即让运营商招引投资商，这种做法不仅让运营商将主要精力用于运营策划和文创赋能等，而且有利于平衡乡村资源保护与开发的关系，属于一种直指乡村振兴和共同富裕的高质量发展模式，带动能力和发展辐射面是完全不一样的。

文旅浙壹说：乡村是临安乡村运营的"阵地"，运营商是具体"操刀人"，只有二者有效结合、有机融合，或许才能达到我们预期的效果。但经过几年实践，我们观察发现，似乎并不是所有的村庄都能开展运营，也不是所有的运营团队都能坚持到最后，您觉得考量一个村庄是否适合开展运营的标准是什么？您眼中优秀运营商的"画像"又是什么？

陈伟洪：随着临安乡村运营模式知名度的提高，这两年，临安本地或外地找我们交流说想做运营的乡村很多。当接到某乡村希望参与运营的申请之后，我们要组织专家团队实地考察，主要关注几方面的信息：一是乡村的通达性，需要保证道路畅通；二是乡村的闲置资源，比如闲置的房子、山水土地资源等，有些村落一点闲置资源都没有，运营商进去也不容易开展运营；三是了解村干部意愿，看他们通过运营改变乡村的愿望强不强烈，想把乡村运营成什么样子。除此之外，乡村原有的资源基础我们倒不是很看重，因为我们一直坚信，临安乡村运营模式是可行、可复制的模式，在拥有一支优秀的高人一筹的运营团队的前提下，完全能将乡村旅游基础"几如一张白纸"的乡村运营起来。

乡村运营商，我已经接触得太多了，对于他们，我们主要看重其文创、策划、组织活动的能力，尤其看重其乡村情怀和工匠精神。市场上懂策划、会组织、能做文创的公司基本不愁业务，如果没有情怀和工匠精神，他们不会选择深耕乡村。而在推进工作的实践中，我能明显感觉到目前有些运营商的乡村情怀和工匠精神仍有不足。乡村运营是在运营商、政府、专家、村委、村民、投资商等各方协作下环环相扣推进工作的模式，如果运营商有一环跟不上，整体的工作进度就会受到影响，这根本上往往是由乡村情怀和工匠精神的相对欠缺造成的。一些经过运营尝试后自愿退出和因年度考核连续不合格而被迫退出的运营商，多半也是因为乡村情怀和工匠精神的问题。

前段时间我带专家指导临安几个运营村庄打造"本地厨娘烧一桌农家土菜"的业态，在沟通交流会上我把布置场地、打造庭院、引导村民参与、监督指导、导入客源等做法和注意事项一一跟运营商进行具体而深入的交流，并形成了一整套的系统做法的方案。但一个月后我再去回访，发现有的村在很多系统性、细节性的做法根本没有落实，这就反映出运营商乡村情怀和工匠精神的不足，结果就是运营工作方向出现偏差和不够细致深入，无法通过运营把真正的乡村风味和市场关联完全呈现出来。

文旅浙壹说：细细听来，坚持倡导市场化的临安乡村运营模式，其实由政府而起、因政府而进，请问在乡村运营的过程中，政府扮演什么样的角色？具体如何赋能运营？政府将一直全程介入运营工作还是说"扶上马、送一程"之后便会逐渐淡出？

陈伟洪：我们所强调的"市场化"，绝不是说其他层面都当观众或者只是简单参与，这一点在模式整体体系设计时就考虑到了，政府部门既不能缺位，也不能越位，要恰到好处地作为，承担着"跑龙套"的角色，摒弃过去从规划设计、项目施工到村庄整洁等"大包大揽"的做法，改为承担引导和规范职能，做好前期招商、资源整合、关系协调、考核引导和办事服务，对干得好的运营商实行考核后奖励。2021年，我们特别编制的乡村运营导则地方标准，进一步系统梳理、规范了政府、运营商、投资商、专家、村委会、村民等各自的角色定位和标准要求。在运营的过程中，我们临安区文旅局每周都会组织、带领专家下乡"问诊"，并要求运营商根据问诊反馈的问题进行整改，常态化为乡村运营指导纠偏。另外，我们每月一次召开运营工作例会和沙龙会，工作例会主要分析总结每个运营村庄的现状、问题及解决方案，沙龙会则是每次一个主题展开乡村运营的理论和实践探讨。在宣传营销方面，我们通过组建联合营销中心并发挥手中的媒体资源优势，帮助运营商以抱团合作方式开展市场营销推广。

考核机制上，我们很明确，只有通过前两个月试运营期的运营商才能正式跟村集体签约，转正后我们连续三年对乡村运营商的"定位与策划、机构与机制、业态与产品、特色与融合、管理与培训、营销与绩效、服务与评价"等七个方面42项99条细则的工作内容进行年度考核，通过考核的运营商可根据得分获得10万元至70万元不等的资金补助，对未达到相应分数的运营商不予补助。我们的青山湖街道还加大力度，在区里奖补基础上出台1:1的配套奖励政策，其辖区内通过年终考核的运营商最高可拿到近200万元奖励。正是这种与其他地方政府"先保障资金再开展工作"截然相反的机制，让临安得以保证运营方向的正确性，也让运营商没有"弄不好也不亏"的托底心理，每一步都力求严谨仔细，时刻以对乡村负责的态度追求乡村运营的质量。但所有这些都是针对培育过程而言的，如果一个村已经运营得很成熟，那它主要去迎接市场检验就行了，我们政府部门负责做好一些行业指导和服务。总之一句话，在乡村运营中，政府以及村委会必须发挥积极有为的作用。

文旅浙壹说： 临安乡村运营模式实施至今已有五年时间，五年里把一个想法变成构思、构思变成方案、方案变成行动、行动变成成果，想必要经历很多酸甜苦辣，据我们观察，感觉你们有时候干得也很累，甚至可以用"痛并快乐着"来形容，您能谈谈这个模式实践过程遇到的主要挑战或难点吗？

陈伟洪： 一个新生事物要落地、生根、发芽、开花、结果，肯定是有难度的，我们最大的痛点，还是在于理念层面的理解和认识的不统一，这种不统一在社会各界都存在。最直接的是镇村一级层面，由于对乡村运营价值认识不到位，部分村干部、村民一开始对乡村运营是排斥的态度，有的村干部认为乡村需要招引投资几千万的投资商来运营，招引轻资产运营的运营商对村集体没有实质的利好。在政府部门内部也存在理解和认识不足的现象，有部分干部认为政府给的奖励过多，却没看到我们的奖励是一种"对赌"的形式，当奖励资金兑现给运营商时，一个村落的业态和产品已有了基本雏形。令人欣慰的是，经过几年样本打造和宣传推广，至少我们临安区内许多方面对乡村运营模式的认识开始出现较好的提升，很多村支部书记都表达了积极招引运营商而不是投资商的愿望。

资源要素流动的体制机制没有针对乡村运营去做适配，也给运营工作带来了一些挑战。从规划，到招投标，到落地，再到资金兑付，政府的资金配套遵循一套规定的流程，具体项目的款项一年一批，一年一拨，一年一审，当年度的拨款年度内没有用完则必须退回去，新的年度再重新立项拨款。当规定的流程走完，一年往往只余下3～5个月的施工时间，乡村运营项目大多需要"精耕细作"，几个月的时间打造培育好一个业态项目明显有些紧迫。为了在有限的时间里打造好项目，有的乡村会直接选择小公园、小广场、绿道等在城市或其他乡村已有成熟设计施工方案的基础配套项目，不遵循市场导向，这会造成重复建设和同质化的问题，导致乡村失了风味。这样的矛盾里没有谁对谁错，恰好反映了乡村运营存在巨大的改革价值，以顶层设计为引领，运用改革手段，自上而下推进要素配置等体制机制的完善，我相信它能把乡村运营、乡村振兴推进到一个新的层面。

具备综合能力的优秀运营商的稀缺，是我们乡村运营目前面临的另一大难点。我反复声明，运营商是乡村运营的主体，乡村运营是轻资产运营，不需要运营商投入大笔的资产，而是通过以商招商的形式，招引其他优秀的投资商在村内进行业态投资，同时政府在成果落地后还有相应的补贴，这个市场很广阔，不管是个人还是团队，只要拥有资源和能力就可以成为运营商。但是，目前市场上能够理解乡村运营理念，且拥有做好文创、产品、活动、媒体营销等方面的能力，同时能协调好村委、村民、政府等各种关系的运营商少之又少，临安乡村运营期待着更多高素养运营团队的加入。眼下，我们正在谋划一些更新的招商形式和遴选机制。

文旅浙壹说：目前咱们运营商团队大多还是来自城市，有的生长于乡村却也是长期在城市生活后再回归乡村的，而我记得你们曾寄望运营商成为乡村的"发展参谋"，这里面运营商和村委会、村民的关系协调处理可能会是一个不容忽视的难点，请问您怎么看待这个问题？

陈伟洪：这的确是一个值得讨论的问题。我个人私下总结过一句话，"村里不要太有钱，村干部不要太能干"，当然这是相对而言的，如果村干部真的非常有能力、有思路那另当别论，因为那自然会很有用。就我在众多乡村调研的结论来看，目前而言，我们一些村委会在市场化的乡村发展上的力量还是比较薄弱的，所以我们才希望通过引进运营商解决乡村发展"谁来干"和"怎么干"的问题。乡村运营最怕有些村干部自认为很懂旅游的各种门道，村里资金也比较充裕，抢着去做、盲目去做，最终走偏方向；运营商驻村之后，这样的村干部还会自己拿主意，引入一些与运营规划方向相背离的项目，自成一套和运营商背道而驰的做法，既浪费乡村资源，又对乡村运营起到阻碍作用，造成乡村发展上的不统一。

乡村运营商是政府从市场上招引的具备专业能力和开阔视野的团队，是乡村运营蓝图的描绘者和执行者。但如你所言，这些团队往往来自城市，以往工作的场所是商务写字楼，因此，与当地老百姓交流沟通方面可能存在一定的困难，这就需要村委会当好"向导"和中间人，帮助运营商与当地村民打好交道，共同协作把乡村运营的各项工作做实、做细、做精。在实际工作中，双方不可避免会有矛盾产生，比如运营商在村干部不知道怎么干的时候提供了明确的思路，但村干部不一定听、不完全听；又比如运营商工作推进到一定程度的时候，村干部有了新的想法，双方发生分歧，导致工作推进不下去或干脆终止掉。这种时候需要我们部门和镇街干部出马，起到中间调和的作用。但说到底，不管是村民还是村委会，他们都具有"重实惠"的特点，只要运营商坚持按照我们模式的定位，充分考虑乡村和农民利益，尽可能多通过一些运营成果的示范增强运营说服力，带动大家一起发展，让他们有实实在在的获得感，其间的关系便自然会越来越顺。所以，我们的运营商不仅需要市场运作能力，同时也要具备与村干部、村民打交道的能力。

文旅浙壹说：风一程，雨一程，这几年各领域、各行业其实都面临着相同的大环境和大形势，但感觉临安乡村运营干劲一直都很足，总的来看，您认为临安乡村运营模式践行得怎么样？按照你们的标准衡量，您认为有哪些村干得不错？

陈伟洪：最近这几年国内外发生了很多事情，但这些事情是挑战与机遇并存的，比方说像我们国内，虽有新冠疫情的困扰，但国家"三农"工作重心从脱贫攻坚历史性转向全面推进乡村振兴，也就是说，广大基建不断完善的乡村都将迈入追求内生发展的时代，临安乡村运营模式就是激发乡村内生动力的典型探索。每当看到这一点，我内心都很激动，从而生发更多的干劲去推动乡村运营模式转化出更多效益。就我们的面上运营情况来说，我认为临安多数村庄推进的成效都比较好，比如龙门秘境、红叶指南、月亮桥村、径山阳坡、湍口暖泉等。当然，也有一些运营村落，成效并不明显，运营商中途退出的也有，我认为这很正常，恰恰说明这是市场行为。

这里面，还有一个是如何看待我们乡村运营成效的问题。乡村运营是以社会资金投入为主，一般不会有高大上的项目（我们也不倡导这样的项目）进村，所以，单纯从传统的眼光来看我们村庄，其形象度方面肯定不如一些美丽村庄好看，但是运营的村庄在内生动力的激发、人的理念、村庄的活跃度等方面，都悄然发生变化，影响深远。

乡村经营有一个过程，这是很客观的，我们这些正在火热试验的乡村，如果给他们更多时间培育，相信都会成为临安乡村运营的"名片"。但必须承认，当前临安乡村运营形成了模式，而且其创新价值、改革价值、推广价值都已经凸显。2021年，我们的模式成为杭州市推动共同富裕示范区城市建设的试点案例，这本身就是非常重要的成果。2022年，临安区将加快构建"一廊三圈十八景"全域旅游格局，"十八景"中有"八景"就需要以乡村运营手段来推进，可以说，乡村运营将迎来发展快车道，相信临安模式一定可以更成功。

乡村运营这个新生事物，我认为对中国乡村振兴来讲，是具有历史意义的！

文旅浙壹说：据说你们每个月都要接待多批来自全国各地的考察学习团，并毫无保留地向他们提供你们的工作资料，您自己也会经常在微信朋友圈梳理分享工作心得，导致很多地方的文件或有关宣传报道经常大段大段出现"临安原文"，请问您如何看待这种情况？有的地方到临安学习以后干的力度还非常大，你们有没有感到有一些压力？

陈伟洪：有人来学习其实是好事，说明我们的模式还是有魅力、有生命力的。临安自开展乡村运营以来，一直保持一种开放、包容的状态，不定期将所有运营成果以文字、视频、图片等多种方式向外界分享，我们随时热烈欢迎所有致力于乡村振兴的团队到临安调研考察。即便是复制粘贴，只要能干成功就是好事。就像不久之前，来自绍兴的一支 80 多人组成的乡村运营团队到临安进行考察，在一天半的交流学习之中，我们就毫无保留地向对方阐述运营思路和理念，他们听后大为震撼，觉得临安的做法真的很好，现在他们的乡村运营也如火如荼地开展，并且我认为他们把临安乡村运营模式的精髓学到了、做到了，对此我由衷地开心。至于"压力"，那是绝对没有的，乡村振兴不是商业竞争，乡村运营本来就是为了推动共同富裕，我们期待着临安乡村运营模式可以走得更远、传播得更广。

我生于乡村，长于乡村，多年来又从事乡村旅游相关工作，对乡村有浓厚的情感，对于乡村运营的手法也十分熟悉，一直把乡村运营当作一项事业在做。在推进乡村运营的这五年多时间里，我的确会经常把工作心得体会随手记录在手机上，目前已有 1000 多条备忘录，大多数我都在朋友圈分享过，未来我会考虑把这些文字内容系统地梳理整合在一起，形成完整的乡村运营理论并出版成书，以供其他人参考借鉴，同时吸引更多人、更多地方加入乡村运营中。就在 2021 年年底，我们还在浙江省文化和旅游厅和省旅游协会的指导下，发起成立了浙江旅游协会乡村文旅运营分会，他们推荐我当了会长，组织吸纳了一批业内有志于研究、从事乡村运营的机构会员，这是我们今后长期持续推进、推广临安乡村运营模式的一个重要载体，但不管利用哪种形式和平台，我们开放兼容的原则是不会改变的。

八、临安乡村运营模式访谈录

中央广播电视总台《共同富裕中国行》　2023 年 8 月 4 日

对话人：

中央广播电视总台财经中心记者　韩志峰

杭州市临安区文旅局副局长　陈伟洪

1. 记者：陈局您好，作为临安乡村运营模式的首创者和实践推动者，您能不能用几个关键词把临安乡村运营模式向全国观众推介一下？

陈伟洪：临安乡村运营最关键的做法是市场化，我们乡村运营按照市场经济规律推进。我们采取了轻资产运营方式，也就是说我们运营更多的是进行策划、文创、新媒体运作、营销、宣传造势等，还包括采取科技化、数字化的一些手段。我们改变了以往单纯地在乡村打造项目的一个方式。

另外，临安乡村运营最显著的一个特征是运营前置以及建立了一整套的乡村运营闭环的做法。比如说，我们把运营思维和运营的举措提前到我们乡村的产业规划和建设之前，使得我们的建设更突出产业发展主题。

以政府为主导是我们着力构建的一套闭环体系的重要组成部分，这个闭环体系主要表现在乡村运营商招引有门槛。招引来之后，我们有两个月试运营考核，在中间我们有一系列的赋能手段，比如说专家的"把脉问诊"、运营沙龙会、运营工作例会，还有我们最重要的年度考核。政府对运营商一年的工作绩效进行考核，然后根据考核的分值给予奖励。这个奖励我们是放在后面，就是奖励后置这么一个做法，也就是我们常说的"跳起来摘桃子"的"对赌"方式。

所以，我们建立了这一整套乡村运营的闭环体系，遵循这么一个规则比较重要，这也是我们乡村运营一个最大的关键词。

2. 记者：什么叫整村运营？

陈伟洪：我们原来讲的乡村产业发展或者说做乡村旅游，更注重引进到乡村的一个项目，比如说民宿、采摘游、漂流等，都是一个单独的项目。当然我们把这个项目做好了，它也会带动村里的其他一些产业或者整个乡村的发展，但这个带动行为是被动的。

我们讲的整村运营是引进市场化的团队，一开始，他的角色就定位于把整村作为一个旅游产品去打造，是从盘活整村资源的角度，而不是一两个项目、一两次活动，所以我们讲的整村运营大致是这么一个概念。

再讲整村运营，它面向的是整村的资源和资产如何盘活，而不是投入一个项目。同时，又是把乡村的各产业、各业态、各产品形成一个体系、一个有机的系统、一个互相关联的有机体。比如说，我们引进了一个民宿，运营商可能就会考虑通过民宿这个产品把民宿的客人导到其他业态上面，那么这些产品之间会形成一个关联、有机的系统。

这个是运营商要去做的，运营商的角色就定位于整村运营这个方面。

3. 记者：作为乡村运营师的首创者和实践推动者，您一定有着独特的故事和经验。我非常想听听您当初是怎么想到"乡村运营"这个理念，又是如何推动的，现在进展到了什么程度？

陈伟洪：临安是在 2017 年提出了"村落景区化"的概念。政府把建设任务交给当时的农办，把运营任务交给我们旅游局，接到任务之后，我们采用市场化的手段把乡村产业真正兴旺起来。我们率先向社会公开招引市场化的运营团队进驻村庄进行运营，这个做法是全国首创的。

为什么我们会有这么一个做法？是因为在 2016 年之前，我们一直在想方设法发展乡村旅游。之前的乡村旅游大多是单一的民宿和农家乐业态，再加入些采摘游和亲子游活动，业态很单一。

因此，2016 年，我们开始尝试打造乡村的"一桌菜"，我们不是说就一两个民宿在推这个活动，而是把全区有意愿的民宿主发动起来，每家民宿推"一桌菜"。通过"一桌菜"这一特色产品，丰富了民宿的内涵，那么就不是简单的民宿吃住这个概念了，我们还打造游览线路，让游客拥有独特的体验，延长他们的逗留时间。这样的做法其实就是整村运营的一个雏形。

但在很多村推动这个做法的时候，我仍然感到有些无力。这种无力感源于政府冲在前面，而民宿主和村两委干部是被动的，还是依赖政府来推动，他们的积极性当然是有，但是不够彻底。遇到这个问题后，我开始思考，是不是可以引入第三方来替代政府的角色，政府不要冲在前面，而让市场的力量来推动。

正是在这种情况下，2017 年，我们接到了乡村运营的任务。基于前面的这些思考，我们开始突破思维定式，面向市场招引第三方运营团队，让他们来推动整个村庄的运营。

4. 记者：当时提出市场化乡村运营这个想法，是您本人想出来的，还是说借鉴别人的？

陈伟洪：市场化乡村运营方式，是我自己想出来的。从一开始的想法、运营框架和要素构建到后面的运营实践，都是我一手思考并推动起来的。引入市场化团队整村运营这个做法 2017 年之前在全国是没有先例的。

我是 2010 年到临安旅游局的，一直以来就分管乡村旅游和市场营销、宣传等工作。我分管的民宿、农家乐工作以及整个乡村旅游的发展，必须放到市场上去竞争。那么要去竞争的话，就必须得按照市场的经济规律去做。我们除了政府的一些服务的手段，还得有市场的一些竞争的整合手段，所以这个市场意识和做法就日积月累地在我的心里面储备着、酝酿着。

另外，我刚才讲了，2016 年开始我就在打造乡村的"一桌家宴"。在好多村的实践当中，我深切地感受到，政府在推动市场的这些事情上，很难发力，或者说难以持续。我们政府的发力只是一时的，我们一个活动举办好了，可能我的精力不能支撑我持续去推动它。这样的话，就需要一个市场的力量来整合、盘活这些资源，持续推动我们的乡村旅游的发展。

2017 年初，我们临安提出了怎么更好地以市场的力量去推动村落景区运营。一个是基于前面所讲的，另外一个因素是在 2017 年的 4 月我们在临安大明山举办了一个民宿高峰圆桌会，以"民宿产业如何发展"为主题进行研讨。在研讨会上，上海、杭州、江苏、安徽在民宿产业链上的一些主体来了，一些新媒体也过来了。在研讨的时候，我受到启发，我如果把这些民宿产业链关联的一些业态，以某一方市场力量牵头，把他们引进到村里面去，我们整个乡村的运营也就能够实现。

灵感一现，我就马上付诸行动，积极思考并推进这个事情。我们旅游局在 5 月 5 日就举行了一场运营招商会，当天就来了二三十家各类与乡村旅游有关的投资、经营商和一些文旅产业的机构。

下午的招商会之后，当天晚上，大家聚在一起久久不肯散去，聊得非常激动。当时我们确定了这样一种方式：由一个市场主体牵头，把身边集聚的资源招引进来，牵头机构负责策划，负责整合这些资源，政府再给一些政策，我们一个乡村就可以运营起来了。当时，大家聊得非常兴奋，可谓群情激昂。

我们第二天就和来的这批机构、人员考察村落去了，然后我们就陆陆续续签约了，当年就签约了七八家运营商，运营商进驻了我们乡村，也就开启了一条市场化乡村运营新路。

5. 记者：临安是 2017 年开始引进乡村运营师对吧？

陈伟洪：对。

6. 记者：当时引进的第一批乡村运营师有几个？是通过什么方式招募？

陈伟洪：第一批有七八个成的，我们当初激动了，签约了很多，但是后来没成功的也是比较多的。

我们有三种招募方式：一是通过微信公众号发布推文招募；二是举办乡村运营商"相亲"会；三是与做旅游的一些圈层资源精准对接。

7. 记者：截至目前，临安区共引进了多少乡村运营师？是一村一名运营师吗？

陈伟洪：总共有 25 个乡村运营团队，我们一般的都是一个村一个运营团队，但也有两三个村合并成一个村落景区，然后招引一个运营团队。虽然现在是 25 个运营团队，但总数我估计五六十个是有的，因为有些团队在运营两三个月后就退出了，也有的在一年后考核未通过，我们让他退出了。

8. 记者：如果 100 分为满分，您对当前的乡村运营状态打多少分？失分项是在哪些地方？

陈伟洪：我认为目前的运营状态可以打七八十分。失分项主要在我们的运营团队，他们市场运作的能力和资源整合的能力，以及打造产品的能力还有欠缺。总的来说，我们还缺乏比较全面优秀的运营商。

9. 记者：七八十分也是挺高的分数了，这里面您觉得主要的亮点或者说成效在哪里？

陈伟洪：我们有一些运营村落是"三无村"，缺乏旅游资源，没有旅游业态，没有旅游景区可依托，这种情况下，我们通过运营团队去运营，然后有了起色，旅游也做起来了。

比如说现在我们的洪村，之前它其实没有一个旅游业态，没有一个景区，我们运营团队进去之后，通过市场的整合手段把这个村的旅游给做起来了，产业发展起来了。

这些村庄不是依靠政府的资金在打造，而是靠社会的资本，不是以引进一两个项目的方式打造，而且是通过整村运营的方式，不断地引进一些业态、产品、经营户到村里来，通过一些运作的方式，把整个村的资源有效盘活。所以我觉得这个还是了不起的。

10. 记者：目前这 25 个运营师，他们的职业背景大概分布在哪些领域？

陈伟洪：一般是在旅游、文化、规划、设计等领域，当然也有完全跨界的、完全与文旅没有关联的机构进入临安做乡村运营。

11. 记者：到目前为止，您觉得最成功的乡村运营案例是哪个？比如说我们采访的龙门秘境村落算不算成功？

陈伟洪：这个龙门秘境村落景区，由三个行政村组成，面积有 55 平方公里，这么大的一个范围，原来只有少数几家农家乐，而且只有两个月时间有避暑的客人会过去。那么运营商进去之后，通过策划、规划、营销、做活动、做伴手礼等方式，把整个村落区域资源结合起来打造运营，现在每年都有较大的、稳定的客流量，我觉得还是很成功的。

12. 记者：我看它的模式、业态都还是比较好的，但是不是还没有实现盈利？

陈伟洪：因为我们龙门秘境村落景区的运营商自身实力比较强，所以它自身投入的项目和产品比较多，包括一些民宿、高山梯田、啤酒吧、农业项目，现在也还处在一个经营提升期。我认为，运营的成效、成果体现在多个层面，我相信他们应该是能够实现盈利的。

13. 记者：您也主编了一本书给乡村运营师做指导，就是"99 条"吧？这个是怎么来的？

陈伟洪：我刚才讲我们政府在这个乡村运营当中有一个重要的作用，就是以政府为主导，构建了一套闭环的体系。
这个体系当中最重要的就是我们政府的一个考核政策。考核不是目的，我们以考核为手段，可以引导运营商把他的角色转化为整村运营。同时，我们也让运营商能够获得政府的奖励支持，从而使运营商能够更有信心做好运营。

运营的话，我们并不是说去直接、简单地考核他引进的流量和业态的打造。这里为什么要有 99 条那么多、那么细，我们就是要引导、指导运营商具体怎么做运营。比如说跟村两委建立一个良好的工作机制，要求我们运营商跟村两委每个月都要有一个例会，当然这个例会简化为碰头商量也可以，但是运营商必须要执行。

这也是根据我们运营的特点来的，如果说我们运营商进入村里，只顾埋头苦干，我们村两委很多的信息和一些决策，大家没有达成共识。这样的话，可能会引发更多的矛盾和问题，也不利于我们的村庄整个产业方向的把握。

大概在 2017 年 9 月，我就在考虑构思考核内容的框架。随后经过文旅局相关科室人员的讨论，邀请专家讨论完善起来。这个考核体系经过 6 年时间的实践，也不断做了一些微调，形成了 99 条考核细则。当然，不论如何调整，我们始终坚持抓住重要的考核关键点，那就是业态和产品必须落地。一个村庄的运营，你如果只是搞活动，只是做一些直播带货等表象的东西，那么，我们游客来了，你连一些基本的旅游要素都没照顾到，他到哪里去吃哪里去住？

所以，我们一直强调运营商要让业态能够落地，业态落地就要能够把游客留下来吃住，然后让游客能够有消费，比如说村里有很好看的一片油菜花田，然后吸引外面的游客来了，玩了一圈又走了，一分钱也没有消费，还留下了一地垃圾，那样我觉得不是我们的乡村运营，不是我们所需要的乡村旅游。所以说，我们的考核重点是我们的业态和产品要落地，产业必须要兴旺起来。

另外，我们很重视乡村运营商本身的整体素质和能力。比如说运营方案，我们也做了要求，就是运营商到村里不是去搞规划的，你要有一套运营思维，拿出一套运营的举措、一些运营的手法，同时你又要能够找到一个运营切入点，组织一些运营的力量，包括内生动力的激发和外来社会力量的赋能。像这样，我们也有相应考核的内容。

我们这几年通过运营实践以及理论经验，编写了《临安乡村运营汇编》，把所有的理论和操作层面的东西全部汇编在内，包括"99 条"考核细则，其实就是具体如何运营的一个指导手册。

14. 记者："99 条"的原创性占比有多大，借鉴了哪些东西？

陈伟洪："99 条"考核内容全都是我们文旅局根据运营目标，按照一整套闭环体系制订起来的。这个全是我们原创的。

15. 记者：这个"99 条"方案的框架您是考虑了哪些方面，"99 条"内容您认为运营商可以做到吗？

陈伟洪：在我的手机备忘录上记得很清楚，2017 年 5 月，我就确定了运营考核框架和内容。当时考虑的是运营九大方面要进行考核。比如说要考虑它的产业和业态、新媒体的运作、营销，需要与村集体形成利益共同体，还包括运营商在管理经营上的一些要求等。

这个"99 条"是给运营商指导了一个方向和具体运营手段，但我们并没有规定要具体引进多少业态，要做什么样的产品。看似我们有 99 条，约束比较多，但都是方向性、指导性的。比如说跟村两委形成一个良好的工作机制就是指导性的，但具体如何与村两委建立良好的工作机制就需要运营商自己去发挥。

特别是在产业运营方面，加工一些产品，打造一些业态，那完全是运营商自由发挥。这一方面是要根据村庄的资源和文化禀赋，该怎么去盘活闲置的资源、资产，怎么样转化为市场的产品，实现经济的价值，这些手段方式是运营商可以自由发挥的，我们不会干涉，而且我们也在运营协议里面写明村两委不得干涉具体运营要干什么，这样，运营可以让村庄闲置资源充分释放其价值。

从临安运营实践来看，运营商基本能适应临安的考核细则，按照临安的运营模式开展运营工作。

16. 记者：运营商是由文旅局在招募，他们要进入乡村，必然要和村两委产生关联，那么村两委和文旅局及运营商之间是一个什么样的关系，怎么样能够确保村两委接纳他们？

陈伟洪：首先，我认为我们文旅局来做这个乡村运营一整套工作，但也可以由农业农村局去做，也可以由商务局去做，这个其实并不矛盾，具体谁负责牵头去做，它都代表着我们区政府层面在实施这项运营工作。只要政府赋予该部门承担这个工作职能就行。

我们文旅局做的运营工作，跟村两委要做的是完全一致的。我们实施运营乡村这个做法，就是要把乡村这个产业发展起来，把乡村繁荣起来，这个恰恰就是我们村两委的愿望。

其次，从一个现实的层面来看，我们的乡村原来靠一些基础设施和配套设施建设，这种方式也已经让村两委感觉到难以持续下去。

村里的产业发展机制没有建立起来的话，我们村里的集体经济也就得不到壮大。我们在做一些美丽乡村项目的时候，会有一些流转的土地，一些小广场、小公园，其绿化都要维护，这些费用在当年项目当中解决了，但是接下来一些运维费用需要村委会承担，就难起来了。怎么来支付这笔费用呢？村委会觉得还是需要专业化的团队来帮助运营起来，这样才能使原来投入的公共基础配套设施不至于过几年又荒废。所以，产业能够兴旺起来，老百姓能够致富，村集体能够壮大，引入乡村运营商，这也是村两委的愿望，是他们的一个现实需求。

文旅局（包括镇政府）、村两委、运营商三者既是一个利益共同体，同时又有各自职能和不同任务。政府和村委会更多地做好引导、服务、赋能等，不干涉运营商正常经营、运作；而运营商积极做好村庄运营之外，也要在村庄生态、文化、治理、规划、人才等方面发挥参谋、助手作用。

17. 记者：我们讲"乡村运营商和村两委"的关系合适，还是讲"乡村运营商和村支部书记"的关系比较合适？

陈伟洪：应该讲是和村两委的关系。乡村运营商到村里去开展乡村运营，目的是使产业发展兴旺起来，同时，运营团队也为村两委在经济、文化等方面起着一个参谋、助手的作用，扮演着一个为村里出谋划策的角色，那么当然应该是和村两委处理好关系。

但是，村组织当中村支部书记这个带头人至关重要，村支部书记的理念、行为转到乡村运营的思维和乡村运营的行动上是非常重要的。我们运营商进入村里之后，村支部书记能够支持、服务好我们的运营商，积极协调好运营事务，起到带头作用。

18. 记者：这种情况是不是很容易造成运营商面临着上压下顶的局面？上面是上级政府有考核指标去考核他，下面与村集体的关系是由运营商来处理，处理不好的时候村集体就会采取各种手段去往上顶，这样运营商在发展的过程中是否承担了本来作为一个市场主体以外的更多的责任？

陈伟洪：作为运营商，首先与政府的乡村振兴目标要一致，比如说一个投资商，他到村里来投一个项目，政府是支持的，但是政府的目标在于整个村的发展，推进乡村振兴、共同富裕，这样的话，单个项目的投资商就难以达到政府的预期目标。

所以，我们把运营商团队引到村里来，很重要的一个做法就是让他们进行角色转换，从原来的单纯地到村里来投资做一两个项目到整村运营的一个转变，这个角色转变很重要。因为资本是逐利的，运营商进来之后当然是看重他擅长的某一两个项目去投入，然后产生利益，实现他的回报，他的任务就完成了。

但我们政府赋予他担当运营商的角色，就不光是要做投资商的角色，而且要整村地打造、运营。他不会盯着自己的一两个项目去做，而是先开展资源调查，确定主题定位，再通过主题定位不断地去招引村庄所需要的各类业态和产品的投资商到村里来。这时候，他扮演的就是运营商的角色了。

他为什么能够实现角色的转换？我们知道，资本是逐利的，投资商一到村里来，他肯定先考虑自身怎么谋利。那么我们在招引的时候，就要跟他讲清理念：你到乡村来投资，如果不能带动村民致富、村集体的壮大，那么老百姓、村集体也不会支持你。我们就这样跟运营商来讲明白这个道理。

但是对运营商光做思想工作还不行，我们还有一套考核细则来引导，你要拿到我们的奖励，就必须通过我们的"99 条"考核。"99 条"考核细则就是按照整村化、系统化运营设计的，运营商想要获得高分并拿到大奖励，他就必须做好运营商的角色。

另外，运营商按照整村运营去做，他还有可能争取政府其他的一些政策。比如说现在我们的乡村振兴人才奖励政策，就考虑把乡村运营师纳入奖励对象里，而单体的投资商，他享受不到这个奖励政策。

19. 记者：其实相当于是赋予他更多责任的同时，也给他更多的奖励是吧？

陈伟洪：本质上是这样的，还有一个就是运营商思想观念的转变。运营商来的时候我们都会做引导和培训，告诉他为什么转化，怎么转化。如果这个门槛过不了，那运营合作就不会继续下去。

20. 记者：因为我们追求的是"小而美"的业态，每一个运营商又是一个相对独立的运营，如果从整个临安的视角，是否会出现一个问题，就是同质化竞争在未来会非常严重？现在有没有产业同质化的问题？

陈伟洪：您这个问题真的很好，其实我们跑过很多村，的确普遍存在产品、业态、景观小品同质化的现象。为什么会这样？这是与乡村的规划设计和打造的主体有关的，主体缺乏市场属性和竞争动力，停留在完成任务和泛泛的功能体现，打造出来的产品也就规避不了"千村一面"的现象。

我认为乡村运营商来，正好可以解决乡村发展的同质化、"千村一面"这个问题。为什么这么讲呢？

首先，运营商的团队是从社会公开招募而来，具备强烈的市场意识和产品竞争行为，市场化倒逼他们必须做有辨识度的村庄、有创新特色的产品，不然就无法持续。其次，运营团队不同，团队人才结构不同，各有优势，各有专长，也就决定着他们的运营内容、运营方式、运营手法不尽相同，运营商肯定奔着他们的擅长方面去做。这样，每个村的面貌和产业呈现也就各不相同。

还有一个是什么？我们的乡村为什么会同质化？那是因为我们原来采取的手段都是一种浅层次的、低端的手段，市场上怎么做，就马上跟风去做什么。我们临安的乡村运营模式，倡导的运营手法更多是进行策划、文创、营销、造势、宣传及采取数字化等新手段，不是说简单地完成一个项目的功能性就好了，比如说采摘业态，原来可能就是个采摘，采摘水果、鲜花、蔬菜，但是我们运营商进来之后，他可能把采摘里面植入其他的一些文创、体验的东西。那样的话我们的产品就会不一样。

我们临安乡村运营模式还有一个手段是资源调查。资源调查其实是非常重要的，比如说我们前段时间就有一个村庄，运营商进去之后，把村庄的酿酒资源、历史、文化等调查得非常清楚，接下来可能就会搞一个乡村土酒的文化旅游节。同时，打造以乡村土烧酒为主题的村庄，村庄运营的产业、产品、业态就围绕这个主题去做，村里的旅游标识牌、游客中心、停车场、游步道等，也都按这种风格去打造。这样的话，整个村庄的产业的辨识度、特色就自然而然起来了。

21. 记者：如果说我们对于各村上马的一些项目做一些约束，必须达到一定的规模标准，这样的方式是否能避免出现同质化问题？

陈伟洪：首先，我想表达一个观点，在当前阶段，我们乡村需要首先解决产业发展的问题，我们还没有达到业态和产品过剩的阶段。

但是，我们一个高水平的乡村运营商来，他会起这个调节的作用。比如说我们现在一个村庄有五六十家全是做民宿的，这么单一的产业，很多游客来了，住一晚就会离开，因为村庄没有吸引他继续停留的理由。

而我们运营商来了之后，会系统梳理整个村庄产业的结构和关联度的问题。比如说游客第一天住了民宿，第二天他就可能有一个酿酒的作坊可以体验，再进一步的话，一些高端的业态引进来了，比如酒吧、咖啡馆、电影院、书局、数字业态，那样就会把城里的年轻人也吸引来，整个村庄产业就进入了良性循环的高品质阶段。我觉得要实现这个目标恰恰是我们运营商能够做的，因为他是专业的团队。如果单靠乡村产业自动地或被动地去调节改变，这个时间会很漫长。

我一般推崇"小而精"的运营商来，一般来说，大的资本、大企业进村来，他们胃口比较大，或者有直接经济利益回报，或者有其他的一些目的。但在村里，动辄投资几千万、上亿的项目，用地指标的解决、项目的立项审批等难度大，同时，风险也大，搞得不好，反而浪费村庄良好资源，造成负面影响。

22. 记者：我们招引的运营商团队，为什么不是盯着一些大的旅游企业、文化企业？

陈伟洪：大的企业到村里来固然有它的优势，人才的优势、资金的优势等，但是也有一些不足的地方。一个是大企业胃口太大，到村里来，一些小的回报满足不了他。其次，大企业来之后，让他去每天跟村民和村两委去打交道，他可能也觉得很艰难；而我们社会上的一些小团队、小机构可能更愿意去做这些事情，更有沟通的亲和力。此外，我一直强调"小而美"的产品和业态构建起整个村庄产业的生态，这也是我们乡村运营的内在逻辑所在。

目前来看，社会上大的旅游、文化企业还不愿来做在他们眼里不起眼的乡村运营行业，他们热衷于大景区、古镇、旅游综合体等大体量项目。

23. 记者：您调研了这么多地方，讲了不少课，从政府工作角度来分析，做乡村振兴，推进共同富裕，为什么一定要具备乡村运营的思维？

陈伟洪：我认为，乡村振兴和共同富裕的关键在于产业兴旺，产业兴旺的关键是需要采取运营的手段，而政府对乡村运营思维的建立尤为重要，因为政府是乡村运营的主导者和推动者。

乡村运营并非提出一个名词、一个概念就行，而是要落实到行动上，正确的行为需要思维方式的改变。我们有时候更多习惯于用传统的惯性思维和固化的工作经验去考虑和推进乡村振兴、共同富裕。这么多年来，我一直讲乡村运营思维的重要性，这也是有感而发的。我发现很多人在讲乡村运营，但他的思维没有转变到乡村运营模式思维频道上来，在具体的工作对策、举措中就会走偏，或者说完全与运营背道而驰。前几年，我在洛阳市和绍兴市的讲课，有县、镇领导课后与我交流，他们异常兴奋，说这个乡村运营思维和方式，简直是颠覆性的，与他们之前在乡村推进的工作完全不一样。

乡村运营思维，我考虑主要体现在三个方面：一是市场化的思维。让运营商按照市场规律去做，更多采取市场整合手段，成为创造者，而不是盲从者、施工队。二是系统化思维。按照整村资源盘活，以做新价值、做增量运营的思维，而不是单纯投资、项目建设的思维。整村性、系统化、多维度的方式，推进整村产业、业态、产品系统化布局。三是构建闭环的思维，"谁来干""干什么""怎么干""干好了或干不好了怎么办"，环环相扣，各方遵循游戏规则。

24. 记者：我们去过小古城村，他们是引入了职业经理人，咱们这边是乡村运营师，您觉得职业经理人和乡村运营师之间有什么区别？两者的优劣各是什么？

陈伟洪：我觉得职业经理人的做法当然也是我们实现乡村振兴、共同富裕的一个好手段，但与我们的乡村运营师相比，它们之间存在明显的差异。职业经理人由区、县政府招募并领取固定报酬，这也决定着他们一般会按照政府和村委会指令干工作，完成任务就行，相对会缺乏创造力。

我们临安的乡村运营师来到村庄后的一年之内，政府并未给予他们任何报酬，他们需要依靠自身的努力。如果一年期满，他们在乡村没有成果落地的话，或未能通过政府的年度考核，他们就会一分钱拿不到，就会退出，这个存在一定风险，这就好像是一种"对赌"的形式，或者可以比喻成"跳起来摘桃子"，你必须努力，要跳起来才能摘到。

这种机制促使我们的乡村运营师团队有了风险意识，做不好就会退出，他这一年辛辛苦苦就白干了。因此，他就会拼命地去思考怎么样去运营，而且必须取得实效，有运营成果落地。我们村里运营商签协议年限一般在十年以上，确保运营商有一个长期在村庄运营的打算。

但是在最开始的吸引力上，似乎职业经理人比乡村运营师更大一些，所以村庄就更容易招募到农村职业经理人。

因为乡村职业经理人是一个个体进入乡村，而我们的乡村运营师则是一个团队，这也是一个区别。

我也观察到，临安以外的地区引入农村职业经理人，他自己拿着薪酬进入乡村之后，一些能干的职业经理人按照临安的这个乡村运营模式，以市场化方式去合作了一些团队，以专业的团队来推进乡村产业发展。这样讲，其实质又回到临安乡村运营的方式上来了。

25. 记者：他们两者之间是否可以理解成职业经理人实际是在填补政府和企业中间所缺失的那一环。它是代表着村集体和政府以一个企业的身份去跟我们的运营商对接，是否就可以理解成他把运营商跟村集体和政府之间的这种关系的这一层责任给承担了？

陈伟洪：我的理解，农村职业经理人其实是政府聘请来的，对他来说是一份工作，一年做好了拿到报酬了，不想干这份工作了，可以拍拍屁股走人。但是乡村运营商由他的本质属性决定了他要把乡村运营当作一份长久的职业和事业。运营商在村里遇到困难和问题，都要想尽办法去解决，又因其公司注册在村里，也有投入下去，所以一时无法走掉。

乡村运营师在乡村发展中起到积极的作用，但要进行乡村产业系统化发展，就显得动力和实力不够。若农村职业经理人以市场化方式去组建团队，或者协助村委会做好运营团队招募并形成合作关系，这倒是一个好路径。

26. 记者：村两委在聘请乡村运营师进来的时候，会不会担心失去他的自主权？

陈伟洪：在我们过去六年的乡村运营工作探索中可以看到，村两委干部已经逐渐接受了乡村运营理念这一套做法。的确，最开始的时候也有村干部会想不通，因为他的意识里，本来是我村两委掌管的产业资源，现在运营团队来了，运营团队去招引、去运作，村干部心里多多少少有点失落感。但我们一直强调，运营商要与村委会形成协商沟通机制。

随着时间的推移，工作上不断地磨合，加之大家的目标一致，都希望尽快把村庄产业发展起来。所以村干部也基本接受了运营团队。在临安，有很多村两委与运营团队之间已经形成了非常融洽的关系。

27. 记者：那么经过这几年的探索，您感觉咱们从全国乡村振兴的这个角度来看，我们的乡村运营师和村里面是什么样的关系才是合理可持续的？

陈伟洪：我觉得是这样的，首先我们村两委是村庄的自治组织，他的一些职能当然不会改变，我们运营商进来只是做他的助手，帮助他们通过运营手法把乡村的产业发展起来，也协助、帮助村两委出谋划策，发挥参谋作用。

即便运营商做得再出色，也是村两委的一份功劳。因此，村两委就行使村两委的一些职能，只不过把乡村产业、闲置资源和资产如何在市场上实现经济价值这部分工作让给运营方，让他们去自由发挥。我觉得这样一种关系才是最好的，村两委继续做好村两委的工作，村里的事务性工作也不变。运营商当然不能干涉村里的行政事务，但两者共同的目标是促进村庄经济的发展。

28. 记者：乡村运营师不做政府的"施工队"，不能让社会资本做政府的事情，这个应该怎么理解？

陈伟洪：市场运营商进驻到村里开展运营，很关键的一点是他们所有的运营行为都应遵循市场规律，要按照市场规律去实现一个市场的价值。然而，很多运营商进入村庄后，往往听从村两委的安排，特别是一些有资金实力或者有政府项目的村庄，会将项目或工程交给运营商去完成。具体怎么做，运营商需要听从村两委的指令。我觉得这样就不好了，因为运营商到村里应该发挥他们的人才优势，而不是成为政府的"施工队"。

29. 记者：那如果这件事情发生，村两委说我就是要让你做，我就是有钱，我就要在这儿建一个东西，但是运营商觉得这个不符合我们整体的运营理念和这个业态的安排，产生矛盾了，乡村运营师如何说服村两委呢？

陈伟洪：我们自己也观察到这种现象，因此，在运营商与村两委签订的协议中，我们明确规定了一条：村两委不得干涉运营商的日常运营工作。此外，在实际工作中，政府部门如文旅局或农业农村局等也会根据运营商提出的一些想法，帮助他们与村两委进行协调。

30. 记者：提到这里，在我们这两天的采访中，两个运营商也都提到您的情怀，还提到如果没有政府，他们是做不起来的。政府和政府工作人员在支持乡村运营商工作的过程中，应该是一个什么样的角色？

陈伟洪：我们讲乡村运营，首先强调让市场的力量进驻乡村，开展市场化的运营行为。但这并不意味着政府可以当"甩手掌柜"，认为引进运营商后就万事大吉，可以什么都不管了。

实际上，运营商面对的是一个复杂的乡村环境，难度非常高。因此，政府需要发挥积极有为的作用。市场有效和政府有为是相辅相成的。在乡村运营中，政府的角色绝对不能缺位，同时政府要从原来的"大包大揽"慢慢地转变为引导、服务、赋能、政策的支持等方式。

在乡村运营方面，政府需要做的最重要的一件事是积极引导整个乡村运营的规则体系。我们设定了门槛，把关引进运营商。运营商进驻后有一个试运营期的考核，确保他们是真心诚意地来运营村庄，并且具备一定的运营水平。政府需要对整个运营过程进行考核把关，包括邀请专家"把脉问诊"、运营沙龙会、运营工作例会以及营销宣传等方面的赋能。

如果政府没有考核手段，整个运营体系就会偏离方向，运营商可能不会按照整村运营的目标去实现乡村振兴和共同富裕，而是纯粹为了获取经济利益。因此，我们讲到乡村运营中政府的作用是非常重要的。政府既不能越位，包揽着干，也不能完全放手什么都不干，而应该积极主动地去发挥相应的作用。

31. 记者：我看您培养了不少助手，还有来自不同领域的本科生、硕士生来参与这个乡村运营，那就是说咱们是一个紧密的跟踪和动态的服务的过程是吧，如果我们只提供政策体系、政策支持，也有一些考核和奖励，但这个过程中我们没有跟踪落实，行不行？

陈伟洪：整个乡村运营工作，按理说我们市场运营团队进驻村落，按照市场规律去运营，政府做好基本服务就行了。那么，我们文旅局作为乡村运营的牵头、指导、管理部门，为什么还要花那么大的精力去赋能乡村运营工作？

因为乡村运营是一个新生事物，特别是临安的乡村运营，它是一个体系化的模式，需要方方面面特别是我们政府去把握一些方向和行为，不至于乡村运营走偏。

当然，等到乡村运营模式各种所需的力量都具备了，我们政府的顶层设计都非常完美成熟了，我们政府就不用方方面面都去这么操心了，只要遵照一套运营规则就行了，比如按照考核的规则就行了。另外，政府毕竟有政府的优势、资源的优势等，可以助推临安乡村运营模式做得更好一些。

32. 记者：现在政府在投入大量资金进行乡村建设、推进共同富裕，您觉得在乡村运营师这样的管理运营之下，我们怎样把政府的资金用在刀刃上？

陈伟洪：我觉得很重要一点就是要运营前置，这是 2017 年我们运营团队引入之后提出的一个观点。具体来说，应该将运营前置到村庄规划、乡村产业规划和乡村建设之前，引进专业的乡村运营团队来指导工作。如果暂时无法引进这样的团队，政府和村两委至少要确立一个乡村运营的思维和一套相应举措。

这个思维和举措就是说我们在做乡村建设、规划的时候，就要考虑到乡村产业如何往运营的方向去持续发展。这样的话，我们不至于把乡村建设的投资走偏。比如，建设一个游客中心，他可能还把一些乡村的业态植入进去，可能还会呈现一些视觉功能，让游客在里面拍照发朋友圈。避免成为"千村一面"、同质化的游客中心。

比如说乡村停车场也是这样，我们现在都是标准化的停车场。当我们运营思维植入后，我们的停车场可能就更多围绕这个村庄的主题去打造，比如定位"童话故事"主题的村庄，那这个停车场更多就是与童话故事有关的一些风格和元素呈现。

再比如说游览导示牌，我们就要避免那种很生硬的标准化的设计，我们把它做得很有童话故事味道，它发挥的效果就不一样了。

还比如，我们不一定要那么多的小公园、小广场，我们可以把它做成一个乡村的小茶馆，或者说一个老年人讲故事的场所。

这样的例子太多太多了，这里面怎么把我们政府的资金用得更好，我认为就是把运营的思维植入我们的建设规划，根深蒂固地扎根在我们政府和村两委干部的头脑里面，才能使政府的资金和资源项目更大地发挥效能。

33. 记者：在这个过程中，有些地方政府急功近利，比如，本来你这个村庄就不需要一个很大的广场，或者不需要一座很高的楼，你建吗？乡村运营师也清楚，这怎么办？

陈伟洪：从临安的实践来讲，我们推行了乡村运营这一套做法后，我们的乡村已经避免了这些情况出现。而且我们政府专门有一套规定，做美丽乡村，要避免大拆大建。

我们要保留村庄的一些原生态的东西，但又不是说就是按照现有的面貌去打造，毕竟有些脏乱差的情况存在，或者有些甚至是破损的房屋，不是说不管了，我们要采取"微改造、精提升"手法。

我们现在强调"微改造、精提升"的精雕细琢的手法，让乡村原生态的面貌发生变化，同时又不破坏村庄肌理，我们基本上是这样去做的，所以你说的这种大拆大建的情况不存在，我们拆掉的是以前脏乱差的或者一些铁皮设施。

因为有我们的运营前置方式的倡导，有我们政府在乡村运营方面的顶层设计，以及运营商进驻村庄之后的职责和手段，很大程度上避免了你讲的这种现象出现。

34. 记者：我感觉您提到"微改造、精提升"这 6 个字非常好，能不能再展开讲一讲？

陈伟洪：这个是由浙江省政府提出来的，我们觉得非常适合在乡村推行这个做法。乡村一直以来都有它独特的发展历程和乡村肌理，这也是我们城里人说的"乡愁"所在。

那么我们采用"微改造、精提升"手法，可以让我们以更精细、更美观的方式呈现和提升原有建筑和设施。我们村里一些破损的房子和设施，通过微改造的手法，美好村子会一个个呈现出来，焕发出新的生机和活力。

说实话，运营商也没有能力和实力去进行大规模的拆除和重建。此外，政策也不允许这样做。所以，我们运营商现在更倾向于采取这种手法。

35. 记者：这里面还有一个问题，乡村运营商进驻乡村以后，怎么调动大家来积极参与这个乡村运营，可能有些老百姓觉得你是外人来了，我都不认识你，甚至我看着你可能都不顺眼，怎么样能够让大家信服你去主动参与？

陈伟洪：我们进行乡村运营时，首要的是顺应村民群众的意愿，要维护村民和村集体的根本利益，使乡村发展繁荣起来，这是所有村民的共同心愿和期待，也是我们乡村运营工作的核心目标。

从我们运营实践过程来看，我们也是这样做的，不是一两个投资者或运营商的经济利益获得就好，而是充分考虑村民如何获利，村集体如何增收。我们也恰恰是这么做的，比如说我们会注重资源调查，去了解村庄里有多少青年在外学习或工作，将这些信息整理汇总后，引导他们回乡创业，支持并推动乡村的建设与发展。这样做不仅能帮助村庄发展，也能让回乡的青年们实现个人价值。

此外，我们还把乡村厨娘的一手好菜挖掘出来。原来没有人去把她们挖掘出来，她们在村里就是一群闲人，现在引导培训她们做菜，帮助她们经营，并持续不断地协助她们打出"一桌菜"品牌。

还有很多乡村的匠人，比如说乡村里会酿酒的、会编织的、懂漆工的、懂木工的，把他们的手艺转化为我们乡村特色的文创伴手礼，使他们的手艺得到更好的传承与发扬。这些做法都是和村民的愿望相一致的。

在民宿发展方面，我们鼓励当地村民发展民宿。那些有实力、有头脑的村民，能够将民宿做起来，并经营得有声有色。村里面还有些人不会做民宿，但他们可能会种菜，会抓泥鳅、摸鱼，我们就引导民宿主，民宿里面的用品和食材要从本村村民这里采购，跟村民签订供应协议，这样让这部分没有特殊经营能力的村民也能够增加收入。

为了实现让整个村庄达到一个和谐共荣的状态，我们在产业上采取与村民、村集体共生的运作手法，充分考虑村民的利益，积极引导村民利用自身的优势和特点来共同参与村庄的发展，同时也会引导他们保护生态环境、传承乡土文化，从而使得乡村更加繁荣和活跃。

另外，我们的运营团队以青年为主，思想活跃，拥有城市中先进的理念和生活方式。他们到村里来跟我们老百姓交朋友，因为他们是以常态化的方式驻村运营，跟我们村民相处得很融洽，他们用爱、智慧和心灵与村民进行交流，运营商不会损害他们的利益，还会带给他们更多的经济利益，所以现在很多村民非常欢迎我们运营商，这是我觉得是非常好的一个现象，这样良好的互动是我们乡村运营成功的一个重要因素。

36. 记者：刚才您也提到了，要吸引年轻人进来。因为现在很多村庄已经变成了空心村，空巢老人比较多，没有年轻人参与的话，这个村庄要发展就缺乏朝气、缺乏动力，那怎么吸引这些年轻人进来？

陈伟洪：我们想要吸引年轻人回到乡村创业，这并不仅仅是一句口号就能简单实现的，我们需要拿出具体的举措。这些举措主要通过乡村运营商所建立的乡村运营平台来实现。乡村运营不仅为乡村产业发展提供了平台，也为年轻人提供了回乡创业的机会。

比如说我们通过运营，露营基地建起来了，露营基地需要用餐，就发展"乡村厨娘一桌菜"，建一个咖啡屋，就吸引了一些年轻人来消费，同时，经营露营基地、咖啡屋等又是需要年轻人的。

我们通过运营商，通过前期的资源调查，掌握了村里有多少有知识的年轻人在外面学习、工作，然后我们组建一个微信群，不断让运营商把乡村发展建设的情况发到群里。

寒暑假期间，在外学习工作的年轻人会回到乡村来。我们在线下举行座谈会，这样的话会有很多年轻人产生回来创业的想法。他们看到我们这个年轻的运营团队也在自己创业了，他们回乡创业的信心也会增强。所以说，我们通过这样一种方式吸引年轻人回来创业就更具可能性。

另外，我们鼓励在外本村青年回乡与我们运营团队合作，让青年也在运营公司占股份，这样的话，乡村运营这项事业能够走得更远，更能够健康持续，因为是本村青年加入了。所以，我们接下来也更注重在这方面的提升，让临安的乡村运营团队进一步迭代升级，我觉得这是我们乡村运营的一个方向。

37. 记者：很关心运营商和投资商的关系，运营商怎么动脑筋让别人去干，他怎样才能保证他的收益能够长期可持续发展？

陈伟洪：首先，乡村运营商一开始进入村庄，我们就要求他们明确自身的盈利模式，并在实施方案中体现出来。

那么，运营商如何在村庄中实现盈利？首先，运营商是高人一筹的、专业化水平的团队。例如，老百姓一麻袋番薯能卖30块，如果运营商来到村里，他把那袋番薯通过深加工，并进行文化故事的植入和一系列文创手段的包装，打造品牌，做成伴手礼来提升其附加值，再通过整合营销的手段，一个番薯也许就会卖到30块。这是一种通过策划、文创来实现盈利的方式。再比如，有的运营商可能是做旅游线路产品，他通过把游客导进来做一个线路产品，他也会产生一些增值收入。

当然，运营商还有更多的盈利手段，这个跟我们运营商自身的团队的结构和专长是分不开的。有的运营商可能专注于规划设计，有的可能专注于农副产品开发。乡村运营盈利模式可以涉及方方面面，我原来讲乡村运营有100种盈利方式，其实是无限，从理论上讲100种1000种都有。因为他把一个村庄给运营起来了，把流量导进来了，那么乡村发展就充满无限可能。

另外一个，就是我们的乡村运营商，他还去不断招引投资商、经营商，只有各类的主体进来了，我们的村庄才会实现整个产业的发展。单一地引进一两个投资商的话，它的风险都会加大，我们现在把风险给分散到各类"小而美"的经营主体身上，且形成大家集聚抱团方式，那么整村的产业都会互惠互利，发展壮大。

再一个，运营商以这个村庄的资源优势和运营优势，为我们投资商做了一个背书，这样的话，运营商可以在这个投资的业态、产品里面占一定的股份，这也是他实现自身盈利的一个渠道，最终达到双赢效果。

38. 记者：运营商为什么不能做投资商？

陈伟洪：运营商也可以同时担任投资商的角色，当然可以有实际的投资，但是我们不鼓励运营商重投资。为什么？因为运营商在这个村庄里面做一个重投资的话，他的精力就会重点围绕这个投资的项目。比如说一个投资方投资了几千万甚至上亿的这么一个项目，他就会把精力放在这个单一的项目上，那么他的运营角色的发挥肯定会减弱。他就不会考虑整村怎么去运营，整村怎么建立一个产业体系、建成一个有机的体系，怎么去解决这个村庄的主题定位和市场定位等这些问题。所以，我们不主张运营商把更多精力、资金重投资到某一个项目上面去。

39. 记者：最后一个问题，临安乡村运营模式运行到现在有 6 年的时间了，您认为在发展过程当中阻碍这个模式推广下去最重要的三个点是什么？

陈伟洪：我认为目前最大的问题在于缺乏优秀的运营商和乡村运营师队伍，这是首要的。乡村运营需要有理想、有情怀，具备策划、文创、营销和宣传造势等运作能力的这样一个团队，去实现乡村的无限价值。

当前，我们的社会还缺乏这样的一个乡村运营商团队和运营师人才的供给市场。因为我们许多学校和机构培养的乡村人才技能比较单一。例如，旅游专业出来就是当导游，酒店管理专业出来当大堂经理，缺乏一个整齐、完备的综合性的人才体系和兼具乡村情怀和工匠精神的人才，这是我们遇到的第一个难点。如果有高人一筹的专业团队进村来，通过我们乡村运营的这样一些手段，我认为非常有信心把一个村庄运营起来。

第二个是什么，就是我们的社会在很多层面对乡村运营的理念、观点还存在着偏见，导致我们乡村运营这个做法在推进的时候会遇到很多的不理解或者阻碍。这个需要我们在全社会，特别是在乡村振兴领域提升我们的乡村运营的理念和观点。

现在有一些偏见，把乡村运营理解成招商引资，认为投入一两个项目就行了，或者说搞一两场直播带货活动就行了，没有把更多的综合的系统的手段应用起来。

第三个是我深切的体会和感受，就是有一支高水平的、高人一筹的运营团队来了，什么困难都会克服的，这个在我们某些运营商身上也体现出来了。优秀的运营商团队跟村里面的干群关系处理得很好，就不会出现太大的矛盾，这样，运营商的创造力、创新能力、策划能力就会发挥出来。在乡村你让老百姓得实惠了，村集体经济壮大了，很多矛盾问题也就解决了，这个是我比较深刻的感受。

还有一个，在乡村创业，要实现经济价值，对于运营团队来说，难度还是很大的。他可能在一个酒店、民宿业务板块来运营，更容易实现它的经济回报。那么他在乡村这么一个开放式的乡村区域，要实现他的盈利，困难很大。我们给他的一些补贴奖励又不够吸引他来。所以，政府对运营商的奖励额度还要加大，资金要更多地往乡村运营的方向倾斜，从而盘活乡村闲置资产，真正让美丽乡村变成美丽经济。

（根据录音整理）

九、百丈探雪村落景区运营调研报告

近年来，在临安区委、区政府擘画的"一廊三圈十八景"美好蓝图中，百丈探雪示范型村落景区被列入重点打造的"十八景"之一，为"吴越名城·幸福临安"注入新鲜活力。2022 年 7 月，国兴集团旅游投资公司进驻百丈村，历时 8 个月，百丈探雪村落景区基本打造完成。当下，百丈探雪村落景区面临着从建设到运营的转折点，如何从众多乡村中脱颖而出，成为临安乡村共富的一块响当当的"金字招牌"？百丈村的发展路径和模式值得深入探究。3 月 31 日，浙江省旅游协会乡村文旅振兴分会等机构组织省内乡村文旅运营和设计专家，对下一阶段百丈村落景区的运营方向、运营思路、运营主体以及模式、方式、手段等进行全方位论证研讨，提出整村运营思路和举措。现结合专家意见以及当下百丈探雪村落景区现状，提出下一阶段运营建议方案。

（一）百丈村基本概况

百丈村位于临安西部、龙岗镇南部百丈岭下，由原双石村、毛山村、杨树村三个自然村组成。村域面积 18.5 平方公里，有农户 286 户，人口 906 人。在昌化镇以西 16 公里处，距临安城区约 70 公里，距杭州市区约 96 公里，是昔日通往徽州、昌北地区的徒步要道。百丈村距离杭徽高速出口 15 分钟车程，交通便利。

村庄沿山而筑，董溪贯穿全村，生态资源丰富，曾获得"浙江省森林村庄"的荣誉。村庄拥有优美而丰富的绿色山村景观资源。梯田、果园、小溪及农田里的阡陌交通为健康绿道骑行提供了有利条件。

村庄产业以传统农业种植为主。其中双石自然村的主要经济作物有毛竹、山林、山核桃、猕猴桃等。毛山自然村以梯田和毛竹为主。杨树自然村种植桃子以及梨等水果，有"天下第二桃"之誉的"愚公"牌水蜜桃。村民主要经济收入来源于桃树、山核桃、毛竹、水稻种植等。2020 年百丈村人均收入约 2 万元。

（二）百丈村落运营资源调查情况

1. 自然资源

百丈村四周环山，山高陡峭，植被茂盛，空气新鲜。

董溪贯穿全村，溪水清澈，水质优良，长年不断，有小水电站常年发电。

百丈岭顶有杜鹃湖，近万株杜鹃、天目杜鹃沿湖生长，在古道两侧延绵十余里。岭下 1500 余亩桃花、梨花，相互辉映，十分美丽。百丈岭杜鹃湖占地 28 亩，周围万株杜鹃每年 5 月盛开。杜鹃湖是古道的组成部分，海拔 1244 米，湖长 7 公里，湖水面积 88 万平方米，水深 15～30 米，库容 1339 万立方米。湖两岸杜鹃花丛生，杨梅、松杉、枫林密布，形成特色的自然风景。

百丈岭雪景蔚为壮观，岭上每年下雪，厚度较村庄厚 10 厘米，冬季不下雪时常有雾凇，12 月至次年 2 月均可观赏。百丈岭的雾凇和雪景每年吸引众多游客。

2. 人文资源

主要有百丈岭古道，为杭州市级文保单位。旧时安徽、岛石等地与外界沟通的必经之路，古道路程较长，地势险要，东起新溪，西至上溪，长 20 余公里。途经百丈岭、上溪，与纤岭、柳坞、岛石坞相连。双石—百丈岭—上溪、百丈岭徒步穿越、双石—百丈岭—马啸、百丈岭—太子尖等成为登山客的经典线路。

万年桥是杭州市级文保单位，是古道上的重要驿站。古桥保存完好，桥面"石羊回头望太阳"石刻清晰古朴。

住宿情况，现有农家乐 2 家，高端民宿 1 家。

双石自然村有观音、何仙姑等传说，有杭州市级文保单位万年桥。

杨树自然村有关于刘伯温的故事、太平天国的故事（《昌化县志》有记载）。

民俗方面，村庄有上梁民俗，民间房屋上梁时需要唱上梁民谣。

古道有着诸多古迹遗存和故事（新安文化的传承，挑盐、赶猪的故事——"穿小鞋"的猪、高庵古茶亭等）。

谢晋导演的《女足 9 号》、北京电影学院姜丽芬导演的《白色栀子花》曾在此取景。

3. 美食资源

当地的美食有蕨子果、番薯糕、玉米饼、自酿酒等。

4. 民间匠人

村里有酿酒师、竹篾匠、木匠等 10 余名。

5. 闲置房屋等资源

村庄整体风貌是白墙黛瓦，可租用的老旧无人居住房屋 12 幢（建于 20 世纪 80 年代的石头房），内部结构以木框架为主，外部用石头堆砌而成，村庄原生态的"乡味"相对浓郁，特别是房前屋后、庭院菜园的石栏石墙，都具有观赏价值。集体可利用房屋建筑面积 700 平方米；可用农田（能转化成建设用地）10 亩。

6. 农业资源

村庄北坡近 1000 亩梯田状山核桃林，尤为壮观。百丈村的愚公生态农庄生产的水蜜桃，口味鲜美，有"天下第二桃"之誉。全村有 1500 亩的种植园，主要种植桃子和梨，丰富了村落景区的观光、体验、采摘等旅游线路。

7. 周边资源

远眺可见龙岗镇娘娘畈农业科技示范园区，春季有 1600 亩油菜花海。周边有大明山、浙西大峡谷、浙西天池等景区。

（三）百丈探雪村落景区建设推进情况

自进驻以来，国兴集团旅游投资公司投入资金和人力，在百丈村区块和上溪村区块，完成基础提升、节点打造、配套提升、沿线整治、文化融入五大项目工程，在村落景区开展古道修复、文化空间建设、标识标牌打造、建筑立面提升等多项重点工作，并聘请专家团队编制百丈岭景区规划设计。

现阶段，百丈探雪村落景区已经完成了阶段性的建设任务，接下来，就是考虑如何植入产业和业态，如何引入客流，把村落景区旅游产品真正打造起来，实现村强民富、村庄繁荣、百姓幸福的目标。

（四）百丈探雪村落景区面临的问题

1. 亟待转变发展思路，引入专业运营商

通过前期建设，现在的百丈探雪村落景区面貌焕然一新，在很多人眼里，俨然一个崭新的村落景区，下一步的旅游产品开发似乎轻轻松松了。但从专业旅游开发分析来看，此时的百丈村发展面临的困难和问题仍然较多，正处于从建设转向运营的关键节点，急需在前期建设的硬件设施基础上，导入市场化精细运营，有效盘活资源、用好设施、创造财富，进而一举激活村落自我造血能力。

2. 当前百丈村市场化运营面临的困难

一是区位优势不明显。虽然说交通的通达性较好，但毕竟地处临安西部山区，从游客出行选择来讲，优势不明显。

二是流量短时集中。百丈岭因雪出名，在雪季尤其是大雪期间，能吸引大量游客参观游玩。但在雪季以外的时间段，整个百丈岭对游客吸引力不足。

三是缺乏配套的业态与产品。目前村庄几乎没有旅游的业态和产品，仅有若干民宿和农家乐，档次偏低，季节性消费明显，可谓经营惨淡。走古道的均为匆匆过客，从村庄经过，却很少停留在村庄，很难产生消费。

四是村民缺乏旅游业经验。村里绝大多数村民以从事传统农业产业以及外出务工为主，没有旅游行业的从业经历和经验，这对于下一步旅游的全面开发而言，存在产品打造、市场营销、经营管理、服务质量等方面的不足。

五是缺乏合适的运营主体。这是该村庄发展最关键的问题。国有企业作为百丈探雪

村落景区运营主体，明显存在诸多不合适之处。从国内和全省乡村运营的实际来看，市场化程度大、专业人才足、运作机制灵活的民营企业更具优势。如临安龙门秘境村落景区、洪村村落景区等，原来虽都有优质山水资源，但都未得到充分的开发利用。近年来市场化的民营运营商进驻后，充分发挥其在内部管理决策、专业人才引进、弹性考核激励机制、新型营销活动等方面的优势，有效盘活村落山水资源，形成临安乡村运营的示范样板。

3. 国企作为运营主体的优劣势分析

作为土生土长的本地国企临安旅游投资公司（简称临安旅投），在很多人眼里，肯定是村落景区运营的最佳选择。的确，该公司作为乡村运营的主体，有着诸多优势，主要表现在以下几个方面。

一是在资金投入上。作为国企，有较为强大的资金实力做后盾，特别是在乡村建设方面，有持续的基础设施和配套设施的投入能力，在项目的整体构造和品质上更胜一筹，且投入更多惠及村庄公共服务、综合产业。

二是在资源导入上。国企在乡村优质资源和产业导入以及乡村品牌打造上有优势，能引导更多市场力量进入乡村。

三是在社会公信力上。国企作为国家集体背书的具有公共属性的企业，相较于一般的民营企业更具有社会公信力，更容易取得乡村干部和群众的信任和认同。

当然作为国企，在乡村市场化运营方面，还存在两方面的不足。

一是存在体制机制上的制约。乡村开发需要具备灵活机动的能力，但国企的制度流程相对僵化复杂，工作事项决策、项目投资审批流程、专业人才引进等方面存在一定的迟滞，缺少应对市场变化的快速反应能力。

二是对发展的体量业态的积极性不足。从一个村落景区来看，大都围绕着"小而美"的业态产品引入和打造，更多偏重于策划、文创、微活动等一线运营手段，而这对于临安旅投这样承担区域整体文旅开发的国企来讲，因项目小，其绩效成果不明显，非其所擅长和热衷。从国内乃至江浙一带来看，确有一些国企投身于乡村投资和运营当中，但从我们获取的信息来看，虽然投入巨资，但大都呈艰难、缓慢的发展状况，甚至较多是失败的案例。比如临安上田村落景区，一直由国有企业驻村运营，虽相继投入两亿多元及两三年的时间和精力，但从经营上看没有产生盈利的能力，整村运营效果并不明显。

（五）百丈探雪村落景区的运营架构搭建

按照传统做法，继续加大村落景区基础配套以及产品硬件重投入，简单的项目叠加，存在较多风险。国内有太多乡村旅游投资案例表明，越重资投入，背负的包袱越重。

根据临安乡村运营的实践探索，我们认为，采取市场化运营的方式是一条有效路径。

总体运营思路是：面向市场招募专业的乡村运营团队，整合乡村一切可利用的资源，激发乡村发展的内生动力，通盘谋划和推进整个村落的旅游业发展，同时关联并打通第一、第二、第三产业脉络，实现乡村的市场价值。

1. 需要什么样的团队

具备策划和文创能力、集聚资源能力、市场运作能力，兼具乡村情怀和工匠精神，具备高水平的综合能力的专业团队。团队成员大致为策划、文创、文案、新媒体运营、营销、活动执行等，也可以与社会专业机构建立长期合作关系。

2. 如何构建运营主体

建议区文旅局指导，镇和旅游投资公司主导，村为主体，直接面向全社会公开招引市场化运营商。招募的市场化运营团队可以与国兴集团旅游投资公司合作，并与村委会共同组建运营公司。国兴集团与村集体在运营公司里占有一定比例的股份，不参与日常运营工作。市场化运营团队负责日常运营工作，并按商定的形式和数额向2家股东缴纳年度收益回报。

（六）百丈探雪村落景区运营重点区块、内容、方式、手段

1. 运营重点区块

依托百丈岭古道，以双石自然村落区块为重点，兼顾其他自然村落业态和产品培育。

2. 运营内容

（1）以旅游产品（含民宿、客栈、星空营地、酒吧、民间小吃类等）打造为主要内容。

（2）以农业（果园、梯田等）+旅游+科技手段，形成农文旅融合产品以及村庄网红爆点。

（3）通过文化赋能，打造百丈特色的文创产品。

（4）根据百丈古道和山地特色，引入体育运动类项目。

（5）村落景区增加马匹养殖基地，为古道景区提供畜力运输工具。

（6）在上述产业兴旺基础上，构建乡村振兴和乡村共富体系。

3. 明确目标

以运营为导向拟定村落景区运营方案，确定村落景区的发展目标，逐步将体验型、

度假型业态和产品落地，打造长三角乡村旅游目的地。同时，实现村强民富，打造成浙江省乡村振兴共同富裕示范样板。

4. 确定村庄发展主题

百丈村落景区要在众多优势村落中"出圈"，必须寻找自身资源和特色，策划定位具有辨识度的主题，建议围绕"古道、雪岭、山地、烟火味、文艺气"等关键内容展开，以百丈探雪为核心引爆，打造具有四季特色的主题产品。

5. 应用以策划、文创等为主的市场化整合手段

百丈村的运营手段不是采取简单的同类项目叠加方式，而是围绕主题，更多采用文创、旅游、科技等手段进行精细化运营，充分运用以商引商、营造氛围、市场营销、社会合作等乡村运营手法，实现从基础设施、闲置资源和资产到业态和产品的转变。

6. 激发村庄内生动力方式

在引入外来社会投资的同时，还要花大力气把乡村内生动力激发起来，如组建乡村厨娘会和青年乡贤会，增强百丈村的自我"造血"能力和乡村振兴的活跃度。

7. 引入外力协同方式

要善于借助社会力量来持续赋能百丈村，如各类公益组织、企业协会、高校服务机构等。

8. 以商引商方式

百丈村落景区运营因其产品定位较为高端，所以更加要注重通过运营商不断精准招引村落业态投资商。这就要求运营商具备更高水平的策划能力和招引能力。

9. 线路产品串联

围绕村落旅游主题，把打造的业态和体验活动、景观点、采摘点、古道游等串成线路产品。同时要与古道另外一端的上溪村以及浙西户外圈、鸡血石探宝点，以及大明山、浙西天池等串成多条线路产品。

10. 宣传、造势等手段贯穿运营全过程

乡村运营的一个重要方式就是采取造势、炒作等手段。一是策划环节；二是新媒体和网红力量的整合手段。

（七）国企在运营中的角色和职责

在百丈探雪村落景区运营中，国兴集团旅游投资公司应发挥自身优势，为运营团队做好协作支撑，比如前期打造环境、配套基础设施，后期配合运营团队做好营销造势、招引投资、服务提升等。运营主体要依据市场导向，综合协调各方资源，引进、打造具

有乡土特色和受游客喜爱的产品业态，并结合当地实际，策划举办一系列适合村落景区的节庆、文创活动。

（八）镇村一级构建乡村运营的保障机制

乡村运营离不开镇政府的支持和赋能，离不开村委会的配合与协助。镇政府和村委会要构建服务保障机制，如镇一级政策、项目、资源的倾斜；构建乡村运营问题的反馈—解决机制；构建村委会与运营商深度合作的方式，如村委会安排专人负责乡村运营事宜的协调等。

建议除区政府对运营商实施业绩考核奖励之外，镇政府给予相应资金奖励或政策支持。如青山湖街道对运营商实施1∶1的年度考核奖励配套，以及对业态投入的总额度30%的补助办法。

建议村集体重点从思想上统一对乡村运营模式内涵和外延的认识，正确处理村委、运营商及合资运营公司三者的关系，建立专门的运营工作办公会议机制，安排专门的村干部负责乡村运营工作，对上积极争取适合村庄运营需要的项目和资金，对下主动帮助运营商化解在驻村办公、农户沟通、资源摸排、业态打造、活动举办等方面的阻碍和难题。

浙江省旅游协会乡村文旅振兴分会

执笔人：陈伟洪

2023 年 4 月 25 日

引导篇

乡村运营的临安之魂

第二章 乡村运营的基本遵循

一、临安乡村运营工作流程

（一）成立各级工作机构

1. 成立区级层面领导小组、镇街领导小组。

2. 成立建设、运营工作的"司令部"和"参谋部"。

（二）招引运营商

1. 招商资料（区文旅局和有关镇街共同实施）准备、手册制作、媒体发布，并以各种小分队形式赴各地招引运营商。

2. 准运营商与意向村庄"相亲"，通过座谈、调研形成初步的运营策划方案（不超过3000字）。

3. 区文旅局运营专家组通过审看策划方案，判断运营商的运营能力，确定其是否可以作为合作运营商。

（三）运营商签约

1. 运营商在村庄注册运营公司，同时注入50万元资金。

2. 运营商与村委会达成合作意向，共同组建村落景区运营公司。

3. 区文旅局、镇街同时见证，村委会和运营公司签订协议。

（四）策划方案（策划、规划、实施方案）

1. 运营公司牵头与策划公司、规划设计公司编制策划方案。

2. 策划案评审。由镇街组织，文旅局召集运营专家参加。

3. 与会运营专家提出策划方案的评审意见（以书面形式提交）。

4. 策划（规划）设计单位按照专家意见修改完善方案。

5. 专家组最后签名通过策划（规划）方案。

（五）试运营考核

1. 试运营期（两个月）满后，区文旅局委托第三方专家组对试运营单位进行资料核查、现场考察、考核评分。

2. 试运营期考核结果由区文旅局会同镇街审定。

3. 经考核合格的试运营单位与村集体签订正式运营合作协议；没通过考核的自动退出运营。

（六）项目实施、业态落地

1. 项目招标施工由镇街组织实施。

2. 专家组每月至少一次指导、检查项目执行情况，提出项目（业态）和工作过程中存在问题的书面整改意见。

3. 镇、街、村负责督促项目施工单位严格执行。

（七）运营工作例会

1. 区文旅局每月召开一次运营工作例会。

2. 运营公司召集村级运营工作例会，村委会和运营公司参加，文旅局和镇街指导。

（八）验收、支持

1. 运营公司准备年度工作台账。

2. 区文旅局请第三方考核机构验收村落景区运营绩效。

3. 考核结果公示，奖励资金拨付给运营公司。

临安区文化和广电旅游体育局

2020 年 3 月 11 日

二、临安（镇街）乡村运营"六个一"工作机制

（一）组建一个工作专班

由镇街抽调相关科室人员组建乡村运营工作专班，统筹负责乡村运营协调、指导、服务工作。

（二）组建一个工作群

组建一个包括区文旅局、镇街专班、运营商、村委相关人员的工作群，运营商每天在群内提交运营工作情况。

（三）每月一次简报汇总

要求运营商每月提交运营工作简报，并由镇街汇总。

（四）每月一次运营例会

每月底，镇街专班、运营商、所在村村支部书记召开一次工作例会，邀请区文旅局、运营专家组共同参加。

（五）每月一次工作走访

镇街专班每月对各运营商进行一次全面工作走访。

（六）每月一次技能培训

每月对运营商及村民进行一次运营理念和文旅业态知识或相关技能的培训。

杭州市临安区文化和广电旅游体育局

2021 年 3 月 12 日

三、临安区村落景区运营框架合作协议（范本）

甲方（村落）：   乙方：

法定代表人：   法定代表人：

地址：   地址：

依据《中华人民共和国合同法》及相关法律法规，甲乙双方本着友好协商、互惠互利、合作共赢的原则，现就临安区_____村落景区项目合作达成一致意见并签订本合作协议以资共同执守。

（一）合作范围

甲乙双方目前意向范围为_____镇 / 街道_____行政村村域范围，合作内容的具体范围见双方签字后的四至范围图（另附）。

（二）合作内容

1. 甲乙双方基于_____村落景区招商、运营全流程服务框架的内容合作。每个阶段分别签署明细合同并互为条件及关联，且双方可根据合作进度及可能的延伸合作确立顺延及延展合作协议。

2. 本合同签订后两个月内，甲乙双方共同注册并组建乡村旅游运营公司，甲方以_____基础设施（如游客中心、停车场、村文化礼堂等）的使用权入股。乙方以不少于 50 万元资金为出资额，成立有限责任公司，甲乙双方股份由双方协议商定，在村里设有办公场所和工作人员，正常开展运营。

3. 新成立的运营公司开展村落景区的资源梳理、旅游发展、旅游产品及项目的策划及规划工作，解决_____村旅游发展方向判断、旅游项目设计及建设落地，提出营运及营销方案并组织实施；配合甲方做好村庄管理、落实运营及旅游管理工作。

主要包括以下内容：

（1）积极开展村落景区招商引资工作，除提升已有旅游业态外，引进高端业态、传统业态，以及文化、娱乐、文创、采摘、运动、休闲等旅游产品，并策划包装形成区域性线路产品。

（2）按照村落资源和特产情况，进行农创产品、文创产品、旅游商品的研发设计。

（3）新增视觉效果独特的乡村景观，融入当地文化元素；新增或培育有特色的民俗、文化、节庆等活动，并形成较有影响的常态化旅游产品。

（4）建立多元化市场营销方式，建立新媒体平台，长期运作。

（5）对旅游从业人员开展有实效的培训，内容包括乡村旅游营销、旅游管理、旅游服务等。

（6）投放一定的乡村智慧旅游系统。

以上内容作为双方初步沟通的框架条款。其他相关问题及具体工作，根据本框架约定，各阶段由双方共同签订合同及开展工作。

4. 合作期间，甲方享有村落原有土地自然资源、建筑物等的所有权。运营公司享有村落旅游开发资源优先使用权、经营权、收益权。甲方根据情况也可以进行招商引资。

5. 甲方不参与合资运营公司的具体运营业务，确定一名村干部负责配合运营公司开展运营工作，协调村内运营相关事宜。

6. 甲方不承担合资运营公司运营期间产生的任何债务与赔偿责任。

（三）合作期限

20 年。实际承包经营权不足 20 年的，按新一轮承包经营权的期限顺延。

（四）违约及终止

1. 本协议经双方充分协商并备忘实施，双方中任何一方如不履行本协议，则构成违约，另一方有权根据违约性质及损失程度要求违约方承担违约责任及经济损失赔偿。

2. 如乙方在签约后 2 个月内未履行本合同第二条第 3 款内容，且无实质性运营进展，甲方有权终止本协议。

3. 如因不可抗力因素致使无法履行本项目，本协议即告终止，各方不承担任何违约责任。

4. 本协议及合同执行过程中产生的争议，双方应通过友好协商解决。如协商解决不成的，双方均可向杭州市临安区人民法院提起诉讼。

5. 本协议未尽事宜，经双方沟通、确定，对相应合同、协议、备忘录等文件进行有效补充和修改。

（五）本合作协议一式四份，经签署盖章后生效，双方各执一份，见证方各执一份。

甲方（盖章）：　　　　　　　　乙方（盖章）：

负责人：　　　　　　　　　　　负责人：

电话：　　　　　　　　　　　　电话：

见证方（镇街）：　　　　　　　　见证方（杭州市临安区文化和广电旅游体育局）：

负责人：　　　　　　　　　　　　负责人：

电话：　　　　　　　　　　　　　电话：

签约地：　　　　　　　　　　　　签约时间：

四、临安区村落旅游资源调查表

	单独老人居住（间）		石头房（间）		砖瓦房（间）		老旧房子数（幢）	
1								
	（建筑年代）		（建筑年代）		（建筑年代）		（建筑年代）	
	可租	可卖	可租	可卖	可租	可卖	可租	可卖
2	集体可作为建筑使用的土地面积							
3	农家乐数量	有意向做农家乐（但未实施的）户数						
		已经做农家乐（但想要提升农家乐品质的）户数						
4	传统美食种类							
5	民风民俗种类（婚嫁、祭祀等方面）							
6	现有的民间艺人（包括木匠、铁匠等手艺人）							
7	文化遗存	非物质遗存						
		物质遗存						
8	自然风光的调查							
9	采摘园							
10	夜晚的星空资源（可观星台楼数）							
11	传统种植业种类							
12	周边可利用的资源							
13	基本农田利用现状	可租						
		可用（能转化成建设用地）						
14	青年读书、创业、工作概况	大学生						
		目前在外求职青年（非纯劳动性工作）						
15	村庄具有代表性的特色资源							
16	乡村厨娘							

五、深化"两进两回"行动，探索"村庄经营"临安模式

临安区共同富裕试点三年行动计划（2021—2023 年）

2021 年 9 月 10 日

乡村兴则国家兴。实现共同富裕，最艰巨最繁重的任务在乡村，最广泛最深厚的基础在乡村，最大的潜力和后劲也在乡村。为进一步深化"两进两回"行动、提升完善临安村庄经营模式，挖掘和发挥临安做法在乡村振兴征程中的探路领航作用，推动临安争当区域高质量发展建设共同富裕示范区排头兵，助力杭州市争当浙江高质量发展建设共同富裕示范区城市范例，根据《关于开展杭州争当城市范例首批试点行动计划编制工作的通知》精神和临安村庄经营工作发展实际，特制订推动试点工作的三年行动计划。

一、试点基础

（一）村庄经营的环境基础

临安地处浙西山区，是浙江省陆域面积最大的县区之一，超过 40% 的人口散居于山水环绕的乡村。近年来，临安区聚焦城乡协调发展，通过新型城镇化背景下的中心城区辐射带动模式，持续加大政府对乡村发展投入力度，全面推进社会主义新农村建设和美丽乡村建设，创新推进一批村落景区建设，不断优化农村人居环境，构建乡村特色产业体系，提高乡村治理能力，让移步换景成为现实，品质农业展现魅力，乡村创业环境向好，为临安深化"两进两回"行动、探索"村庄经营"模式奠定扎实的基础。

1. 人居环境不断优化

按照"全域景区化"理念建设"美丽乡村"，全面完成老旧村改造提升，并突破行政区划限制打造"八线十景"示范型村落景区，系统构建乡村路、网、水、电、气等基础配套新体系，全区标准农村公路通达率 100%，城乡公交一体化率 100%，农村电视、通信网络覆盖率 100%。实施农村饮用水提标改造工程，集中式饮用水源地水质和出境断面水质达标率 100%。实现生活垃圾分类覆盖率、无害化卫生厕所覆盖率、生活污水处理覆盖率达 100%。同步完善乡村医疗、教育服务，基本医疗资源全面下沉到村社一级，义务教育中小学实现城乡互助共同体全覆盖，"互联网＋义务教育"城乡学校结对帮扶覆盖率达 75%。

2. 现代农业持续升级

以山核桃、高山蔬菜、规模养殖等特色农业为发展重点，推进数字技术在现代农业全方位应用，建成杭州市唯一覆盖全产业的农业综合性服务平台，接入 25 家农业基地视频信号及水分、温度、湿度、光照等传感数据，对山核桃干腐病防控、生猪养殖等实行智能化监管，进一步确保临安山区农特产品的生态品质。大力发展农村电商经济，拓宽农产品销售渠道。2020 年上半年，在新冠疫情冲击的背景下，全区实现网络零售额 35.7 亿元，同比增长 43.1%，成功入围全国"互联网 + 农产品出村进城工程试点县"。

3. 乡村治理愈发完善

紧跟农业综合改革步伐，深化全国农村集体产权制度改革试点，出台近 50 个规范性文件，形成归属清晰、权能完整、流转顺畅、保护严格的农村产权制度体系。创新农村金融改革，稳步推进农商行、村镇银行、农村资金互助规范发展，探索建立农房、土地经营权、林权等农村产权抵押融资交易。建立自然资源资产制度，实施自然资源资产保护利用"一张表"管理，在全省率先建立可考核、可比较、可复制的区级及镇级生态资源资产核算体系。利用数字赋能乡村治理，以"最多跑一次"改革为引领，政务服务网上办、掌上办实现率达 98%，进一步提高工商注册、农房建设审批等的便捷度。

（二）村庄经营的模式基础

随着全域美丽乡村建设的完善和村落景区建设的推进，2017 年上半年，临安正式提出"村落景区运营"概念，公开面向全社会招选村落景区运营商，开启以市场运营力量撬动乡村振兴的征程。近五年来，在没有任何成熟经验可参照的背景下，临安区不断调整工作思路，创新工作方法，坚持以"乡村运营商"为核心着力点，深化"两进两回"行动，推进科技进乡村、资金进乡村，青年回农村、乡贤回农村，逐渐孵化培育出一批理念超前、基础扎实、体系完备、成效明显的"村庄经营的临安模式"，为临安开展共同富裕试点创造了良好条件。

1. 理念新，重运营撬动整村提升

传统政府招商一般是指招引投资商或开发商，临安做法是政府完全从市场当中为"发展滞后但具备旅游发展潜质"的村庄择优招引专业运营商，主要看重运营商的文创策划、资源聚集、市场运作能力以及乡村情怀、工匠精神，资金实力不再是"第一门槛"。运营商自愿选择与相应村庄合作签约，共同组建必须驻村办公的市场运营公司，村集体以村基础配套设施使用权作价入股，运营商以一定量货币资金入股，并负责后期整村旅游而非单体项目的策划运营，推动资源变资产、资金变股金、农民变股民，改变了乡村建设主要靠财政投入的传统模式。实施轻资产运营，避开了传统乡村发展动辄大

拆大建的做法，进一步减小了发展对乡村保护的压力。

2. 模式实，做产品推动资源变现

跟国内许多美丽乡村一样，临安大多数乡村也面临着"有面子没里子、有'输血'没'造血'、有想法没办法"的尴尬。产业兴旺是解决农村一切问题的前提，临安村庄经营直击关键痛点，倡导引进的市场运营商进村扮演"第二村委会"角色，核心工作就是为乡村行政事务之外的经济发展工作提供决策参谋，通过整村旅游发展策划以及开展符合其整体策划方案的再招商、再引资，重点聚焦挖掘和盘活村庄闲屋、闲物、闲景、闲人等各类具有开发利用价值的闲置资源，以及村庄内外的生态资源，打造对接市场需求的产品业态，促进乡村生态优势、资源优势转化为经济优势、发展优势。

3. 融合好，抓旅游激发产业活力

运营商进村不是单独策划运营一两个孤立的项目，也不是狭义地把村庄当成一个旅游景区运营，而是要以生态绿色发展为导则，以市场消费需求为导向，以休闲旅游业为主要引线，串联整合村里的山水、田地、美食、民俗、非遗、民宿、特产、古道、矿坑等多种元素，让整个村庄都动起来，激活村庄发展。月亮桥村打造的窑文化主题厕所走红网络，大山村运营激发村民主动恢复传统酿酒技艺，杨溪村通过"忠孝学堂"引流带动村民番薯干售价翻倍，无不彰显出旅游激活百行百业的作用。

4. 带动强，见实效激活发展意识

自开展村庄经营探索以来，临安全域已有15个村纳入市场化运营模式，运营商"以商招商"落地项目98个，总投资达3.4亿元，为本地村民增加就业岗位300余个；吸引300余名新乡贤返乡创业。全区乡村旅游接待游客共计2400余万人次，年均增长49.82%；营业收入达15亿多元，年均增长56.07%。2020年，临安区城乡居民收入倍差为1.67，比全省平均低0.29，以市场运营为引领的乡村旅游功不可没。更重要的是，村干部和村民的发展意识不断增强，一些村庄对运营的态度逐渐从排斥变成欢迎，主动向区里申请招选运营商。

5. 体系全，强规范奠定推广基础

经过几年探索，临安村庄经营建立了招商项目库、运营商招选标准、试运营工作要求、合股运营公司组建流程、运营工作例会及沙龙会制度、运营信息通报制度、乡村运营"问诊"制度、村落景区营销中心、运营考核办法、融资渠道拓展等一系列贯穿村庄经营全过程的工作流程体系。2021年，临安积极总结探索过去经验，编制完成了全国第一个村庄经营地方标准《临安乡村运营（村庄经营）导则》，不仅推动了临安村庄经营的体系化、标准化、规范化发展，也为全国乡村振兴输出了一套可参考的经验。

临安村庄经营的模式以市场化手段激活乡村发展内生动力，有效促进农业转型、农

民增收、农村复兴，走出了一条打破城乡二元结构、缩小城乡收入差距的新路径，成为基层探索推动共同富裕的有益实践，逐渐获得社会各界广泛关注和认可。2019 年 12 月，浙江省省长袁家军、省委副书记郑栅洁分别批示肯定临安村庄经营工作。2020 年，临安村庄经营做法被写入《浙江省政府工作报告》。

新华社、中央电视台《焦点访谈》、《人民日报》、《中国旅游报》、《农民日报》等权威媒体纷纷予以聚焦报道，相关案例被频频引用到清华大学、浙江大学、浙江农林大学、乡村发展有关研究院等多个高校科研机构的学术研究或课堂教学之中，在线咨询和到临安现场调研考察的政企团队接二连三，形成了一种临安村庄经营的"热现象"。

二、主要目标

以习近平新时代中国特色社会主义思想和党的十九大精神为指导，深入践行创新、协调、绿色、开放、共享的新发展理念，全面落实党中央、国务院、省市区关于建设共同富裕示范区的有关意见和计划要求，深入挖掘临安村庄经营的改革价值和推广价值，全力推进临安共同富裕试点工作，力争实现"一个引领、五大突破"，即坚持突出市场化经营的引领作用，协调发挥市场有效和政府有为的优势，不断畅通乡村发展内外循环机制，推动乡村传统产业转型和新兴产业培育实现新突破，乡村人居环境和配套服务实现新突破，乡风文明传承和创新实现新突破，乡村组织凝聚力和整体治理能力实现新突破，村民收入渠道拓宽和城乡收入差距缩小实现新突破，促进乡村物质和精神同步富裕，有效激发共同富裕的内生动力，争当共同富裕示范区建设的"排头兵"。

（一）培育一个更具生命力的新模式

在既有探索成果的基础上，进一步强化实践和研究，深化"两进两回"行动，持续开辟新路径，整合新力量，从理念、目标、举措、保障等多维度发力，丰富充实"村庄经营"临安模式的内涵，让该模式不断趋于完善、可复制、可推广，走出浙江，走向全国，成为浙江建设共同富裕示范区的一张特色"金名片"，支撑临安建成"中国村庄经营第一区"。

（二）打造一批更具引导力的新样板

持续深化"八线十景"示范型村落景区建设，在推动资源要素流向乡村的关键领域精准施策，坚持依托市场主体开展村庄经营的基本思想不动摇，以数字化改革为重要突破口，拓展全产业链经营思路，推动旅游与农业、文化、生态、科技、健康、养老等深度融合，试点期间成功打造一批乡村产业融合的样板项目，每年培育市场化经营村庄 3 个左右，三年内重点培育 8 个村庄经营精品示范村，成功培育打造 1 ～ 2 个在全国"叫得响"的重点乡村旅游村。

（三）创造一批更具影响力的新成果

进一步深化和升级"两进两回"行动，坚持效益为王，试点期间吸引新乡贤100人以上、返乡"双创"青年80人以上，构建一支"1+N"模式的临安村庄经营大军，"以商招商"超过1亿元。增加乡村旅游卖点，延长游客逗留时间，全区乡村旅游年接待游客突破600万人次，实现旅游综合收入10亿元，数字农业总产值达到40亿元以上，农产品电商销售额100亿元以上，新增就地就业超过200人。

（四）探索一条共同富裕的新路径

由点到面优化经营村庄布局，增强村庄经营的集聚性，试点期间，力争同时拥有2～3个经营村庄的镇街不少于全区镇街的30%，培育4个示范性村庄经营集群联盟，完善运营商与农民利益联结机制，进一步带动农民增收，推动城乡收入倍差缩小至1.60以内，家庭可支配收入10万～20万元的群体比例达到50%，走出一条"村庄美丽、经济繁荣、精神富有"的共同富裕新路径。

三、重点任务

（一）扩大村庄经营覆盖面

发挥既有经营村庄的先行示范作用，加大试点工作力度，每年引导和鼓励新开展村庄经营的乡村3个左右，因地制宜推进全区18个镇街的村庄经营工作协调均衡发展，推进村庄经营在临安全域覆盖。根据经营村庄的集聚分布情况，探索建立青山湖街道村庄经营联盟等村庄经营集群联盟，进一步串联整合单个运营商、运营村的资源和力量，促进"信息共享、业态共创、线路共建、活动共办、品牌共塑、市场共拓"，提升区域乡村整体运营能力。引导集群联盟内部成员或不同集群错位发展，围绕"吃、住、行、游、购、娱"传统旅游六要素和"商、养、学、闲、情、奇"旅游新六要素提供差异化服务，实现"有统有分、统分结合"，助推村庄经营合作共赢。举办村庄经营比武大会，营造你追我赶的火热氛围。

（二）加大运营商招引力度

全面梳理域内美丽乡村资源及乡村干部群众意愿，重新编制适于线上线下同步应用的临安村庄经营招商手册，通过到北京、上海、广州、深圳等一线城市举办专场招商会、设立10个以上覆盖长三角城市的招商站、组织召开乡村乡贤大会和乡村青年大会等形式，扩大运营商招选半径，突破当前临安乡村运营商主要来自省内的局限。同时，

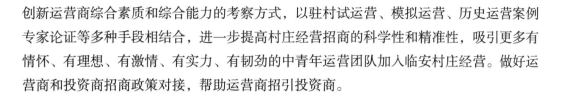

创新运营商综合素质和综合能力的考察方式，以驻村试运营、模拟运营、历史运营案例专家论证等多种手段相结合，进一步提高村庄经营招商的科学性和精准性，吸引更多有情怀、有理想、有激情、有实力、有韧劲的中青年运营团队加入临安村庄经营。做好运营商和投资商招商政策对接，帮助运营商招引投资商。

（三）改革建设与运营关系

在市场有效的前提下发挥政府作用，优化乡村建设规划编制目标和编制工作流程，结合未来乡村建设试点，提高政府投入在乡村建设上的精准性，建立以经营为导向的建设投资机制，实行运营前置，让运营专家提前介入美丽乡村、美丽精品村等建设的规划或研究，以市场经营的视角和理念引领乡村基础配套设施和公共服务优化完善，确保村庄硬件建设既呈现各自特色又接轨现代市场需求，建成一批示范性乡村新社区，促进村庄建设与市场化运营相适应。推动政府奖补类资金重点向有利于运营的方面倾斜，进一步提高政府资金的使用效率。

（四）提升既有村庄经营实效

立足"八线十景"示范型村落景区既有的建设基础，聚焦已经纳入市场化运营的15个村庄，全面梳理和分析运营村庄在配套优化、理念践行、团队建设、业态培育、市场营销、共建共享等方面存在的问题及原因，及时对个别出现偏离的村庄经营行为进行纠偏，结合省里"微改造、精提升"专项行动要求，加强精准指导和帮扶，引导运营商按照整村经营思维完善提升运营方式，系统化、多维度推进村庄经营，确保所有在运营的乡村"运营出实效"，进一步助力经营标杆培育，提振全区村庄经营信心和士气。

（五）打响"天目村落"品牌

做优做强中国首个村庄经营公共品牌"天目村落"，完成品牌商标注册，出台《天目村落品牌使用管理办法》，引导运营商统一使用"天目村落"品牌。围绕各村运营的核心产品策划推出一批精品旅游线路，密切同周边龙头景区、省内外实力旅行社、品牌酒店、OTA网络旅游平台等业务合作。紧抓杭州亚运会机遇，下大力气开展"天目村落"品牌营销推广，面向社会公开征集品牌打造的"金点子"，重点策划开展一系列不同主题的乡村节庆活动，定期举办各类线上线下推介会、说明会，整合各类社会媒体资源，充分运用互联网思维，借用短视频、H5小程序等数字新媒体手段，实现统一运营、联合营销、精准推广、多元传播，提高临安乡村在客源市场的整体形象和印象，推动市场流量导入。

（六）打造乡村民宿小集群

拓宽村庄经营维度，重点在 10 个示范型村落景区先行推进民宿集群化，聚合单体民宿主要力量，探索建立民宿经营互助合作小组，搭建花艺、茶艺、传统手工艺等各类专业联盟，形成"民宿—民宿小集群—民宿小集群联盟—民宿小集群联盟运营商"的双赢互动发展模式，并建立民宿公共营销平台，打造"临安民宿"公共品牌，破解单个民宿贡献度低和简单民宿联盟动力不足的难题，推动民宿标准化、品牌化、产业化、品质化发展，进一步释放民宿在村庄经营中的引爆效应，构建游客消费、民宿接待、农民服务、农家供给的共建共享共同体。

（七）夯实乡村产业基础

以争创全国农业休闲重点县为抓手，促进农业适度集聚发展、集约生产、规模经营，做优山核桃、竹笋、山地蔬菜等特色产业，每年推进山核桃林下覆绿 2 万亩、建设高水平美丽牧场 2 家，建设 10 个以上特色农业园区（基地），发展高效精品农业，打造东部竹茶产业综合发展区、中部山区特色粮食畜禽发展区、西部山核桃特色产业综合发展区。加快建设农产品质量安全保障体系和追溯体系，提高农产品质量安全监管能力。发挥市场运营撬动旅游产业赋能的作用，聚焦"农业 + 旅游"融合发展，按照"一镇一品"，培育农事体验、生态研学、休闲采摘、共享田园等复合型消费产品体系，打造游"天目村落"、住"天目乡宿"、吃"天目暖锅"、购"天目山宝"乡村旅游产业链。

（八）增强农业数字化水平

深化农业农村部"互联网 +"农产品出村进城试点、国家数字乡村试点，加强 5G 基站等乡村网络基础设施建设，大力推进信息化技术在农业生产、农业管理、产品营销等方面的应用。发展智慧农业，推进"机器换人"，搭建农业综合生产和灾害天气智能化监管平台，创建高水平数字生态牧场。依托"临安农旅"等各类线上平台，发展"互联网 + 山核桃""互联网 + 茶叶""互联网 + 竹笋"等特色电商经济，搭建白牛直播基地、合众培训直播基地、临安吃喝玩乐直播间等新型销售平台，推广新零售标准，解决农产品销售难，满足游客在线选购、二次购买需求。

（九）提高乡村治理效能

强化乡村基层党建，深化"第一书记"、农村工作指导员的作用，增强村委班子的领导能力和发展能力，妥善处理资源保护与经营开发的关系。落实农村社区网格化管理制度，推动社区综合信息管理和服务平台向村社延伸，逐步形成完善的乡村便民服务体系。以"最多跑一次"理念推进"互联网 +X"创新服务模式向镇街全覆盖，推动医疗、教育、文化等公共服务延伸到群众身边。区级层面建成"天目云农"数字乡村集成平台，创新推出全流程"掌上办"的"农房建设管理平台"。开展善治村、文明村等创建，推进乡村社会矛盾纠纷调处化解中心建设，推进移风易俗，升级村规民约，提升乡风文明，推动全域乡村文明好习惯养成实现率超过90%，不断为村庄经营创造和谐、有序的环境。

（十）深化乡村文化赋能

全面摸排乡村美食、习俗、古建筑、非遗等方面乡土文化资源。建立政府专项扶持补助机制，发挥乡村手工匠人、非遗传承人的作用，培育一支民间文化大师队伍。加强非遗等乡村文化的活化利用，创新开展"文化下乡"，通过采风调研、专题比赛等方式，组织原创编导一批价值观正、可感度高、体验性强的文旅节目，引导乡村策划包装一批美观实用、别有寓意、受游客欢迎的文创纪念品和伴手礼，打造具有临安乡土特色的符号和名片。结合新时代精神文明建设要求，完善镇街综合文化站和乡村文化礼堂建设，健全乡村阅览室、图书馆建设，提高乡村居民综合阅读率，丰富主客共享的乡村精神文化生活，提高乡村精神富裕水平和城乡基本公共文化服务均等化水平。

（十一）加强运营专业研究

围绕全区村庄经营工作由点到面快速发展的新形势，依托既有村庄经营样本，定期召开专业论坛、研讨会或开展专项课题研究，梳理分析村庄经营发展的新问题，探索村庄经营发展的新模式，形成一批有实践指导价值的研究成果。编制出台全国首个《村庄经营（乡村运营）导则》2.0 版，重点增加村庄经营在安全、卫生、消防、服务、价格等方面的标准，建立运营商诚信经营红黑榜制度，全面规范村庄经营招商、试运营、正式运营、运营考核全过程，进一步明确党委政府、运营商、村委会、村民、专家、媒体、金融机构在村庄经营过程中的角色职责，推动临安村庄经营从"立标杆"走向"立标准"，进一步提高临安村庄经营在全国的影响力。

四、保障措施

（一）加强组织领导

优化顶层设计，将村庄经营撬动乡村振兴作为临安实现共同富裕的重要行动，组建试点推进工作专班，统筹协调全区试点推进工作和年度考核，由区领导兼任专班负责人，其他有关部门及镇街为专班成员单位，组成一支精干高效的团队，专班实行集中办公，定期召开联席会议、开展现场联合办公。同时，注重多渠道向开展运营的乡村选派

"第一书记"等挂职人员，深化"乡村党建＋运营联盟"模式，推动全区村庄经营发展形成更大合力。

（二）强化要素保障

结合国家、省部委推进乡村振兴和共同富裕相关政策意见，尽快起草出台关于推进试点工作的政策意见，加大土地、资金、人才等要素倾斜支持。

1. 资金保障方面

一是在区级层面设立运营专项资金，主要用于运营考核奖补，支持村庄经营招商推介、人才培训、品牌宣传、研讨研究、智库建设等工作。二是每个运营创建村安排专项建设资金，并对运营村单体投资业态按照投资额进行补助。三是加强金融创新支撑，充分发挥基金、股权、债券、期货、保险等金融市场功能，探索建立农房、土地经营权、林权等农村产权抵押融资交易制度体系，依托农商银行发展和"两山银行"建设成果，加大金融资源向乡村振兴重点领域和薄弱环节的倾斜，建立临安村庄经营专项基金等金融产品。四是鼓励国资及社会闲置资金围绕运营商总体策划布局投资兴业，进一步扩大村庄经营资金来源。

2. 土地保障方面

一是优先保障村庄经营落地项目用地。将重点乡村文旅项目优先纳入国土空间规划。在实行最严格的耕地保护和生态环境保护制度的前提下，合理利用好城乡建设用地增减挂钩等政策工具。探索出台文旅项目"标准地"出让模式，鼓励以长期租赁、先租后让、租让结合等方式用地。二是坚持稳慎原则，探索推进进城落户农民依法自愿有偿退出土地承包权、宅基地使用权、集体收益分配权。三是完善农村承包地"三权分置"办法，积极探索宅基地所有权、资格权、使用权分置实现形式和农村集体经营性建设用地入市制度，有效盘活闲置宅基地、农房等资源。

3. 人才保障方面

一是将乡村运营商纳入《临安区深入实施"两进两回"推动乡村产业人才振兴意见》专项补助申报的对象范围。二是优化扩充运营专家指导队伍，强化对运营商运营规范的培训，培养一支既擅长市场运营又熟悉宏观政策的优秀运营师队伍。三是加大对村干部和村民的培训，开办村庄经营流动大讲堂，提升村民参与经营的服务素质。四是注重培养新型职业农民，并引导优秀职业农民就地参与整村运营。五是鼓励辖区内高等院校、科研机构开设村庄经营相关专业或实验室，与国内各大院校联合探索建立村庄经营人才实训基地和培训基地，加大村庄经营复合型人才培养力度。六是推广召开各村青年乡贤大会，建立青年乡贤建言乡村经营社交群，及时收集青年乡贤的真知灼见。七是优先将村庄经营团队工作人员列入"临安荣誉市民"认定范围，为其家属就业、子女入学、住房保障等提供倾斜照顾。

（三）注重宣传引导

使村庄经营工作氛围进一步浓厚，发挥舆论宣传"凝心聚力"的优势，坚持"新兴媒体和传统媒体相结合、线上媒体和线下平台相结合、新闻传播和事件营销相结合"的基本原则，强化选题策划，及时挖掘宣传村庄经营的新现象和新经验。及时向区委、区政府上报信息，并在工作专班体系内编印村庄经营工作周报、月报，确保上级和同级部门及时掌握相关工作动态。利用村庄经营流动讲堂平台，定期组织专家、当地干部、运营商或文化站工作人员，以群众喜闻乐见的方式开展巡回宣讲，引导更多干部、群众接受乡村市场化发展的新理念和模式。

（四）强化督查考评

建立督查考核机制，将试点工作纳入各部门、各镇街年度综合考核内容。各责任部门要制订年度实施节点计划，逐级分解落实具体工作任务。采取现场推进会、擂台赛、项目巡礼、检查通报等形式，督促工作推进。阶段性和年度工作考核结果，作为各级领导班子和干部政绩的重要组成部分。重点出台对村干部参与试点工作绩效激励机制，将经营绩效与村干部待遇挂钩，对于表现优秀或突出的村干部给予激励。完善政府对运营商考核管理办法、增强政府服务和保障的同时，严格实施考核制度，做好日常工作督查，对触及生态环保、文物保护、古迹保护等底线的运营行为实行"零容忍"。

五、行动计划附件

（一）突破性抓手清单

序号	突破性抓手	具体工作内容
1	组建工作专班	从宣传部、农业农村局、文旅局、财政局等部门抽调干部组建试点推进工作专班，由区领导兼任专班负责人，敲定专班集中办公方案。
2	设立乡村运营招商站	分别在南京、上海相关商会或企业协会设立临安乡村运营招商站，制定招商站管理考核制度，选定招商站负责人，构建招商网络体系。
3	编制新招商手册	针对试点工作的特点和要求，逐步梳理全区招商优惠政策及优质乡村资源，正式启动新的运营招商手册编制工作。
4	召开运营导则新闻发布会	召开一次新闻发布会，正式向社会发布《村庄经营（乡村运营）导则》，并开展答媒体记者问活动，进一步提高临安村庄经营模式知名度。

续表

序号	突破性抓手	具体工作内容
5	建立青山湖街道运营小集群联盟	以青山湖街道运营乡村为基础，组建全区第一个乡村运营商联盟，市场共拓、客源共享、品牌共造，进一步彰显村庄经营集群化效应。
6	推广青年乡贤大会	发动组织有条件的乡村分别召开一次全村青年乡贤大会，整合青年乡贤尤其是有一技之长的青年乡贤资源，以微信社交群为平台构建交流沟通机制，共谋共促乡村运营工作。
7	举办村庄经营比武大会	策划推出一次乡村经营比武大会，让参与经营的乡村从经营创意、资源联合、业态数量、带动效应等方面展开PK，营造你追我赶的发展氛围。
8	召开临安村庄经营专家圆桌会	邀请文旅、农业、城市、科技等领域的省级专家到临安召开圆桌会，探讨分析临安村庄经营现有模式，研究谋划临安村庄未来提升方向。

（二）重大改革清单

序号	需上级支持改革事项	具体改革内容
1	组织机制改革	将经营试点工作纳入相关部门及镇街综合考核，并组建试点推进工作专班，统筹协调全区试点推进工作和年度考核，专班实行集中办公。
2	土地保障改革	优先保障村庄经营落地项目用地。进一步完善农村承包地"三权分置"办法，积极探索宅基地所有权、资格权、使用权分置实现形式和农村集体经营性建设用地入市制度。探索解决土地供应、历史遗留用地问题，推进低效用地开发。
3	资金保障改革	建立临安村庄经营专项基金等金融产品。探索建立农房、土地经营权、林权等农村产权抵押融资交易制度体系。
4	产权制度完善	深化全国农村集体产权制度改革试点，全面推进农村集体资产股权占有、收益、抵押、担保、继承、有偿退出等权能的实现和活化。
5	财政政策改革	加强财政预算绩效管理和中长期规划管理，优化财政支出结构，加大民生投入力度。加大省对市县财政转移支付等调节力度。试行与生态产品质量和价值挂钩的财政奖补机制，完善土地出让收入省级统筹机制，优先支持乡村振兴。建立健全常态化财政资金直达机制，更加精准高效直接惠企利民。进一步理顺市、区、镇财政关系，推进财政事权与支出责任划分改革。

续表

序号	需上级支持改革事项	具体改革内容
6	乡村规划改革	探索保障乡村产业发展规划"留白"和动态实施机制,允许以县域为单位预留10%规划空间,待乡村产业融合发展项目确定后落位实施。建立乡村规划建设期的运营意见征询制度,让运营专家提前介入参与乡村规划建设。
7	人才保障改革	改革选人用人观念,完善乡村人才引进和培育机制,鼓励市属高层次专业技术人才到杭州西部基层单位服务,并为扎根乡村、服务乡村的运营师、乡贤、青年和村干部创造顺畅的晋升发展通道,让优秀人才"进得来、干得好、留得住、升得上"。
8	国民休假制度	落实国民带薪休假制度,鼓励错峰休假,将错峰休假与本地传统节日、乡村旅游特色活动相结合,鼓励有条件的单位适当调整作息时间,探索2.5天周末休假模式。
9	社会保障改革	通过资金补助形式,推进低保和特困标准、低边认定标准、低边生活补助和价格补贴标准、孤儿和困境儿童基本生活补贴标准临安全域统一。

第三章　运营：乡村运营的创新制度

一、乡村运营师

2020 年 3 月 24 日，由临安区文旅局陈伟洪率先提出"乡村运营师"这一全新职业概念。

乡村运营师是指对乡村有理想情怀、有高水平的专业能力，尤其在策划、文创、造势、营销、新媒体运作、经营管理等方面具有专业化水平的一类人才。

他们运用市场化运营村庄新理念，把建设村庄和经营村庄结合起来，采用整村化、系统化、多维度手段，对村集体经济组织名下的有形资产和无形资产的使用权、经营权与外部资源要素进行整合、配置和经营，将乡村资源和生态优势转化为经济价值，激活乡村经济发展的内生动力，推进强村富民，促进共同富裕和乡村全面振兴。

二、乡村厨娘会

乡村美食是乡村最宝贵、最有特色的资源，是一种具有窗口意义和纽带价值的资源。2017 年，临安文旅局首次提出"乡村厨娘会"概念。

"乡村厨娘会"是指号召运营商在政府、村两委的支持下，将赋闲在家的乡村厨娘发动组织起来，在村庄内部成立一支"乡村厨娘会"队伍，按照文旅局制定的《临安乡村运营"一桌菜"指导规范》打造"一桌菜"业态，将手艺变成收益，厨娘成为"业主"，以乡村美食为市场吸引力、流量为导入口，以点带动乡村文旅产业发展，盘活整村经济，是临安文旅局打造的一种闭环的市场化乡村运营手法。

乡村运营商寻找厨艺娴熟的乡村妇女组成乡村厨娘会，为游客烹饪各具地方特色的"一桌菜"，从而撬动农文旅产业深度交融发展，提高整村发展效益和质量。

为打造招牌、品牌，临安文旅局坚持定期为厨娘会提供文旅专家诊断、媒体和游客代表体验建言、旅游服务专业培训等服务，要求运营商和村委会成立监督指导小组，明确成员名单，根据工作机制监督服务品质，指导服务细节，对用餐环境、食品卫生和安全、食材渠道进行监督管理，确保各"乡村厨娘会"队伍"一桌菜"既保持乡土味，又充满人情味。

三、青年乡贤会

青年是乡村建设的中坚力量。青年乡贤作为一支乡村振兴的生力军，是激发乡村内生动力，助推乡村运营发展中不可或缺的重要一环。2019 年 12 月，"青年乡贤会"的概念首次由临安区文旅局在昌化镇后营村提出，随后成为临安乡村运营的典型做法。

"青年乡贤会"是乡村运营商在政府、村两委的支持下，把在外学习或工作的知识青年组织起来，挖掘本村青年力量，或回乡创业或助力乡村等，以知识青年赋能乡村发展的一种乡村运营手法。

乡村运营商首先通过前期走访调查，掌握外流年轻人的基本情况；其次是建立微信群，运营商常态化发布村庄发展动态，与青年乡贤真诚沟通互动；然后在青年乡贤返乡期间，及时组织大家座谈共话乡村发展，让青年自由发挥、畅所欲言，提高大家参与乡村运营的主观能动性。

乡村运营商通过青年乡贤会将全村的知识青年串联起来，不定时开展培训与宣传，充分激发青年乡贤的创新创业精神，利用青年的力量助推乡村运营。

四、十人谈沙龙会

自 2020 年 6 月 17 日首期临安乡村运营沙龙会举办以来,临安区文旅局接连举办了 25 期活动,每期关注艺术赋能乡村运营、通过运营发展旅游、运营商招引投资商等乡村运营的重点、难点、热点问题(具体主题附后)。

沙龙会是由临安区文旅局主办,通过"临安乡村运营"微信公众号提前预告活动主题和参与方式,面向社会广泛邀请运营商、专家学者、媒体、文旅企业负责人、文化传媒公司等参与交流讨论,实实在在地帮助乡村运营师"拨云见日"。"乡村运营,千头万绪",沙龙会关注作为乡村运营主体的人,旨在为运营商提供一个学习平台,为运营商提供针对性指导,分享其他优秀运营师的成功运营经验,帮助运营商提升运营的质量和水平。

这种形式的沙龙活动已是临安区文旅局乡村运营整体推进机制中一项常态化的重要工作内容。相比正式的工作例会,沙龙会这种形式能创造更为轻松的交流环境,有助于深入地交流运营思维和经验,深度解答运营的困惑,帮助乡村运营师把牢运营方向。

25 期沙龙会举办时间及主题如下:

2020 年 6 月 17 日,第 1 期:村落旅游是需要投资商还是运营商?

2020 年 10 月 27 日,第 2 期:村落景区和乡村文创

2020 年 11 月 30 日,第 3 期:村落景区如何开展运营?

2020 年 12 月 30 日,第 4 期:如何实现从一家民宿到一个村落的运营?

2021 年 1 月 27 日,第 5 期:乡村运营商如何在村落运营中实现盈利?

2021 年 5 月 31 日,第 6 期:运营商如何招引投资商?

2021 年 6 月 30 日,第 7 期:乡村运营"微改造、精提升"

2021 年 7 月 30 日,第 8 期:共话"临安乡村运营模式"

2021 年 9 月 28 日,第 9 期:再谈"乡村运营临安模式"

2021 年 10 月 12 日,第 10 期:艺术如何赋能乡村运营?

2021 年 10 月 27 日,第 11 期:乡村运营如何发挥青年乡贤的作用?

2021 年 12 月 29 日,第 12 期:乡村运营,新年畅谈

2022 年 4 月 15 日,第 13 期:运营商如何构建在村落的盈利,路径和手段是什么?

2022 年 5 月 27 日,第 14 期:乡村文旅设计如何赋能乡村运营?

2022 年 8 月 5 日,第 15 期:"谁才是我们的运营商""怎样进村落做乡村运营""乡村运营的几大关键点""运营商如何实现盈利"

2022 年 9 月 21 日,第 16 期:一个"三无"村如何才能运营起来?

2022 年 10 月 26 日,第 17 期:运营导向的乡建 VS 建设导向的乡建

2022 年 12 月 7 日，第 18 期："资源整合""基金池"

2022 年 12 月 9 日，第 19 期：如何进入一个村落开展乡村运营？

2023 年 2 月 14 日，第 20 期：乡村运营，政府如何构建"跳起来摘桃子"的奖励机制？

2023 年 4 月 20 日，第 21 期：我们需要怎样的文旅市集？

2023 年 10 月 26 日，第 22 期：民宿小集群如何助力乡村运营？

2023 年 11 月 17 日，第 23 期：纵论临安乡村运营模式升级

2023 年 11 月 30 日。第 24 期：再一次来看临安的乡村运营模式！

2024 年 12 月 25 日，第 25 期：乡村运营商要做单项冠军，还是成为十项全能？

五、临安乡村运营工作例会

乡村运营工作例会是临安乡村运营模式中的固定做法。自 2017 年 9 月开始，由旅游部门组织，各运营商负责人参加，每月召开一次乡村运营工作例会。截至 2023 年 10 月，共计召开了 53 期乡村运营工作例会。

运营例会的议程一般为：首先，由各运营商汇报近期乡村运营工作进展情况、存在的困难，并提出下一步运营工作计划；然后，区文旅局相关负责人就运营商工作汇报情况逐个分析，对存在的问题、困难提出具体的解决办法与建议，对好的经验做法进行总结推广。

运营例会是一次解决问题的会议，也是一次培训运营业务的会议，能够及时对出现的问题进行纠偏，调整更新各运营商的工作方式，也能够极大地提升各运营商的运营思维和运营理念。

六、临安乡村运营专家"问诊"工作制度

（一）"问诊"内容与形式

1. 临安乡村运营专家"问诊"工作由区文旅局牵头组织，乡村运营专家"问诊"指导组由 2～3 名乡村运营专家组成。

2. 乡村运营"问诊"主要内容是了解乡村运营工作进展、下一步工作打算、目前存在的问题和困难，提出对策建议和纠偏意见。

3. 乡村运营"问诊"主要采取专家组进村实地考察、听取汇报、查看文件资料、问询座谈等方式，"问诊"结果由专家组填写《乡村运营"问诊单"》，写明"存在问题、对策建议、整改要求"等内容。

4. 各运营商应认真落实《乡村运营"问诊单"》提出的对策建议和整改要求，所在镇街负责督促检查。

（二）办理与反馈流程

1.《乡村运营"问诊单"》经区文旅局审核后，发给各运营商负责人，同时抄送所在镇街。

2. 各运营商在收到《乡村运营"问诊单"》的一周内，须提交关于"问诊"建议和整改要求的反馈情况，填写《乡村运营"问诊"反馈单》，报区文旅局，同时抄送所在镇街。

（三）考评与成果汇编

1. 对"问诊"整改要求落实不力、信息反馈不及时的运营商予以批评，并纳入考核，酌情扣分。

2.《乡村运营"问诊单"》及《乡村运营"问诊"反馈单》由区文旅局及所在镇街分别归档。

附件 1 :《临安乡村运营"问诊单"》

附件 2 :《临安乡村运营"问诊"反馈单》

杭州市临安区文化和广电旅游体育局

2021 年 4 月 26 日

附件1：

临安乡村运营"问诊单"

时间：	编号：
村落名称	
指导组成员	
存在问题	
对策建议	
整改要求	

附件2：

临安乡村运营"问诊"反馈单

时间：	对应"问诊单"编号：
村落名称	
运营商名称及负责人	
关于"对策建议"的反馈情况	
关于"整改要求"的反馈情况	

七、临安乡村运营难题"一周一报"制度

各村落景区运营商：

为更好地推进乡村运营工作，及时了解乡村运营工作中存在的问题和困难，现制定乡村运营难题"一周一报"制度。

各村落景区运营商在运营工作中遇到的困难和需要解决的问题，可于每周一上报至区文旅局。

附件：《临安乡村运营难题"一周一报"填报单》

杭州市临安区文化和广电旅游体育局

2021 年 11 月 19 日

附件：

临安乡村运营难题"一周一报"填报单

时间	
村落名称	
填报人	
存在问题	

八、关于民宿小集群

近年来，由于"内忧外患"，民宿的发展遭遇了较大的瓶颈和问题。"内忧"是指民宿自身"发育不良"以致良莠不齐，多被诟病。"外患"是指受新冠疫情等外因影响，民宿经营无法正常展开。民宿发展如何寻找一条突破之路？

2019 年 7 月，临安区首次提出了"民宿小集群"这一创新构想，以"品牌化发展、特色化塑造、品质化提升、规范化管理、集聚化运营"为重点，凸显民宿集群效应，打响民宿品牌知名度。

2022 年，临安"民宿小集群"工作进一步推进，鼓励在一个特定的区域内或特定行业内，由 5 家以上民宿（或农家乐提升户）和配套业态资源组成，实现资源共享、市场共推、平台共建、品质共提的民宿联盟组织，建立深层次的"共生"关系，形成临安乡村文旅独特的 IP。

民宿小集群遵循"资源共享、平台共建、营销共促、品质共提"等原则。一是以集群规划。编制《临安民宿发展指导意见》，通过民宿片区发展指引，规划民宿小集群发展空间布局。二是以集群引流。各集群在区文旅局指导下，抱团合作，积极组织线上、线下小集群联动营销推广活动，在公众号基础上，开设抖音号、小红书号等加强宣传营销。三是以集群互补。在机制方面，临安首创"共生"体制。集群内民宿依托各自资源特色、民宿业主特长等抱团互补，成员之间经济挂钩、功能互补、交融更深，从松散联盟形式转为股份"合伙人"共同创业。

截至 2023 年，已经建立新媒体运营、自然教育、花艺等 16 个民宿小集群，涉及 100 多家民宿，集群成员覆盖全区 46.5% 的民宿，举办各类宣传推广、技能培训、共富夜话等活动共 124 场，2023 年已助力民宿增收 8156 万元，同比增长 32%。

在充分发挥精品民宿的共富带动作用的同时，遴选一批具备一定经营理念和综合素质的民宿业主，自愿结对其他民宿业主或创业村民，以一技之长和能力，给予多方面帮助扶持，促进理念和品质、内涵和服务等方面的提升，以期达到共富水平，并赋予其"民宿共富师"的新身份。他们通过"传、帮、带"发挥榜样示范作用，带动临安民宿产业整体品质提升。目前，临安已组建近 30 人的"民宿共富师"队伍。

临安"民宿小集群"与"民宿共富师"互为抓手、相辅相成、效应叠加，拓展了民宿区域合作的广度与深度，增强了临安民宿行业的凝聚力，不断提升临安乡村文旅品牌影响力。将村庄经营主体从市场个体拓展至产业联盟，实现了整村层面的资源协同和产业联动，有效承接政府资源进村并推进治理重心下移，为深化新时代"千万工程"、推进城乡共同富裕蹚出了"经营性治理"的新路子。

临安民宿小集群的做法，打造民宿小集群的意义，主要呈现在以下几个方面。

一是当前民宿和农家乐发展遇到了瓶颈。一方面是受到新冠疫情以及台风汛期等自然灾害的影响，业主信心受挫。另一方面是民宿农家乐市场到了分水岭，有品质、有服务、性价比高的民宿，市场持续向好；而低端的民宿农家乐则市场遇冷，可谓"庭前冷落车马稀"。临安1700多家民宿农家乐何去何从，将是不可回避的问题。

二是从民宿发展的阶段来看，"单打独斗"的时代已经过去，"抱团合作"成为发展新趋势。此前，临安已有一些区域的民宿出现了抱团合作的行为，但缺乏政府力量特别是政策支持的有效介入，导致有始无终、成效不大，甚至呈瘫痪状态。

三是作为贯彻省政府"微改造、精提升"的一个样板工程来打造。民宿小集群改变以往单体民宿改造的简单做法，把集群内民宿串成一个有机系统来进行微改造、精提升，成效明显，意义重大。

四是成为全省乃至全国乡村振兴和共同富裕的一个基本单元的样板。临安1700多家民宿，原先基本为散落无序状态，通过小集群打造，将实现这样一个路径：单体民宿品质提升（农家乐提升版）—民宿集群抱团的力量—社区生态共生共荣系统的打造。在民宿系统内部，优秀民宿带领普通民宿提升发展。在民宿所在区域，民宿集群促进区域其他产业联动发展，加之外来住客参与，形成共享共建、和谐共处、精神富足的"民宿社区"。

五是在政府改革层面的价值重大。一方面，体现在政府政策的普惠方面，原先对民宿的奖励，支持对象为单体民宿，受惠的是小部分群体，而现在支持的对象是民宿小集群，支持力量均衡，惠及大多数的民宿群体。另一方面，政府服务民宿工作力量有限，无法对每一家民宿施力。现在可以借助民宿联盟自身力量以及社会第三方专业力量，且更多体现市场性、公平性原则。

政府要做好五个方面的工作。

一是引导。规划引领，目标导向。

二是规范。过程把控，及时纠偏。

三是服务。工作专班，专家"把脉问诊"；关系协调，争取各类政策和人才支持；培训。

四是赋能。基础设施和公共产品投建。宣传造势，面上线路产品打造。

五是政策支持。区级奖励和补助政策。

重点把握五个方面的原则。

一是单体民宿品质有提升。

二是民宿小集群有独立品牌。

三是区域公共品牌树立形象。

四是民宿整体效益显著提升，有量化指标。

五是形成在全省的共同富裕微小单元的样板模式。

（陈伟洪）

九、民宿"五个一"主要内容

多年来，在民宿吃、住等的基础配套之上，为探索差异化发展，要求新建和转型升级民宿，按照临安民宿"五个一"项目实施要求开展提升建设，进一步丰富民宿体验活动和提升文化内涵。"五个一"项目如下。

"一桌农家菜"——具有自家民宿独有特色，采用绿色、健康的临安在地食材和传统乡村烹饪手法，具有乡村本土口味、菜式搭配合理的一桌农家菜；

"一份伴手礼"——采用凸显自身民宿品牌的文创设计包装，安全、健康、便携的一份伴手礼；

"一条体验线路"——整合周边特色旅游资源，串联设计游客体验线路，体验主题突出，线路编排合理，客群定位准确，内容符合游客需求的一条体验线路；

"一个文化书坊"——空间布局合理，位置适当，方便阅读，不易受打扰，光线充足，空气流通，书籍数量、种类选配得当，耕读文化书香氛围浓郁的一个文化书坊；

"一个农家小菜园"——有可供游客体验的固定菜园，蔬菜种植品种丰富，长势良好，用乡土材料圈围，入口醒目，有必要的引导、指示、说明等标识标牌的一个农家小菜园。

十、临安乡村运营师"驻村日记"推广倡议

各村落景区运营商：

自 2020 年 3 月 25 日临安区文旅局首次提出"乡村运营师"概念以来，一直倡导运营师以"驻村日记"的形式记录驻村工作当中的走村访户、点滴故事和运营感悟，作为运营师成长变化的记录，以及"运营改变乡村"的真实见证。

2021 年 3 月青山湖街道以集群式开展乡村运营工作以来，洪村运营师开通了微博账号和微信公众号，通过自媒体平台以"日记体"记录着他们在洪村运营的实践过程，图文并茂、情感丰富生动，做法值得推广。特倡议各村运营师参考借鉴，内容质量较好的，区文旅局将于合作媒体平台统一宣传推广。

杭州市临安区文化和广电旅游体育局

2021 年 8 月 10 日

十一、临安乡村运营师"驻村日记"摘选

2021 年 9 月 28 日　星期二　天气：晴

洪村运营师：谷增辉

洪村寻厨娘

今天走村访户是为"洪运家宴"寻找厨娘。第一次"洪村厨娘大赛"也让我们了解到村里阿姨们的厨艺水平真的很棒，随手一做就是一桌丰盛的家宴。

来到一户人家，阿姨热情地招呼我们进门，给我们拿来火炉里刚烤好的红薯，还介绍道这是自家地里种的红薯。问到有哪些洪村特色的自制手工食品时，阿姨再次起身，拿出了一袋红薯干，红薯里夹着芝麻粒，吃完后口留余香。

在邀请阿姨去给客人做"一桌菜"时，阿姨的反应超出了我的预期，原本自信满满的阿姨突然变得扭捏起来，开始对自己的手艺不自信了，一直说着"自己家里做做还可以，做给客人吃，还是不行的"。再深入地聊，这才了解到阿姨不自信的根本原因是"洪运家宴"要求在统一打理好的庭院里烧饭，阿姨对别家厨房不熟悉，厨具在哪里也都不清楚，会有些拘束。得知这个情况后，我和小伙伴给阿姨做了一番思想工作，告知她庭院主人在阿姨们做饭时是不会在场的，所以大可放手去做，阿姨做的菜确实要比周边农家菜馆好吃很多。我们一直给阿姨打气，告诉阿姨尝试一次之后就会越来越熟练。在我们晓之以理动之以情的"输出"中，阿姨终于答应尝试一次。临走时阿姨再次起身进入厨房，给我们拿了大袋小袋的红薯干，我们一直拒绝，但奈何招架不住阿姨的热情。就这样，我们拎着大包小包走出了院子……

乡村最令人感动的就是村民的淳朴热情，今日也着实让我体验了一把，我想这也是每一位乡村运营师喜爱乡村的原因之一吧，毕竟除了美丽的风景还有这些可爱的村民。

2022 年 5 月 10 日　星期二　天气：晴

朱湾村运营师：吕瑞豪

打造乡村院子

今天继续跟进 5 户乡亲宴"微改造、精提升"行动进展情况。王芝彩阿姨家上周种的月季花已经开得很热闹了，按照罗云妍老师的要求，固定花的网架已经安装完成，且

另一套茶具也已经到位。据了解，在种花后的 4 天时间里，她们家已经接待了 3 批来品尝"乡亲宴"的客人，分别来自杭州城区、临安城区和於潜镇，客人们对于主人庭院的改造都赞不绝口，不但可以赏花、喝茶、聊天，还能品尝地道的农家土菜。用王阿姨的话说，客人连一口鸡汤都不剩，吃得精光。

对于庭院，不但客人夸赞，王阿姨的儿子也对她说，现在回到家里，坐在院子看看花，蛮舒服的。王阿姨想留我们在她家吃晚饭，但由于还有另外几户要走访，我们感谢了王阿姨的心意。

2022 年 10 月 6 日　星期四　天气: 小雨

太源村运营师: 宋碧云

乡村运营"抱团取暖"，和村民一起发展

今天在斑竹，走访了洪忠民家，他说今年想回乡做点什么，打工赚不到钱，准备回来租个 20 亩地种植蔬菜，也想和我们运营公司合作，商量一下合作的可行性。我非常支持村民自己回来做事情，当场给了他一些建议和承诺，也让他把自己家的房间整理出来，统一一下风格，可以作为我们运营公司的住宿场地。如果他怕前期装修投入太大，也可以由我们公司出装修费用，盈利了先收回装修成本，再将利润对半分。不管怎么样，我们的村庄就是缺少人气，如果大家能抱团取暖，各个领域都能开花结果，太源未来也一定不会差！

十二、临安区村落景区运营营销中心议事运行规则

（一）机构性质

临安区村落景区运营营销中心是由村落景区运营商自愿参与组建，负责村落景区整体宣传推广和营销的非营利性机构（登记为企业）。

（二）理事会

由营销中心股东代表组成议事决策机构——理事会。

（三）主要任务

1.负责村落景区整体品牌形象宣传推广。

2.分析市场趋势，研究营销对策，协调组织村落景区文旅产品策划与整合营销。

3.了解、收集政府有关部门的扶持和奖励政策，组织理事会成员单位联合申报有关项目补助资金。

4.在区内外发布临安村落景区运营信息，与省内外同业互动交流。

（四）经费来源

运营商自筹、政府补助或奖励、企业赞助等。

（五）议事决策规则

1.理事会自觉接受区文旅局的指导，重大事项应及时向区文旅局分管领导请示汇报。

2.理事会实行轮值会长制度，轮值期为半年。

3.在区文旅局牵头指导下，轮值会长负责召集理事会议，研究营销中心重点工作，并负责营销中心的日常工作运行。

4.理事会实行民主集中制。应有三分之二以上理事出席方可召开理事会议，重要工作应充分协商酝酿，形成成熟意见后方可作出决定。

5.营销中心资金使用情况应公开透明，符合财务管理制度并适时向理事会报告。

杭州市临安区村落景区运营营销中心

2020 年 7 月 17 日

十三、临安区村落景区运营营销中心理事会会长轮值制度

为保障临安区村落景区运营营销中心（以下简称"营销中心"）重点工作的正常开展，充分调动理事会成员单位的积极性和创造性，特制定本制度。

（一）会长轮值安排

1. 营销中心理事会成员单位主要负责人为轮值会长，自 2020 年 7 月起，每半年安排 1 名理事会成员单位主要负责人作为轮值会长。

2. 会长轮值期间，其余成员单位负责人配合轮值会长工作。

3. 会长轮值期间，秘书处设在轮值会长单位，由轮值会长安排人员承担秘书处日常工作，配合轮值会长开展活动，轮值会长因工作需要调整轮值期的，可向秘书处提出申请，由理事会会议审定。

（二）轮值会长工作职责

1. 轮值会长须履行理事会赋予的工作职责，在轮值期内主持营销中心工作，并对理事会负责。

2. 接受区文旅局的指导，根据理事会确定的工作安排，负责推进营销中心的各项工作，指导和督促秘书处开展日常工作。

3. 轮值期内，在区文旅局的牵头指导下积极开展中心工作：一是协调落实村落景区运营商统筹宣传，抱团营销。二是负责承办宣传营销活动方案制定、经费筹措和具体实施。三是协调组织理事会成员单位联合申报杭州市旅游特色潜力行业重点扶持项目补助资金。

4. 轮值会长在轮值期间应及时将所开展工作或活动的情况定期或不定期地向区文旅局口头或书面汇报。

5. 完成区文旅局及有关政府部门部署的相关工作。

杭州市临安区村落景区运营营销中心

2020 年 7 月 17 日

第四章 考核：乡村运营的考核标准与奖励

一、临安乡村运营（试运营期）工作要求

各村落景区试运营单位：

乡村运营是一项系统化、细致化的工作，在为期两个月的试运营期间，各运营单位应及时与区文旅局、所在镇街保持紧密联系，按照相关考核要点落实运营工作。

（一）日常提报内容

现将要求各试运营单位提报的内容列出，请各试运营单位按期提报。

1. 每天将运营工作动态发布在工作群；

2. 每月月底提交运营工作简报。

（二）运营商工作考核要点

自签署《临安区村落景区运营框架合作协议》起，各试运营单位将进入为期两个月的试运营期。试运营期结束后，将对各试运营单位进行工作考核，现将相关考核要点发送给各运营商，考核各要点将以打分形式进行最终评定。

1. 试运营单位应在村里设立固定办公场所，有常态化驻村工作人员；

2. 试运营单位应对村落资源进行详细的调查，并至少走访 50 户村民，形成资源调查报告；

3. 试运营单位应对短期及长期的运营工作编制完整的工作计划；

4. 试运营单位应制定符合村落文化与资源情况的运营方案；

5. 试运营单位应积极开展招商对接情况，对村内资源及相关业态开展招商工作，出具相关工作成果；

6. 自试运营单位入驻后，应至少有一个业态产品进入实际动工状态；

7. 试运营单位应与村两委班子积极交流，并取得一定认可。

杭州市临安区文化和广电旅游体育局

2021 年 3 月 10 日

二、临安乡村运营（试运营期）考核办法

（一）考核对象

签署《临安区村落景区运营框架合作协议》的试运营单位。

（二）考核时间

自签署框架合作协议起的两个月后。

（三）考核要点

1. 村落资源调查分析；

2. 乡村运营实施方案；

3. 文旅业态植入落地；

4. 资源对接导入；

5. 团队组建与驻村工作。

（四）运营台账

运营商申报考核应提交以下材料：

1. 试运营总结与申报表；

2. 村落资源调查报告；

3. 运营策划＋空间布局＋实施方案；

4. 落地业态资料；

5. 运营活动图文资料；

6. 文旅产品图文资料；

7. 运营工作原始记录；

8. 运营绩效统计原始资料；

9. 其他有助于运营工作评估、考核的相关材料。

（五）考核流程

1. 试运营期满，运营商向所在镇街申报考核，报送试运营总结与申报表，镇街签署意见后报区文旅局。

2. 区文旅局委托第三方对运营商进行试运营期绩效考核。第三方组成专家组对运营商进行资料核查、现场考察、考核评分。

3. 试运营期考核结果由区文旅局会同镇街审定。经考核合格的运营商与村集体签订

正式运营合作协议；没通过考核的自动退出运营。

　　附件 1：《临安乡村运营（试运营期）考核申报表》

　　附件 2：《临安乡村运营（试运营期）考核评分表》

杭州市临安区文化和广电旅游体育局

2021 年 3 月 10 日

附件1：

临安乡村运营（试运营期）考核申报表

申报单位（盖章）			法人代表				
联系人			联系方式				
必备项目	驻村人员（姓名）		驻村时间（天数）				
	业态名称	位置	面积（㎡）	投资人		投资额（万元）	运营情况
所在村意见	盖章： 年 月 日		镇街意见		盖章： 年 月 日		
区文旅局意见					盖章： 年 月 日		

附件 2：

临安乡村运营（试运营期）考核评分表（_____村）

序号	考评指标	最高得分	考核得分
1	运营单位应在村里设立固定办公场所，有常态化驻村工作人员。	10	
2	运营单位有对村落资源进行详细的调查，并至少走访50户村民，形成内容翔实的资源调查报告。	10	
3	运营单位有制定符合村落文化与资源情况的运营方案。	5	
4	运营单位有制订短期及长期的运营工作计划。	5	
5	自运营单位驻村后，至少有一个业态产品进入实际动工状态。	55	
6	运营单位有积极招引投资商，针对村内资源及相关业态开展招商工作，初见成效。	5	
7	运营单位与村两委班子积极交流，取得一定认可，工作配合协调。	10	
总　分		100	

专家（签名）：　　　　　　　　　年　月　日

三、临安乡村运营考核办法（2023 年修订版）

为加强村落景区运营工作的管理，科学考核运营成效，促进村落景区不断丰富新产品、发展新业态、注入新理念、创新新模式，提升村落景区的整村运营能力，实现乡村振兴和共同富裕，特制定临安区村落景区运营考核办法。具体事项如下。

（一）考核对象

各村落景区运营商（公司）。区内国资托管的运营商（公司）纳入考核，但不给予资金奖励。

（二）考核必备条件

1. 被考核的运营商（公司）必须证照齐全；必须遵纪守法，自实施运营以来两年内无安全责任事故、无不良信用记录、无重大旅游质量投诉。

2. 运营商（公司）须与村集体签订合作运营协议并经属地镇街、区文化和广电旅游体育局见证；须在村落景区所在地注册成立运营公司，村集体必须占有股份；在村内有固定办公场所，有专职工作人员驻村办公。

3. 运营商（公司）在该村落景区实际运营必须满 1 年（含试运营期）。运营未中断的，经村民代表大会同意，由运营商（公司）内部之间签订运营转让协议并向区文化和广电旅游体育局报备，纳入实际运营时间，新进入的运营商仍需要经过 2 个月试运营考核，试运营考核未通过的退出运营。

（三）考核内容和重点

考核内容分七个方面 42 项 99 条，共 200 分，具体详见《临安区村落景区考核细则评分表》，重点内容如下。

（1）有科学的定位和策划方案。运营商（公司）通过村落景区资源调查，完成综合性运营策划，有可行的策划方案、空间布局方案和实施方案。

（2）有健全有效的工作机制。运营商（公司）加强人员配备，做好信息报送、召开例会、专家咨询、协助基层组织等工作；运营商（公司）与村两委等组织建立顺畅、高效的工作协调机制；有完善的培训体系。

（3）有丰富的业态和产品。运营商（公司）积极开展招商引资，提升已有业态，引进其他高端、传统的包括旅游、文化、娱乐、文创、采摘、运动、休闲等业态的投资

115

项目。

（4）营造特色明显和融合度高的村落风貌。

（5）开发与当地特色和文化紧密结合的旅游商品，并有个性品牌，有相应市场推广渠道。

（6）青年乡贤会、乡村厨娘会、夜话乡村等运营活动组建并正常运营。

（7）新增或培育有特色的民俗、文化等特色节庆活动，形成较有影响的常态化旅游线路产品，或与邻近景区策划包装形成区域性线路产品。

（8）建立微信公众号等新媒体平台，定期更新，长期运作，形成多元化市场营销方式。

（9）有明显的品牌营销效果。在运营商（公司）的组织下，形成有一定市场知名度和品牌效应的民宿产业集群（或其他高端业态）；有运营成熟、具有品牌特色的文创项目，形成有一定市场影响力的独特文创品牌的伴手礼；建立旅游创客基地。

（10）突出数字化改革引领，充分运用乡村智慧旅游系统。

（11）一支运营团队原则上只能运营一个村庄。

（12）非运营商引进的纯由政府或社会资本直接投资建设并经营的业态和产品不予得分，视运营商在策划、设计、经营等环节参与情况得分。

第二、第三次考核的重点是运营商（公司）对村落景区整体发展做出的增量贡献，原已考核过的运营成果不再列入后续考核。

（四）考核流程

1. 自评申报

区文化和广电旅游体育局对运营满一年的村落运营商进行考核，每年考核两次，分别在 6 月底和 12 月底考核一次。运营商当年符合考核条件但放弃考核的，则本年度内不得再进行考核，须到第二年度再进行考核。同一运营商连续两年未参加考核的，实行退出机制。考核由村落景区运营商（公司）自行申报，按照《临安区村落景区运营考核细则评分表》进行自检评分，完成自评报告，镇街审核并签署意见，报区文化和广电旅游体育局。

申报需提交以下材料：

（1）《临安区村落景区运营考核申报表》《临安区村落景区考核细则评分表》及自评报告。

（2）运营公司执照复印件、经属地镇街及区文化和广电旅游体育局见证签约的村落景区运营合作协议、村集体与运营商之间的工作机制、运营策划＋空间布局＋实施方案、设施投资明细、活动照片、产品照片、工作台账等材料。

（3）其他有助于村落景区运营工作评估、考核的相关材料。

2. 考核验收

（1）区文化和广电旅游体育局委托第三方机构实施考核工作。考核采取抽查暗访和年度集中考核验收相结合。

（2）第三方机构组织验收考核工作，对申报考核的村落景区运营工作进行资料核查、现场踏勘、专家评审等考核验收。

（3）村落景区运营商的微信公众号运营过程中有效工作的图文内容及发布情况作为考核的重要依据。

（4）村落景区运营商的工作日报发布内容及发布频次经区文化和广电旅游体育局整理汇编后作为考核的重要依据。

（5）平时抽查暗访情况与专家"问诊"建议整改落实情况一并纳入考核评价。

（6）公示考核结果。

（五）考核结果运用

考核结果公示结束无异议的，实行资金补助。考核分达到 120 分、140 分、160 分、180 分的村落景区运营商，分别奖励 10 万元、30 万元、50 万元、70 万元。考核分为 100～119 分的不予补助。年度考核分未达到 100 分的，同一运营商连续两年考核未通过，实行退出机制。

（六）其他

（1）如发现被考核村落景区运营商（公司）弄虚作假，即取消申报考核资格。已兑现的则追回兑现补助资金。

（2）本办法针对村落景区进行考核，每个村落景区考核奖励不多于 3 次。

（3）本办法自发布之日起实施，有效期至 2024 年 7 月。

本办法由区文化和广电旅游体育局负责解释。

附件 1：《临安区村落景区运营考核申报表》

附件 2：《临安区村落景区考核细则评分表》

杭州市临安区文化和广电旅游体育局

2017 年 12 月 8 日

附件1：

临安区村落景区运营考核申报表（_____）年度

申报单位 （盖章）		法人代表	
联系人		联系方式	
自评分			
镇街 意见			
		盖章： 年　月　日	
部门 意见			
		盖章： 年　月　日	

附件2：

临安区村落景区考核细则评分表

序号	考评指标	最高得分	分档得分	自检得分	考核得分
1	**定位与策划**	11			
1.1	资源调查	3			
1.1.1	进行村落资源（人文资源、自然资源、产业资源等）摸底调查，形成调查报告，逐年补充和更新。		1		
1.1.2	调查报告提交至区文旅局审核备案。		1		
1.1.3	村落资源调查报告内容翔实、资源挖掘充分。		1		
1.2	策划主题	4			
1.2.1	提炼村落景区运营发展主题。		1		
1.2.2	村落景区运营发展主题定位精准，符合村庄实际。		1		
1.2.3	提出整体运营思路及拟定运营策划方案。		1		
1.2.4	运营思路以市场为导向；运营策划方案具体翔实、能够落地实施。		1		
1.3	空间布局	1			
1.3.1	业态落地项目及景观节点、小品空间布局安排合理，有相应方案。		0.5		
1.3.2	在村落地图上标明各个业态项目所对应的位置。		0.5		
1.4	实施方案	3			
1.4.1	明确村落景区运营具体工作思路，制订不同阶段的实施计划。		1		
1.4.2	村落景区运营具体工作思路和不同阶段的实施计划目标明确、条目清晰、措施具体、便于执行。		2		
2	**机构与机制**	13			
2.1	**工作协调**	2			
2.1.1	运营商与村委分工合理，形成明确的制度、机制。		1		
2.1.2	运营工作建立专家咨询工作机制，并在区文旅局备案。		1		
2.2	例会制度	3			
2.2.1	每月至少召开1次运营工作例会。		1		
2.2.2	运营工作例会内容覆盖整村运营，有村内关联业态代表参加。		1		
2.2.3	工作例会会议内容有记录，会议成效显著。		1		
2.3	信息报送	3			

续表

序号	考评指标	最高得分	分档得分	自检得分	考核得分
2.3.1	每月进行村落景区运营工作总结，每少一篇扣0.5分。每周村落景区运营商微信群发布工作日记至少3篇，日记内容除接待、考察、交流、会议之外，要重点突出考核细则相关内容，尤其是业态与产品打造及营销等情况。每少一篇扣0.2分。		2		
2.3.2	及时报送村落景区工作动态10篇以上。		1		
2.4	人员配备	2			
2.4.1	工作人员中配备具有相关资质的专业人员。		1		
2.4.2	工作人员有本科学历和从业经验（3年以上旅游相关工作经历）。		1		
2.5	配合工作	2			
2.5.1	积极参加区文旅局村落景区运营工作例会，每少一次扣0.5分。		1		
2.5.2	及时完成政府部门布置的相关工作，每少一次扣0.5分。		1		
2.6	协助基层组织	1			
2.6.1	协助村落景区形成正常开展活动的农家乐（民宿）协会或其他组织，引导其开展一系列对村落景区有实际经济效益的活动。		1		
3	业态与产品	78			
3.1 ▲	实际投入	15			
3.1.1	配备固定办公场所并正常运营。		3		
3.1.2	自主投入2个业态以内，每个6分。		12		
3.2	招商引资	2			
3.2.1	积极投入精力招引投资商，有完整的招商计划方案，有相应招商资料。		1		
3.2.2	招商手段形式多样，开展专项精准招商会5次以上。		1		
3.3 ▲	高端业态引进	35			
3.3.1	由运营商协助引进高端业态（如酒吧、书吧、咖啡屋、休闲农场、乡村营地、艺术村、高科技农园、教育农园、文化创意农园等），达到3种业态得15分。		15		
3.3.2	每增加一种高端业态得4分。		20		
3.4 ▲	传统业态引进	11			
3.4.1	由运营商协助引进新开民宿、农家乐，每审核达标1家得1分。		6		

续表

序号	考评指标	最高得分	分档得分	自检得分	考核得分
3.4.2	由运营商协助引进其他传统业态，每审核达标1家得1分。		5		
3.5 ▲	民宿品质提升	5			
3.5.1	帮助民宿进行环境品质提升（包括建筑立面、室内装饰、建筑材料、庭院设计等），每提升1家得0.5分。		2		
3.5.2	协助民宿提升文化内涵，编写品牌故事，并有对应的文化符号设计等，每提升1家得0.5分。		2		
3.5.3	帮助提升民宿服务质量、塑造礼仪形象有明显成效。		1		
3.6 ▲	农家乐转型升级	2			
3.6.1	帮助农家乐进行转型升级（包括建筑立面、室内装饰、建筑材料等），每提升1家得0.5分。		2		
3.7 ▲	线路产品打造	3			
3.7.1	通过策划包装，将村落景区与业态、周边景区、村落、企业等串联形成区域性线路产品。		1		
3.7.2	线路产品主题突出，编排合理，客群定位准确，内容符合游客需求。		1		
3.7.3	线路产品宣传推广有力，能常态化运营，游客体验良好，绩效显著。		1		
3.8 ▲	产业集群	5			
3.8.1	在运营公司的组织培育下，在一个自然村落范围内有统一风格的民宿集群（5家以上），符合地域文化并初具规模。		2		
3.8.2	在运营公司的组织培育下，在一个自然村落范围内有统一风格的、互相关联的其他高端业态（5种以上）。		2		
3.8.3	民宿（其他高端业态）产业集群已具有一定市场知名度和品牌效应。		1		
4	**特色与融合**	55			
4.1 ▲	体验项目包装	12			
4.1.1	由运营公司策划包装形成民俗类、非遗类特色体验项目，常态化运营的每项得0.5分。		3		
4.1.2	由运营公司策划包装形成乡村美食类特色体验项目，常态化运营的每项得0.5分。		3		
4.1.3	由运营公司策划包装形成农事体验类特色体验项目，常态化运营的每项得0.5分。		3		

续表

序号	考评指标	最高得分	分档得分	自检得分	考核得分
4.1.4	由运营公司策划包装形成户外康养类特色体验项目，常态化运营的每项得0.5分。		3		
4.2 ▲	农家菜肴	10			
4.2.1	组建乡村厨娘会，有完善的工作制度和建设机制。		5		
4.2.2	帮助民宿、农家乐等开发提升临安乡村家宴"一桌菜"并常态化销售。		2		
4.2.3	乡村家宴"一桌菜"采用当地食材，与村民签订供货协议。		2		
4.2.4	聘请乡村厨娘，采用传统烹饪方法，配套乡土风格餐具、炉具。		1		
4.3 ▲	景观小品打造	3			
4.3.1	协助村里开展景观节点、小品等设计和布置，每参与打造一处得0.5分。		2		
4.3.2	景观小品风格与乡土风情相和谐（符合乡土文化氛围），契合村落主题。		1		
4.4	景观用材效果	2			
4.4.1	景观节点、小品等设计布置结合利用当地原材料和工艺。		1		
4.4.2	景观节点、小品等视觉效果较好，风格统一并能体现当地品牌文化。		1		
4.5	景观维护管理	2			
4.5.1	村落景观日常维护管理良好。每发现一处污损、破旧扣0.5分。		2		
4.6	旅游商品加工	3			
4.6.1	旅游商品采用当地特色材料或特产，品质优良。		2		
4.6.2	旅游商品运用民间特色的加工技法或传统手工艺，加工精致。		1		
4.7	旅游商品包装	2			
4.7.1	协助挖掘旅游商品及包装所代表的地域特色，挖掘充分且有内涵。		1		
4.7.2	旅游商品有专属Logo，包装有文创设计，新颖美观，安全便携。		1		
4.8	旅游商品销售	3			
4.8.1	在运营公司的组织培育下，形成独特文创品牌、有一定市场反响的旅游商品。		1		

续表

序号	考评指标	最高得分	分档得分	自检得分	考核得分
4.8.2	旅游商品推广销售线上线下结合，复购率高，效益显著。		2		
4.9	文创项目	4			
4.9.1	在运营公司的组织培育下，有可供游客体验的文创项目。		2		
4.9.2	文创体验项目具有品牌特色，游客体验度较好。		1		
4.9.3	文创体验项目成熟运营、有较高市场效益。		1		
4.10	创客基地	4			
4.10.1	在运营公司的组织下，建立旅游创客基地。		2		
4.10.2	旅游创客基地孵化的创业项目达4个以上，每个得0.5分。		2		
4.11	"两进两回"	10			
4.11.1	组建青年乡贤会，建立微信沟通群，有完善的工作制度和机制建设。		5		
4.11.2	乡贤回乡、返乡（在乡）青年创业，在村落景区投资各类业态，每个落地业态得1分，最高得4分。		4		
4.11.3	返乡（在乡）青年在村落景区就业，参与乡村运营，10人以上得1分。		1		
5	**管理与培训**	6			
5.1	人员培训	4			
5.1.1	每年自行组织运营公司从业人员业务培训，培训要有计划、有制度、有考核，有台账。每次得0.5分，最高得1分。		1		
5.1.2	每年开展全村乡村旅游从业人员培训（如村民礼仪、普通话、服务技能、茶道等培训），培训要有计划、有制度、有考核、有台账。每次得0.5分，最高得1分。		1		
5.1.3	组织"夜话乡村运营"活动，每月定期举行。		2		
5.2	综合管理	2			
5.2.1 ▲	建立村落景区综合管理机制，安全、秩序、服务、投诉等管理制度健全，人员落实到位，实行常态化管理。		1		
5.2.2	村落景区运营秩序稳定，无重大旅游投诉与安全责任事故。		1		
6	**营销与绩效**	31			
6.1	节庆活动	4			
6.1.1	有固定团队、有节庆活动年度计划与策划方案，节庆活动定期举行。		2		

续表

序号	考评指标	最高得分	分档得分	自检得分	考核得分
6.1.2	节庆活动结合当地特色及地域文化，游客参与度、体验度高。		1		
6.1.3	举办节庆活动村内相关业态参与联动。		1		
6.2	平台搭建	2			
6.2.1	建立正常运营的新媒体平台，每1种得0.5分，最高得2分。		2		
6.3	内容推送	3			
6.3.1	新媒体平台发布乡村风景、美食、民俗、活动等内容，每月不少于2次。		1		
6.3.2	新媒体平台推送内容覆盖村内相关业态，形成整体推广。		1		
6.3.3	新媒体平台年浏览量达10万次以上得0.5分，20万次以上得1分。		1		
6.4	线上活动	3			
6.4.1	定期开展线上活动，并积极推进线上线下活动相结合。		1		
6.4.2	线上推广覆盖全村，村内相关业态积极参与线上活动。		1		
6.4.3	活动推广效果明显，游客参与人数多，收益较好。		1		
6.5	合作推广	3			
6.5.1	发挥运营商与电商平台、第三方机构（旅行社、景区引流、企业、社团等）合作等能力，利用各类媒体、宣传品、宣传片等手段方式，引起媒体报道和社会传播，民众关注度较高，形成村落景区品牌影响力。		1		
6.5.2	运营商与电商平台、第三方机构（旅行社、景区引流、企业、社团等）合作，为村落景区引进客源，成效显著。		1		
6.5.3	运营商与电商平台、第三方机构合作引流，惠及整村业态，效果显著。		1		
6.6	媒体宣传	3			
6.6.1	在运营公司的组织下，村落景区运营工作在省内外引起重大反响，在中央级媒体上有专题报道。		1		
6.6.2	在运营公司的组织下，村落景区运营工作在省内引起较大反响，在省市级媒体上有专题报道。		1		
6.6.3	在运营公司的组织下，村落景区运营工作在区内引起较大反响，在区级媒体上有专题报道。		1		
6.7	旅游人次	3			

续表

序号	考评指标	最高得分	分档得分	自检得分	考核得分
6.7.1	业态、活动、宣传等对村落景区旅游带动有促进作用，当年旅游人次达到3万以上或增幅较上年增长20%（该统计口径一律以旅游局统计的旅游人次为准），得3分。		3		
6.8	旅游收入	10			
6.8.1	旅游综合收入较上年每增长5%得1分，最高得4分。		4		
6.8.2	给村集体增加旅游收入增幅达20%。		2		
6.8.3	给村集体增加旅游收入增幅20%以上，每提高5%加1分，最高加4分。		4		
7	**服务与评价（数字乡村文旅系统的运用）**	6			
7.1	服务数字化	3			
7.1.1	多个网络平台上有相应村落景区旅游信息。		1		
7.1.2	与携程、美团等旅游产品预订机构（OTA）有线上支付覆盖。		1		
7.1.3	有回顾评价旅游满意度的网络体系。		1		
7.2	营销数字化	2			
7.2.1	有旅游舆情监控和数据分析，挖掘旅游热点和游客兴趣点，确定对应的营销主题，推动产品创新和营销创新。		1		
7.2.2	融合应用电商平台、App、自媒体、小程序、网络社区等数字化平台，实现线上引流、线上销售、线上支付等，成效显著。		1		
7.3	管理数字化	1			
7.3.1	结合旅游信息数据形成旅游预测预警机制，提高应急管理能力，保障旅游安全。		1		
	总　分	200	200		

注：打"▲"的考核项，已考核过的工作和项目不作为当年新增考核得分项目，原有工作或项目当年正常有效运用的减半得分，得分不超过该项满分。

四、临安区镇（街）乡村运营业态资金补助实施细则（范本）

为进一步推动_____镇（街）乡村运营工作，鼓励乡村业态项目落地实施，加快乡村旅游业态、产品所需的公共基础类设施建设，特制定本实施细则。

本实施细则分类明确乡村运营业态项目补助资金的补助范围和对象、补助标准、申报和审核程序等方面的具体要求。主要包括：乡村旅游基本业态项目，含乡村住宿业态、乡村餐饮业态、乡村休闲体验业态、传统民俗与手工艺业态；乡村文创产品与标识类项目，含乡村文创产品、景观小品与旅游标识；宣传推广活动项目；公共基础设施项目。

（一）乡村旅游基本业态项目

该类项目主要包括住宿、餐饮、休闲、体验等乡村旅游"吃住行游购娱"基本要素必备的业态类型。

1. 业态类型与要求

（1）乡村旅游住宿业态：依托优质的自然环境、融合的生态产业、特色的村落建筑等，由农房或者集体用房改造而成，或在合法土地上新建的乡村旅游住宿类业态（包括民宿、农家乐、度假村、房车帐篷营地等）。

要求体现地方文化、主题底蕴和乡村风情，环境、设施、服务具有显著的临安本土特色。能够提供采用当地食材、乡土手法烹饪的乡村餐食、融合文创符号的伴手礼、地方特色的体验性活动，并持续运营形成特色，市场绩效显著。

运营商帮助村民或参与投资商打造乡村住宿类业态、创意指导、挖掘特色和运营赋能。

（2）乡村旅游餐饮业态：由运营商参与指导或由运营商自主打造的非社会商业类乡村旅游餐饮业态（包括乡村餐厅、乡村酒吧、咖啡馆、茶馆等）。村民庭院改造后，打造具有乡村本土口味的"一桌菜"独立旅游产品。

要求符合该村运营主题定位，装饰风格体现地方文化、乡村风情；"一桌菜"采用当地食材和传统乡村烹饪方法，具有乡村本土口味。具备常态化经营接待能力，市场绩效显著。

（3）乡村休闲体验业态：由运营商参与指导或由运营商自主打造的利用闲置土地或种植、养殖基地开办乡村休闲体验业态（包括高科技农园、教育农园、文化创意农园、乡村游乐园等）。

要求运用在地资源作为体验活动的素材，体验活动蕴含乡村文化的特色内涵，体验场景、体验环节融入创意设计。体验活动融合生产、生活及生态，游客能感受乡村生活意境与休闲乐趣。

（4）传统民俗与手工艺业态：由运营商参与指导的或由运营商自主打造、新建或改造的提供当地历史文化、民俗风情、传统农事技艺、传统手工艺等体验活动的传统民俗与手工艺业态（包括农事体验馆、木工坊、豆腐工坊、剪纸工坊等）。

要求以当地传统民俗文化、传统农事活动为基础，挖掘本地匠人，设计完整的旅游产品体验过程。

2. 补助范围和对象

补助范围一般不包括项目场地的道路改建，水、电、天然气等设施改造，项目建筑及场地的使用和租赁，项目建筑施工，以及规划设计费用。体验类项目不包含知识产权使用、品牌授权、课程制作等。

乡村旅游住宿业态内的餐饮点、民俗与手工艺体验点不作为独立项目申报。

申请补助的主体为项目业主，必须是具有营业执照的独立法人，在征信体系中无不良记录，正在被立案查处的单位不得申请补助。单个项目限申报一次，发生项目转让、法人主体变更等情况后不可再申报。

3. 补助标准

单个项目按补助范围内不高于实际投入金额的 30% 进行补助，对于乡村旅游住宿业态最高不超过 20 万元，对于乡村休闲体验业态、乡村旅游餐饮业态、传统民俗与手工艺业态最高不超过 10 万元。

4. 申报和审核程序

（1）项目报备。在项目实施开展前，由运营商对项目进行报备登记，经村两委同意，向街道上报《＿＿＿＿镇（街）乡村运营投资项目备案登记表》及项目实施方案和预算。如报备的项目经街道乡村振兴领导小组评估后，不符合上述业态类型与要求的，不列入补助范围。

（2）项目申报。项目实施建设完毕，具备接待能力，开展正常经营活动满 6 个月后，由运营商对项目进行补助申报，经村两委同意，向街道上报《＿＿＿＿镇（街）乡村运营投资项目申报表》。

（3）项目初审。由街道乡村振兴领导小组对项目实施情况进行初步审核，并出具意见。

（4）项目评审。由区文旅局组织专家组对项目实施情况、经营情况进行评审，出具评审意见。

（5）审计核准。由镇（街）委托第三方审计机构对补助范围内实际投入金额进行审核。经镇（街）乡村振兴领导小组评审后进行补助。

（二）乡村文创产品与标识类项目

该类项目主要包括乡村文创产品、景观小品与旅游标识等。

1. 项目类型与要求

（1）乡村文创产品：由运营商参与指导的或由运营商自主开发的，具有乡土文化、文创元素、旅游功能、销售渠道的，具有较高设计水准的、销售绩效显著的农副产品、工艺品、纪念品等文创伴手礼。

（2）景观小品与旅游标识：由运营商策划和设计的，符合村庄主题及乡村业态项目需求的，具有文化艺术气质、乡土文化气息、差异化特点的景观吸引物，及乡村旅游导览系统所需的具有文创元素的标识标牌等。

2. 补助范围和对象

补助范围一般不包括项目场地的道路改建，水、电、天然气等设施改造，项目建筑及场地的使用和租赁，项目建筑施工。乡村文创产品不含知识产权使用、品牌授权等。景观小品与旅游标识不含高价值艺术品。

申请补助的主体为运营商或项目业主，必须是具有营业执照的独立法人，在征信体系中无不良记录，正在被立案查处的单位不得申请补助。

3. 补助标准

乡村文创产品最低以 3 个产品为一个系列项目申报，按补助范围内不高于实际投入金额的 30% 进行补助，最高不超过 5 万元。

景观小品与旅游标识单个项目按补助范围内实际投入金额的 90% 进行补助，整村不超过 20 万元。

3. 申报和审核程序

（1）项目申报。经村两委同意，由运营商向区文旅局提交设计方案及预算，经区文旅局审核后，报镇（街）批准。

（2）审计核准。乡村文创产品设计制作完成，三个月销售期后或景观小品与旅游标识整村布置完成后，镇（街）对补助范围内实际投入金额审核后进行补助。

（三）宣传推广活动项目

该类项目是指具有较高的策划水平、新颖的活动创意、较大的媒体影响力、能够带动较多的乡村流量和人气的乡村旅游所需的活动、节庆赛事、媒体采风等。

1. 补助范围和对象

由运营商策划组织的乡村运营相关的节假日活动、乡村主题活动、民俗文化节、赛事活动、媒体采风等乡村旅游营销活动。

申请补助的主体为运营商。

2. 补助标准

单个项目按补助范围内不高于实际投入金额的 30% 进行补助，最高不超过 5 万元。

3. 申报和审核程序

（1）项目申报。项目活动开展前 2 个星期，经村两委同意，由运营商向区文旅局提交活动方案及预算，经区文旅局审核后，报镇（街）批准。

（2）审计核准。项目活动结束后，由镇（街）委托第三方审计机构对补助范围内项目活动实际投入金额进行审核，经镇（街）评审后进行补助。

（四）公共基础设施项目

该类项目主要包括乡村旅游配套必要的道路交通、停车场所、公共厕所等。

1. 补助范围和对象

由运营商和村两委商议进行整体规划布局，符合乡村旅游及乡村业态项目需求的，具有公共性和普惠性的道路交通、停车场所、公共厕所等为乡村旅游配套的必要公共基础设施。

申请补助的主体为所在行政村。

2. 补助标准

按照镇（街）标准进行项目补助。

3. 申报和审核程序

（1）项目申报。由所在行政村填报《＿＿＿＿镇（街）乡村运营公共基础设施项目表》，由业务科室（部门）进行前期现场踏勘，听取运营商的思路和建议，经由镇（街）乡村振兴领导小组美丽乡村建设和乡村运营工作组联合评审后，提交镇（街）班子会议审议。

（2）项目实施和资金拨付。公共基础设施建设项目均以所在行政村为主体实施。项目启动后镇（街）财政按照预计奖补资金总额预拨 30% 的资金；竣工验收后再拨付 30%。创建期内未完成项目建设或不达标，按照补助资金的 10% 扣除；整改不到位，不予补助。项目验收后，由村里委托中介机构进行项目审计，镇（街）组织工作组进行综合考评，根据审计和综合考评结果给予剩余 40% 资金的补助。

本实施细则的奖补资金来源于镇（街）本级财政，自发布之日起实施，时间暂定 3 年。本实施细则最终解释权归＿＿＿＿＿＿镇（街）所有。

成果篇

乡村运营的临安之路

第五章　历程: 临安乡村运营大事记（2017—2023 年）

2017 年

日　期	事件内容
3 月 15 日	2016 年，临安市第十四次党代会提出了"推进城市国际化、产业现代化、全域景区化，建设美丽幸福新临安"的决策部署。2017 年，临安市委、市政府提出打造一批村落景区，并明确临安村落景区由市农办负责建设，市旅游局负责运营。
4 月 27 日	临安市旅游局在大明山风景区举办国内民宿高端圆桌会，近 20 家民宿、乡村旅游等圈层人士，围绕民宿和乡村旅游产业畅所欲言、各抒己见。由此产生村落景区运营思路最初的萌芽。
5 月 5 日	临安市旅游局召开"临安市村落景区投资运营招商会"，会议吸引了 28 家文旅机构参加，与多家达成初步合作意向。
5 月 6 日	"临安发布"报道《旅游大时代下的机遇和未来，临安村落景区等你来运营》。
5 月 11 日	龙岗镇大峡谷村召开村落景区运营策划会，临安市旅游局有关负责人与旅游方面专家共同探讨村落景区运营思路。
5 月 16 日	《都市快报》报道《临安 30 个特色村落寻找"最佳合伙人"！》。
5 月 31 日	临安市人民政府在杭州举办"临安全域旅游招商推介会"。会上，11 家运营商与 11 个村落景区签订运营合作框架协议。
6 月 9 日	新华网、央广网报道《推动全域景区化　临安将建 30 个村落景区》。
6 月 29 日	临安市推出了针对五大旅游板块的区域招商和 30 个村落景区的运营招商，共有 8 个运营商与 10 个村庄签订村落景区运营落地协议。
6 月 30 日	临安市旅游局在天目山举办"临安市村落景区运营策划会"，来自北京、安徽、江苏等国内旅游运营专家，就如何进行村落景区策划、运营展开探讨。
6 月 30 日	临安市旅游局有关负责人建立"村落景区运营大课堂"微信群，镇村干部、有关部门和若干旅游运营专家加入微信群。
7 月 4 日	《中国旅游报》报道《临安着力解决村落景区发展痛点》。
7 月 18 日	浙江在线报道《临安率先探索村落景区建设标准　串珠成链把乡村建成大花园》。
8 月 9 日	清凉峰镇杨溪村村落景区与临安旅游集散中心有限公司签约运营，成为临安第一家招引运营商的村落景区。
8 月 10 日	临安市旅游局召开村落景区运营工作推进会，会上详细阐释村落景区运营商与投资商的区别。

续表

日 期	事 件 内 容
8月17日	龙岗镇大峡谷村村落景区与杭州休行投资管理有限公司签约运营。
9月1日	高虹镇龙门秘境村落景区与浙江金诺传媒有限公司签约运营。
9月6日	龙岗镇相见村村落景区与杭州临安相见生态旅游发展有限公司签约运营。
9月6日	天目山镇月亮桥村村落景区与杭州那月乡旅游发展有限公司签约运营。
10月10日	临安区於潜镇耕织图（百园村）村落景区与杭州好山好水文化创意有限公司签约运营。
10月16日	临安区旅游局召开第一次村落景区运营工作例会，已签约的村落景区运营商，所在镇、村干部参加会议，从此建立村落景区运营工作每月例会制度。
10月27日	首届"看山川·走村落·访民宿"作家采风活动在临安区天目山镇启动，全国40多名实力作家走进临安村落景区进行采风。
10月30日	太湖源镇太湖源头村落景区与杭州临安源景村落景区管理有限公司签约运营。
11月1日	《临安村落景区运营工作简报》第一期编印出刊。
11月13日	太湖源镇指南村村落景区与杭州神龙川旅游文化发展有限公司签约运营。
11月15日	临安区旅游局组织有关专家讨论《临安村落景区运营考核细则》初稿。
11月16日	《浙江新闻》、浙江在线等报道《临安：打造村落景区，织就美丽画卷》。
11月16日	临安区旅游局举行村落景区运营顾问聘任仪式，聘请省内外7位专家作为首批运营顾问，聘请3位临安本土文化人为运营文化顾问。
11月19日	《浙江新闻》报道《临安发布〈村落景区临安标准〉》。
12月8日	临安区旅游局组织乡村旅游服务中心工作人员再次讨论《临安村落景区运营考核细则》。
12月11—12日	临安区旅游局组织召开"村落景区运营互看互学现场会"，邀请杭州旅游委员会规划处调研员徐连宏、浙江省农办经济发展处处长楼晓云，为临安区各镇街、村负责人以及运营商进行村落景区运营理念提升培训，副区长沈建参加会议并讲话。

2018 年

日 期	事 件 内 容
1月3日	杭州市人民政府办公厅《杭州政务信息》专报第2期以"临安区村落景区运营创新为乡村振兴插上翅膀"为题，刊发临安村落景区运营做法。
1月4日	《中国旅游报》记者专门赴临安对村落景区运营工作进行采访，实地调研百园村村落景区和月亮桥村村落景区。
2月9日	《中国旅游报》要闻版报道《村落景区化　运营专业化：浙江临安探索引入运营商助推农旅融合发展》。
2月9日	第一旅游网大篇幅报道临安村落景区运营工作。

续表

日　期	事件内容
2月18日	《杭州日报》报道临安区於潜镇百园村村落景区运营工作。
4月26日	《人民日报》海外版报道临安村落景区运营工作。
5月6日	"2018临安旅游招商会"在杭州临安召开。临安区旅游局就临安16个村落景区资源进行介绍，会上推出新一批村落景区，面向社会招引运营商。
5月16日	临安区委副书记章登峰赴於潜镇百园村落景区调研，听取运营工作汇报，就运营中存在的困难和问题提出指导意见。
5月29日	临安区旅游局副局长陈伟洪在区委党校轮训班上为全区行政村党组织书记进行了题为"临安村落景区运营模式解读"的培训。
6月15日	《人民日报》、《中国日报》上海分社等知名媒体来临安蹲点采访村落景区运营工作。
7月19日	农业农村部《优质农产品》杂志报道《创客为临安富丽山村添彩》相关内容，文中详细介绍临安区村落景区运营商的做法。
7月25日	青山湖街道白水涧村落景区与杭州仁善健康管理公司签约运营。
7月30日	《今日浙江》报道《村落变景区，临安有三招》。
8月27日	《浙江日报》融媒体报道《村落景区建设迎来返乡创业客　临安乡村振兴有门道》。
8月30日	天目山镇闽坞村村落景区与杭州悦玺科技有限公司签约运营。
9月19日	玲珑街道崂山村村落景区与浙江信全股份有限公司签约运营。
10月9日	《光明日报》报道《美丽乡村升级版的"临安探索"》。
10月10日	太阳镇双庙村村落景区与杭州慕仁文化有限公司签约运营。
10月23日	浙江卫视《浙江新闻联播》报道临安区天目山镇闽坞村村落景区首届美丽乡村晒秋节。
11月10日	在"2018中国（国际）休闲发展论坛"上，临安区旅游局以村落景区市场化运营做法为例，分享临安探索乡村产业振兴的有效路径。
11月14日	在浙江省农业农村厅、省文旅厅主办的"2018浙江休闲乡村建设研讨会的圆桌论坛"上，临安区旅游局分享了临安村落景区运营做法。
11月19日	临安区旅游局聘请第三方机构对8家运营时间已满一年的临安村落景区进行运营绩效考核评估，其中6家运营公司考核合格，另有2家运营公司未通过考核。
11月25日	《经济日报》报道临安村落景区运营工作。

2019 年

日 期	事 件 内 容
1 月 16 日	临安区旅游局召开临安村落景区运营工作例会，会上首次提出由各运营商出资共同组建村落景区运营营销中心的设想。
1 月 22 日	陕西《西安日报》报道《临安模式绘就乡村振兴画卷》。
3 月 5 日	临安区领导卢春强、骆安全、杨泽伟等人共同研究"八线六景"示范型村落景区有关工作，提出要高质量打造"八线六景"，建设好示范型村落景区。
3 月 25 日	临安区委副书记杨泽伟带队调研指导高虹镇村落景区运营工作。
7 月 3 日	《人民日报》报道《杭州临安推进"村落景区"建设 美丽乡村串起"全域景区"》。
8 月 4 日	长三角区域合作办公室有关负责人专门赴临安调研村落景区运营工作，实地走访太阳镇双庙村村落景区、天目山镇月亮桥村村落景区，充分肯定临安运营的创新工作。
8 月 14 日	农业农村部《美好生活》杂志发表农民日报社记者关于临安村落景区运营的长篇报道。
8 月 28 日	《今日临安》头版报道《工作例会上看"门道"》
8 月 30 日	《中国旅游报》报道《守得初心见月明——杭州临安区探索打造农家乐升级版纪实》。
9 月 10 日	农业农村部《美丽乡村》杂志报道《天目曙光——浙江临安乡村经营实验新观察》。
9 月 16 日	《农民日报》报道《乡村经营的临安实验》。
9 月 29 日	湍口暖泉示范型村落景区与杭州云之雀实业有限公司签约运营，并于当天下午举办"临安旅游风情小镇业态运营研讨会"。
9 月 30 日	《浙江日报》报道《临安勇当乡村"绿色改革先行者"》。
10 月 7 日	潜川镇中间桥村村落景区与杭州真山真水旅游策划公司签约运营。
10 月 8 日	《农民日报》9 月 16 日报道了《乡村经营的临安经验》，10 月 8 日，浙江省委副书记郑栅洁同志批示肯定。
10 月 9 日	临安村落景区运营引起浙江省文旅厅的关注，杨建武副厅长就乡村旅游运营指出：临安做了一个有益的探索，内生动力机制如何激发才是根本！省文旅部门要总结全省各地乡村旅游运营的好做法。
10 月 15 日	浙江省农业农村厅简报全文转发了《乡村经营的临安经验》长篇报道，厅长林健东批示要求，刊发临安区做法供各地学习借鉴。
10 月 20 日	临安乡村旅游"新六景"（八线六景）推介会在高虹镇龙门秘境示范型村落景区举行。龙门秘境、琴山蓝湾、文武上田、红叶指南、天目月乡、大明雪岭等 6 个示范型村落景区精彩亮相。
10 月 22 日	《杭州日报》报道《临安村落景区创建开花结果，"龙门秘境"揭开神秘面纱》。

续表

日　期	事 件 内 容
11月8日	临安区天目月乡村落景区张卫荣入选国家文旅部"全国文化和旅游能人支持项目"。
11月22日	《浙江新闻》报道《临安"新六景"为何这么火？村落景区做大"美丽经济"》。
11月22日	《浙江日报》报道《杭州临安村落景区告别"低散乱"做大"美丽经济"》。
11月25日	临安区昌化镇上营村举办乡村旅游招商会，招引运营商，15位运营商和村落旅游运营专家为村落旅游出谋划策。
12月6日	在浙江大学举办的中国农业品牌百县大会上，临安区文旅局以"乡村品牌化与市场化运营，以临安村落景区运营模式为例"为题做了分享。
12月12日	《中国环境报》报道《临安村落景区化托起乡村振兴梦》。
12月12日	临安区文旅局和浙江省政府研究室共同撰写的《临安区激活市场力量振兴乡村调查报告》刊登在省政府研究室《调查与思考》简报上。
12月13日	《临安区激活市场力量振兴乡村调查报告》获浙江省委副书记、省长袁家军批示："临安经营村庄的理念和引入市场主体发展村落景区的探索，是推动'两进两回'的有益尝试，值得充分肯定。"
12月14日	宁夏石嘴山市邀请临安区文旅局举办临安乡村运营模式分享会。
12月17日	*China Daily*（《中国日报》）报道"Lin'an enhances its allures"（《临安正变得越来越有魅力》），向世界介绍临安乡村旅游提升实践。
12月24日	浙江省副省长彭佳学来临安调研村落景区运营工作。
12月26日	临安村落景区运营做法被写进浙江省委经济工作会议的讲话："总结推广临安激活市场力量振兴乡村的经验做法。"

2020 年

日　期	事 件 内 容
1月2日	杭州市副市长王宏考察龙门秘境村落景区，调研龙门秘境村落景区整体经营运行情况和农村综合改革情况。
1月3日	临安区委召开十四届十次全体（扩大）会议，其中提及"深化激活市场力量振兴乡村的经验做法"。
1月12日	临安运营做法被写入《浙江省政府工作报告》："总结临安村庄经营好做法，发挥市场机制，更好推动'两进两回'。"
1月15日	《人民日报》海外版报道《浙江临安　找到经营村庄的"金钥匙"》，文章同时被中国智库网转载。
1月15日	浙江省委副书记、省长袁家军在省委经济工作会议上讲话，指出：总结推广临安激活市场力量振兴乡村的经验做法。
1月18日	临安村落景区运营模式写入《临安区政府工作报告》："临安村落景区市场化运营模式在全省推广"；"完善村落景区市场化运营机制。"

续表

日　期	事 件 内 容
2月16日	浙江省人民政府发布的《关于下达2020年浙江省国民经济和社会发展计划的通知》提到有关临安村落景区运营内容："总结临安村庄经营好做法，发挥市场化机制，更好推动'两进两回'。"
3月9日	浙江省委农村工作会议召开，临安区做了典型发言，省委副书记郑栅洁同志在讲话中提出："临安的乡村经营方式值得推广学习。"
3月11日	临安区文旅局制定了《临安乡村运营工作流程》和相关规则。
3月25日	临安区文旅局首次提出"乡村运营师"概念，"临安发布"等媒体面向全社会发布招聘乡村运营师的启事。
4月26日	《杭州日报》整版报道龙门秘境村落景区的市场化运营之路：《"秘境"中趟出乡村振兴新路子 "两进两回"在高虹》。
5月7日	临安区文旅局注册"临安乡村运营"微信公众号。
5月14日	《中国旅游报》大篇幅报道《浙江临安：市场化运营让"美丽乡村"更富足》。
5月17日	浙江卫视《浙江新闻联播》以湍口温泉小镇示范型村落景区为例，对村落景区运营和民宿小集群运营在临安乡村的生动实践进行了报道。
5月22日	《浙江日报》报道《乡村运营师，让风景更有"钱景"》。
6月4日	浙江经视频道《茅莹今日秀》栏目邀请临安区文旅局副局长陈伟洪以及乡村运营师娄敏，就临安首创的"乡村运营师"做了专题交流访谈。
6月16日	昌化镇后营村村落景区与杭州漫村文旅公司签约运营。
6月17日	临安区文旅局主办的第1期"临安乡村运营十人谈"沙龙会在临安区於潜镇潜东村举行。
6月18日	《杭州新闻》《潇湘晨报》等媒体报道《村落旅游是需要投资商还是运营商——首期临安乡村运营系列沙龙会已有答案》相关内容。
7月17日	在临安区文旅局牵头指导下，临安区村落景区运营营销中心正式成立，龙门秘境、湍口暖泉、文武上田、天目月乡、双庙村、中间桥村6家村落景区运营商成为营销中心的率先发起者，并且达成资源共享、市场互推等初步共识。
7月20日	《农民日报》大篇幅报道临安区龙岗镇相见村村落景区运营。
8月3日	"临安民间画和村景融合座谈会暨临安民间画村落景区采风创作启动仪式"在龙门秘境村落景区举行，推进乡村文旅深度融合。
8月5日	临安区文旅局推出临安数字乡村文旅暨"天目小店"项目实施方案，在临安村落景区构建临安乡村数字文旅运营系统。
8月6日	《经济参考报》报道新华社记者关于乡村运营的文章，其中提及临安运营案例。
8月12日	《都市快报》报道《临安龙门秘境之秘 村落景区运营师用奇思妙想开启乡村试验》。
8月12日	临安区文旅局与青山湖街道共同举办村落景区运营座谈会，启动乡村运营青山湖区块集群运营工作。

日　期	事件内容
9月2日	临安区龙门秘境村落景区入选第二批全国乡村旅游重点村名单。
9月10日	"浙江省新时代乡村文旅运营专题研讨会"在临安召开，来自全省的文旅部门负责人、专家学者、乡村旅游重点村负责人、运营商代表和媒体记者近百人与会，会议代表现场考察了文武上田、天目月乡、龙门秘境3个村落景区运营情况，会议重点推介了临安村落景区市场化运营模式，受到各方代表的高度评价和点赞。浙江省文旅厅副厅长杨建武到会做"乡村文旅运营工作"专题讲话。
9月17日	在江山市召开的"全省文化和旅游项目暨全省乡村旅游推进会"上，临安区文旅局介绍乡村运营经验，浙江省文旅厅厅长褚子育在讲话中高度评价临安做法，并向全省文旅系统推广临安模式。
9月29日	太湖源镇红叶指南村落景区与杭州临安太湖源生态旅游有限公司签约运营。
9月29日	昌化镇上营村村落景区与杭州智鱼研学科技有限公司签订整村运营框架协议。
10月19日	临安区村落景区运营营销中心成立后的首次活动：首届"七彩金秋"临安乡村来嬉节启动，并推出6条秋季旅游线路。
10月23日	杭州电视台综合频道《今日关注》报道《临安：巧用乡村运营　助推乡村旅游》。
10月27日	第2期"临安乡村运营十人谈"沙龙会在湍口镇醒山书院举行，沙龙会以"村落景区和乡村文创"为主题，来自乡村运营、文创设计等不同行业的专家学者从不同角度展开探讨。
11月11日	杭州市农业农村局党组成员、副局长娄火明一行调研临安区高虹镇龙门秘境村落景区运营工作，先后考察调研石门老街、垄上行民宿等相关业态，与临安区文旅局、农业农村局、龙门秘境村落景区运营商座谈交流。
11月30日	第3期"临安乡村运营十人谈"沙龙会在青山湖街道云川阁民宿举行，沙龙会以"村落景区如何实现产业融合"为主题，来自乡村运营、文创设计等不同行业的专家学者以及青山湖街道6位村支部书记从不同角度展开探讨，由此引发青山湖街道6位村支部书记招引乡村运营师的新闻发布会。
12月3日	浙江省委办公厅、省政府办公厅印发了《村级集体经济巩固提升三年行动计划》，首条推广杭州市临安区村庄经营做法。
12月3日	临安区村落景区运营营销中心例会暨年俗节活动研讨会在金诺传媒公司举行，临安区文旅局有关领导参会指导，特邀浙江农林大学国际教育学院、红叶指南村落景区参会指导。
12月9日	浙江省委副书记、省长郑栅洁在省管领导干部学习贯彻党的十九届五中全会精神集中轮训班上提到临安村庄经营做法："像杭州的临安区，积极推进'村庄经营'，在理顺产权的基础上，引进专业运营团队，充分盘活山水资源，探索出乡村振兴的有效路径。"
12月23日	临安区青山湖街道招引乡村运营师新闻发布会在青山湖中都大酒店举办，青山湖街道一举推出6个村落景区招引"乡村运营师"，并在会上同步发布了青山湖街道"乡村运营师"招商服务承诺书。

续表

日 期	事 件 内 容
12月23日	临安区委副书记、代区长杨国正赴潜川镇青山殿村，指出"不断提升乡村经营能力，更好地将美丽资源转换为美丽经济"。
12月30日	第4期"临安乡村运营十人谈"沙龙会在太阳镇太源村临山栖民宿举行，沙龙会以"如何从一家民宿到一个村落的运营"为主题，来自乡村运营、文创等行业的专家学者从不同角度展开探讨。

2021 年

日 期	事 件 内 容
1月1日	《人民日报》海外版刊发浙江临安招募乡村运营师的报道。
1月3日	浙江农林大学副校长吴家胜、国际教育学院院长赵有华等与临安区文旅局在湍口举行"2021·区校合作村落景区运营座谈会"。
1月7日	《中国旅游报》大篇幅报道《浙江临安：乡村运营师带来新思路新活力》。
1月18日	临安区青山湖街道召开乡村运营方案汇报交流会，听取各运营团队汇报乡村运营思路方案，共有13家运营团队参加此次交流会。
1月23日	中央电视台《焦点访谈》栏目报道临安村落景区市场化运营做法，重点报道了临安乡村运营师的概念和龙门秘境村落景区的运营做法。
1月25日	《文旅中国》文化月刊报道《临安："村庄经营"是实现乡村振兴的有效路径》。
1月27日	第5期"临安乡村运营十人谈"沙龙会在天目山镇徐村村举行。本期沙龙以"乡村运营商如何在村落运营中实现盈利"为主题，从不同角度展开探讨。
2月2日	浙江卫视《今日评说》栏目报道乡村运营师在临安乡村运营中发挥重要作用。
2月3日	浙江·临安"天目村落"品牌发布会在北京举行。临安区委副书记杨泽伟接受《瞭望》杂志专访，解读临安乡村运营模式的特点、对乡村振兴的意义以及可复制性。发布会上，临安区委常委、宣传部部长李赛文，临安区副区长鲁一成分别介绍临安村落景区市场化运营模式、天目村落品牌战略。
2月20日	青山湖街道召开村落景区运营签约洽谈会，6个村的书记与意向运营团队现场就合作内容细节进行讨论。现场共有10多家运营团队参加此次洽谈会。
3月3日	《人民日报》海外版报道临安乡村运营模式：《乡村游创"金字招牌"》。
3月3日	浙江省文旅厅在余杭区青山村举办全省乡村文旅运营大讲堂，临安区文旅局有关领导参加乡村运营对话。
3月8日	全国人大代表孙军将临安乡村运营的做法作为建议案提出。
3月10日	青山湖街道举行村落景区运营框架合作协议签约仪式，杭州森活文旅、杭州万丈文旅、浙悦文旅、宝智艺文化、临妹妹农业、矩想文化等6家运营商分别与洪村村、孝村村、青南村、郎家村、朱村村、研里村签订了运营框架合作协议。
3月12日	西安市农业农村局局长裴靖瑜一行来临安考察交流乡村运营工作。

续表

日　期	事　件　内　容
3月14日	"澎湃新闻"报道《乡村振兴：临安"村庄运营"是一个创举》。
3月20日	国家发展改革委研究员、住房和城乡建设部专家乔润令在授课中将临安乡村运营模式作为典型案例。
3月23日	临安区文旅局召开《临安乡村运营（村庄经营）导则》评审研讨会。
3月24日	绍兴市委组织部、文旅局、农业农村局组织区县市部分乡镇书记和村干部共80余人，来临安考察交流乡村运营工作，并在临安中都大酒店举办"乡村运营大讲堂"。临安区文旅局和乡村运营师进行了经验分享和交流。
3月26日	板桥镇花戏村村委会与杨家大院民宿业主、杭州兆丰年文化产业发展有限公司签订乡村运营框架合作协议。这是临安第一个由三方共同签订的乡村运营合作协议。
3月30日	《中国旅游报》报道《浙江临安："村落景区运营"激活乡村振兴内生动力》。
3月30日	在全省文化和旅游资源开发培训班上，临安区文旅局就《乡村运营"临安模式"的实践与分享》进行经验分享。
4月5日	武义县农业农村局组织全体干部职工学习村落景区市场化运营"临安经验"。
4月12日	临安区文旅局组织专家组对青山湖街道乡村运营开始进行每周2次的专家"把脉问诊"工作。
4月12日	《杭州新闻联播》连续2天报道临安区青山湖街道乡村运营工作。
4月14日	《小康》杂志社副社长赖惠能一行调研龙门秘境、花戏村村落景区，与临安区文旅局进行运营工作座谈，对临安乡村运营模式给予充分肯定。
4月16日	临安区文旅局举行"乡村运营专家圆桌会"，聚焦乡村运营热门主题，提出"临安十一问"。浙江省人民政府咨询委员会乡村振兴部部长陈荣高等15位专家为乡村运营建言献策。
4月20日	《钱江晚报》整版报道《乡村运营应与村民共存共生》。
4月21日	临安乡村运营做法入选新华通讯社《内参选编》乡村振兴地方工作经验案例。
5月3日	中央电视台《新闻联播》报道临安龙门秘境村落景区石门老街体验项目。
5月7日	临安区文旅局召开红叶指南村落景区运营"问诊"座谈会。
5月13日	萧山区文旅局组织相关镇街一行27人，来临安学习交流村落景区运营经验，考察天目月乡村落景区，并与临安区文旅局及运营商代表座谈交流。
5月14日	湖北省枝江市委书记贾立一行考察龙门秘境、红叶指南村落景区，并专门举行座谈会，就临安乡村运营的做法进行了细致交流，临安区副区长王栋陪同考察。
5月17日	临安区文旅局在青山湖街道青南村召开青年乡贤座谈会，探讨如何实现知识青年在乡村的价值。
5月18日	临安区文旅局组织第三方专家组对青山湖街道6家满2个月试运营期的运营商进行工作绩效考核，其中5家运营商考核合格。

续表

日　期	事　件　内　容
5月18日	青山湖洪村第一届"洪运家宴"厨艺大赛举行，为洪村"一桌菜"独立旅游产品的推出进行预热。
5月21日	余杭区农业农村局相关负责人及7位乡村职业经理人来临安考察天目月乡村落景区，与临安区文旅局相关领导及临安乡村运营师代表就乡村运营进行交流。
5月25日	2021"天目村落·花戏台"乡村运营论坛在板桥镇花戏村举行。
5月26日	临安区文旅局赴於潜镇潜东村，与运营商座谈交流乡村运营工作。
5月28日	小康杂志社来临安走访调研乡村运营工作，与临安区文旅局、运营商代表进行座谈交流。
5月31日	由临安区文旅局、浙江农林大学乡村运营研究所共同主办的第6期"临安乡村运营十人谈"沙龙会在板桥镇花戏村举行，本期活动以"运营商如何招引投资商"为主题展开深度对话。
5月31日	临安《乡村运营（村庄经营）导则》评审会在临安区文旅局举行，评审专家对导则各章节内容给出了具体的建议和评审意见。
6月7日	临安《乡村运营（村庄经营）导则》正式发布，首个乡村运营地方标准正式出台。
6月7日	青山湖街道举行第三次乡村运营工作例会，会上发布了《临安区青山湖街道乡村运营业态资金补助实施细则（试行）》，从乡村旅游基础业态、乡村文创产品与标识、宣传推广活动、公共基础设施等4大类8小类各方面明确奖补范围和申报程序。
6月18日	临安区文旅局率专家组在青山湖街道举行运营合作协议答疑会，为5个村的村支部书记及运营商就合作出资方式、股份比例、工作职责等进行具体解释。
6月18日	临安区文旅局有关领导赴北京参加中国农村合作经济管理学会乡村建设专委会成立仪式。
6月22日	遂昌县农业农村局领导带队来临安考察交流乡村运营工作，先后考察龙门秘境村落景区龙上村、石门村，并与临安区文旅局进行座谈交流。
6月24日	杭州村社通企业管理有限公司与朱村村落景区签订运营框架合作协议。
6月28日	临安区文旅局举行《2021临安文旅产业高质量发展实施方案》专家研讨会，专家就临安旅游产业提质升级建言献策。
6月30日	第7期"临安乡村运营十人谈"沙龙会在浙江农林大学衣锦校区举行，专家围绕"一个村如何通过运营把旅游做起来"展开深度对话，四川省甘孜州乡村振兴局局长陶勇应邀参加。
7月12日	临安区文旅局组织浙江农林大学乡村运营研究所、村落景区运营营销中心相关专家，现场走访上田村，为运营商"把脉问诊"，围绕旅游线路、业态发展、旅游氛围、文化品牌等方面提出具体举措建议。临安区文旅局创新专家"问诊"制度落实"三服务"的相关做法得到了临安区委书记童定干的批示肯定。
7月16日	《中国三农报道》栏目播出《浙江杭州："村落景区运营"让乡村旅游更具活力》。

续表

日 期	事件内容
7月21日	临安区文旅局赴潜川镇青山殿村进行"把脉问诊",与镇村干部、农家乐民宿业主等座谈交流,就重振"深山渔村"旅游发展进行现场指导。
7月30日	第8期"临安乡村运营十人谈"沙龙会在浙江农林大学衣锦校区举行,临安区文旅局与浙江农林大学、浙江大学有关教授和学生、运营专家、运营商负责人等共话"临安乡村运营模式"。
8月4日	白水涧村村落景区与浙江子皮文化艺术有限公司签订运营框架合作协议。在临安乡村运营的氛围影响下,此次签约的运营商是由该村村支部书记主动招引驻村运营。
8月7日	临安乡村运营作为案例被新华社报道。文中提到,村庄需要专业的乡村运营人才注入新理念,增强农村的旅游吸引力和市场竞争力。自2017年临安区探索村落景区市场化运营以来,通过引进乡村运营师,村庄的风景更秀丽,管理更规范。
8月10日	浙江工商大学旅游与城乡规划学院副院长陈觉带队来临安调研乡村运营工作,先后考察青山湖街道洪村、郎家村村落景区,并与临安区文旅局、青山湖街道进行座谈交流。
8月12日	由临安区文旅局、青山湖街道共同主办的"临安区青山湖街道'微改造、精提升'乡村运营项目研讨会"在青山湖街道洪村村召开。浙江工业大学等高校的专家教授通过座谈研讨的形式,探讨"微改造、精提升"的青山湖实践路径。杭州市文旅局党组副书记、副局长赵弘中到会,并提出具体指导意见。
8月13日	临安区文旅局对2019年度、2020年度村落景区运营工作进行考核。2021年重新修订的《临安区村落景区运营考核办法》也同时发布。
9月1日	杭州市人民政府办公厅、杭州市人民政府研究室《调查研究》刊载了区长杨国正的署名文章《"村庄经营"模式的探索与思考》。
9月6日	浙江省农业农村厅印发《农业农村领域高质量发展推进共同富裕重点任务清单和突破性抓手清单、重大改革清单和典型案例清单》的通知。其中,临安乡村运营做法入选共同富裕典型案例。
9月11日	洛阳市召开全市乡村振兴工作会议,全面启动乡村运营工作,河南省委常委、洛阳市委书记江凌出席会议并讲话。临安区文旅局副局长陈伟洪应邀参加会议,并作了题为"乡村运营:实现乡村振兴的有效路径"的专题报告。
9月13日	《洛阳日报》头版发表记者评论文章《乡村运营,让"美丽资源"变身"美丽产业"》,大篇幅报道临安乡村运营做法。
9月17日	青山湖街道孝村村落景区与杭州毅达建筑咨询有限公司签订运营框架合作协议。
9月18日	洛阳市宜阳县委副书记、代县长张丽娟一行考察龙门秘境、文武上田村落景区,并举行座谈会,就临安乡村运营的做法进行了细致交流。
9月24日	"乡村运营联盟"微信群成立,为有志于乡村运营的专家学者、乡村运营师、媒体从业者、策划专业人士提供了一个探讨、交流的平台。

续表

日 期	事 件 内 容
9月28日	第9期"临安乡村运营十人谈"沙龙会在文武上田村落景区上田喜月民宿举行，各位专家围绕临安乡村运营的"可复制、可推广"，再谈乡村运营"临安模式"。
9月28日	2021·杭州青山湖乡村"网红打卡点"设计大赛正式启动，共推出了6个村落景区，面向全社会公开征集乡村运营相关空间、景观、业态设计方案作品。
10月5日	中央电视台《新闻联播》《朝闻天下》《第一时间》等栏目报道国庆长假期间临安红叶指南等村落景区乡村游的火热场景，红叶指南运营商接受了中央电视台记者采访。
10月5日	《中国旅游报》刊发《激活乡村"沉睡"资源 助力共同富裕》《乡村运营并非一帆风顺 但村民已经被"撩"起来了》的报道。聚焦临安乡村运营在青山湖街道集群式推进的特色做法。
10月12日	第10期"临安乡村运营十人谈"沙龙会在青山湖街道举行，围绕"艺术如何赋能乡村运营"展开探讨与交流。
10月22日	洛阳市嵩县县委书记宗玉红一行到龙门秘境村落景区专题考察乡村运营工作，并与区文旅局、村落景区运营商负责人进行座谈交流。
10月25日	昌化镇云上白牛村落景区与杭州闻远科技有限公司签约运营。
10月26日	《杭州新闻联播》报道临安开展乡村市场化运营，唤醒乡村的沉睡资源，打造丰富的乡村产业，实现村集体、村民收入显著增加。
10月26日	青山湖街道洪村"洪运家宴"正式开张，第一天共接待了40人的团队。
10月27日	第11期"临安乡村运营十人谈"沙龙会在湍口暖泉村落景区醒山书院举行，围绕"乡村运营如何发挥青年乡贤的作用"展开深度的探讨。
11月4日	绍兴市柯桥区委组织部、区农业农村局、湖塘街道等一行来临安考察乡村运营工作，与临安区文旅局有关负责人、龙门秘境村落景区运营商座谈交流。
11月18日	2019、2020年度临安村落景区运营考核结果出炉，各有5家运营单位通过考核，获得20万～80万元不等的奖励。
11月19日	临安区文旅局制定乡村运营难题"一周一报"制度，各运营商在运营工作中遇到的困难和需要解决的问题，每周一上报，由区文旅局协调解决。
11月23日	临安区文旅局召开郎家村乡村运营文旅项目落地推进会。
11月24日	《经济日报》推出"共同富裕看浙江"系列报道，第一期以"乡村运营激活山乡经济"为题，报道临安乡村运营模式。
11月24—25日	10余家中央及省市媒体记者举行"乡村运营看临安"媒体采风活动。
11月24日	《经济日报》把临安乡村运营做法写进《乡村运营激活山乡经济》报道。
11月25日	临安区文旅局成立"临安乡村运营新媒体联盟"。
11月25日	《浙江日报》专版刊发《精思巧构 绣制美好	临安以旅游业"微改造、精提升"打开乡村运营新局面》。

续表

日 期	事 件 内 容
11月30日	浙江省文旅厅资源开发处等领导调研临安乡村运营工作。
12月1日	临安出台全国首部乡村运营地方标准——《村庄经营（乡村运营）导则》。
12月1日	临安区文旅局组织专家赴青山湖街道朱村现场"把脉问诊"。
12月6日	临安区文旅局及运营专家与洪村运营商、村干部、村民等"围炉夜话"，激发厨娘热情。
12月9日	青山湖街道朱村村委会与运营商签订正式运营合作协议。
12月9日	临安区文旅局组织专家到孝村实地踏勘业态，现场解决运营难题。
12月9日	新华网发表浙江省文旅厅资源开发处林卫兴处长文章《浙江乡村旅游：绘就新时代中国美丽乡村共富新图景》，文中提到临安乡村运营做法。
12月15日	临安区文旅局组织专家到青南村现场"问诊"，加速推进运营工作。
12月15—16日	杭州市文旅局局长楼倻捷带队来临安专题调研乡村运营。
12月17日	浙江省文化和旅游厅发布《浙江景区村庄文旅运营实施意见（试行）》。
12月17日	在福建省龙岩市永定区举办的全国乡村旅游工作现场会上，文化和旅游部党组书记、部长胡和平参观临安乡村运营模式展览，现场听取国家文旅部资源开发司副司长徐海军关于临安乡村运营特色做法的介绍。
12月22日	中国县域经济网报道《临安乡村运营模式如何运行？》。
12月22日	《临安乡村运营汇编》（第一版）编印出炉。
12月24日	临安乡村运营模式登上教育部中外语言交流合作中心平台。临安区文旅局副局长陈伟洪以"感知中国·乡村振兴"为主题，面向国际介绍临安乡村运营模式的实践和成效。
12月27日	乡村运营师娄敏入选2021年度国家文旅部乡村文化和旅游能人。
12月27日	《文化月刊》杂志报道《乡村振兴的"运营新路径"：解码临安模式》。
12月29日	临安区文旅局、浙江农林大学乡村运营研究所举办第12期"临安乡村运营十人谈"沙龙会。
12月30日	浙江省旅游协会乡村文旅振兴分会成立大会暨第一次会员代表大会在杭州举行。

2022 年

日 期	事 件 内 容
1月4日	临安区文旅局组织专家赴青山湖街道朱村现场"把脉问诊"。
1月6日	《中国县域经济报》报道《乡村运营看临安》。
1月12日	《中国旅游报》报道《用市场化手段"雕琢"美丽乡村》。
1月13日	临安区文旅局副局长陈伟洪受邀为广东省农业农村厅组织的美丽乡村运营官培训班作《乡村运营，实现乡村振兴的有效路径》授课。

续表

日 期	事 件 内 容
1月17日	临安区文旅局指导朱村举办乡村厨娘土菜大比拼暨乡村厨娘会成立活动。
1月18—20日	临安举办首届"天目村落"乡村田家生活节。
1月29日	临安区文旅局到青南村，指导运营商召开青年乡贤座谈会，夜话乡村运营。
2月16日	临安区文旅局召开天目村落市场化运营座谈会，运营专家、乡村运营商以及有意向运营的公司参加座谈，畅谈乡村运营做法。
2月25日	临安区文旅局副局长陈伟洪在浙江农村环境研究所主办的"浙江省农旅融合乡村运营研讨会"上介绍临安乡村运营模式。
2月3日	《浙江新闻联播》报道临安首届"天目村落"乡村田家生活节。
3月23日	朱湾村经济合作社与运营商签订运营合作协议。
4月5日	临安区文旅局副局长陈伟洪接受上海人民广播电台"长三角之声"访谈：《乡村运营师能够带来乡村哪些改变》。
4月7日	临安区文旅局组织专家赴青山湖街道洪村调研村落景区运营工作。
4月9—10日	杭州电视台《杭州新闻联播》以"再访青山湖"为题，连续两天首条新闻报道临安区青山湖街道6个村乡村运营实践工作。
4月10日	临安区文旅局赴青山湖街道洪村调研，现场"把脉问诊"运营工作。
4月15日	临安区文旅局召开第45期村落景区工作例会和第13期"临安乡村运营十人谈"沙龙会，围绕主题"乡村运营商如何实现自我盈利"展开探讨。
4月16日	太阳镇太源村召开首次青年乡贤座谈会。
4月19日	临安区文旅局组织专家"把脉问诊"青南村。
4月26日	临安秘境星空线两天一夜自驾游线路荣获"2021浙江共享共富十佳自驾旅行精品线"。
4月27日	在临安区文旅局指导下，朱村运营商举办"诗溢朱村回乡青年创业论坛暨青年乡贤会成立"活动。
4月28日	在临安区文旅局指导下，朱湾村运营商组织举办乡村庭院经济运营研讨会。
4月28日	云上白牛村落景区成立乡村厨娘会。
5月5日	《实现共同富裕的一条有效路径——杭州市临安区乡村运营模式的调查与思考》在浙江省人民政府咨询委员会简报《咨询研究》上发表（作者陈荣高、陈伟洪）。
5月7日	浙江省常务副省长徐文光为临安乡村运营模式做出长篇批示。
5月10日	中国新闻社浙江分社严格副社长一行到青山湖街道调研乡村运营开展情况。
5月11日	中国新闻网《浙江新闻》栏目以"乡村运营师在杭州临安：成功不在引进项目多少 带动村民共富是关键"为题报道临安乡村运营开展情况。
5月12日	临安区委书记杨国正赴青山湖街道调研乡村运营和文物保护工作。
5月12日	2022"天目村落"运营招商新闻发布会在青山湖畔举办，再次面向全球发出"邀请函"，招募乡村运营师（团队）。

续表

日 期	事 件 内 容
5月13日	临安区委书记杨国正赴青山湖街道洪村调研乡村运营工作。
5月13—15日	运营商招募新闻发布会引发了《人民日报》《浙江日报》《杭州日报》等20余家国家级、省市级媒体以及自媒体的广泛关注和集中报道。
5月15日	《浙江日报》以《乡村业态"活"了起来 临安"天目村落"再招乡村运营师》头版报道临安招引乡村运营师新闻发布会。
5月17日	临安区文旅局组织专家赴太湖源镇红叶指南村"把脉问诊"乡村运营工作。
5月19日	《人民日报》海外版头版报道《浙江省杭州市临安区"天目村落"全球招募乡村运营师》。
5月20日	临安区委书记杨国正在《人民日报》专访中指出"以村庄经营推进'两进两回'的经验做法写入省政府工作报告,乡村旅游成为强村富民的'钱袋子'"。
5月24日	在"全省乡村人才振兴工作推进会"上播放的乡村人才专题片,提到源于临安的新名词——乡村运营师。
5月27日	第46期乡村运营工作例会及第14期"临安乡村运营十人谈"沙龙会在青山湖街道郎家村召开主题为"乡村文旅设计如何赋能乡村运营"。
5月30日	浙江卫视《新闻深一度》报道临安乡村运营师做法。
5月31日	临安区获杭州市首批"浙江省郊野度假目的地"称号。
6月1—2日	中国新闻社组织的临安"天目村落"品牌推广暨乡村运营专家调研在临安举行。
6月3日	中国新闻社报道《临安乡村运营做对了什么》。
6月3日	浙江清华长三角研究院智库中心、清华大学区域发展研究院赴临安专题调研乡村运营,探索共同富裕新路径。
6月10日	2022临安乡村运营"相亲"大会第一场在职工之家607会议室热闹开启。
6月12日	《经济日报》报道《浙江临安——蹚出美丽乡村的运营新路》。
6月13日	《经济日报》大篇幅报道临安乡村运营模式。
6月16日	《小康》·中国小康网报道《美丽乡村转化为"美丽经济"的临安实践》。
6月24日	由临安区文旅局出品的《临安乡村运营宣传册》编印完成。
6月24日	浙江省住房和城乡建设厅印发的《浙江建设》,全文刊发浙江省人民政府咨询委员会乡村振兴部部长、省政协原秘书长陈荣高和临安区文旅局陈伟洪共同撰写的《实现共同富裕的一条有效途径——杭州市临安区乡村运营模式的调查与思考》调研报告。
6月29日	中国新闻网报道《海外专家"云"聚浙江临安 为中国乡村文旅运营发展献策》。
6月29—30日	临安"天目村落"品牌推广暨长三角乡村运营论坛在临安举行。
7月1—3日	临安"天目村落"品牌推荐暨长三角乡村运营论坛吸引众多媒体关注,相关报道合计22篇。

续表

日 期	事 件 内 容
7月4日	《今日临安》头版头条报道《海内外专家齐聚献策 临安再招乡村运营体验师》。
7月6日	临安区文旅局副局长陈伟洪受邀为四川省遂宁市乡村振兴局组织的培训班做"乡村运营思维与实践思考"主题课程分享。
7月7日	临安区文旅局副局长陈伟洪受邀为衢州市农业农村局组织的培训班做临安乡村运营模式主题课程分享。
7月8日	浙江大学博士团来临安调研乡村运营模式。
7月17日	临安区文旅局副局长陈伟洪应邀参加浙江省城乡规划设计研究院园林设计所活动,分享临安乡村运营做法。
7月20日	浙江省文化和旅游厅党组书记陈广胜在浙江省乡村旅游高质量发展大会上肯定临安乡村运营做法。
7月21日	中国新闻社报道《浙江乡村观察:"千村一面"乡村旅游如何破局》,为推动乡村旅游高质量发展,浙江省文化和旅游厅党组书记陈广胜提炼6组关键词,其中,运营经营为关键之招。
7月21日	受广州乡村振兴机构邀请,临安区文旅局副局长陈伟洪通过视频的方式,为广州"乡村运营青年CEO培育·蜜蜂计划"的50名乡村CEO全面分享了临安乡村运营模式。
7月24日	临安乡村运营做法获浙江省文化和旅游厅党组书记陈广胜批示。
7月27日	2021年度"临安乡村运营"考核经第三方机构实地验收打分,洪村村、红叶指南、朱村村、云上白牛、湍口暖泉、郎家村、青南村7个村落运营通过考核。
7月28日	临安区文旅局召集上营村和杭州七康公司共商乡村运营合作事宜。
7月28—29日	首批"乡村运营体验师"十人团活动在临安顺利举办。
8月1日	中国新闻社发文《杭州临安乡村运营体验记:乡村运营需要什么样的人才?》《浙江临安乡村运营体验记:乡村运营师激活了内生动力》,报道"乡村运营体验师"十人团活动。
8月2日	临安区文旅局组织运营专家"把脉"红叶指南村。
8月2日	宜兴市委组织部、宜兴环科园等考察组来临调研临安乡村运营做法。
8月3日	吉林省文化旅游厅一行来临安考察天目村落。
8月5日	临安区文旅局召开第15期"临安乡村运营十人谈"沙龙会暨乡村运营商招引座谈会。
8月5日	"山海协助 共同富裕",临安区和龙游县举办乡村运营座谈交流会。
8月9日	富阳区副区长俞小康率区农业农村局、区文旅局一行考察临安乡村运营。
8月15日	太阳镇太源村经济合作社和杭州临安沐乡旅游开发有限公司签约。
8月19日	临安区文旅局举办2022年临安区第一期民宿共富师帮扶培训班,首批民宿共富师高爱芬、张雁、罗云妍进行分享,洪村、朱湾村等50余名村民参加培训。

续表

日　期	事　件　内　容
8 月 23—24 日	杭州市共富办和杭州师范大学公管学院共富调研组来临安调研乡村运营、村落景区工作，并实地走访 4 个运营村落。
8 月 25 日	临安区文旅局召开第 47 期乡村运营工作例会。
8 月 25 日	乡村运营师培训班在区文旅局会议室召开，区文旅局及专家组从乡村运营思维、乡村运营手法等方面进行培训。
8 月 27 日	安徽庐江县举办 2022 乡村运营商招募大会，庐江县文旅局与临安区文旅局签订结对共建战略合作协议。陈伟洪被庐江县政府聘为乡村运营总顾问。
9 月 3 日	安徽省村社发展促进会、浙江省旅游协会乡村文旅振兴分会在合肥共议乡村运营话题。
9 月 8 日	杭州市委政策研究室领导带队赴龙门秘境等村落景区调研临安乡村运营情况。
9 月 8 日	2022 年庐江县乡村运营、乡村旅游培训班在临安龙门秘境举办。
9 月 11 日	安徽庐江县考察团来临安考察交流乡村运营做法。
9 月 12 日	百度百科、快懂百科收录"临安乡村运营模式""乡村运营师"词条。
9 月 16 日	浙江省文化和旅游厅党组副书记、副厅长芮宏在浙江乡村文旅运营大讲堂上做"创新制胜·走在前列"讲话，指出临安是最早提出村落乡村运营的。
9 月 17 日	2022 年浙江省文旅厅在宁海举办全省乡村文旅运营培训班，临安区文旅局副局长陈伟洪在培训班上进行乡村运营课程分享。
9 月 20 日	河南省文化和旅游厅一行来临安考察乡村运营模式。
9 月 20 日	央视频播报临安乡村运营师。
9 月 21 日	临安区文旅局"把脉问诊"朱湾村。
9 月 21 日	临安区文旅局举办第 16 期"临安乡村运营十人谈"沙龙会，题为"一个'三无'村如何才能运营起来"。
9 月 24 日	浙江省乡村文旅设计师智库在临安成立，当天还举行了"文旅设计在乡村"研讨会。杭州市文旅局副书记、副局长赵弘中参加研讨会。
9 月 26 日	安徽黟县政府考察团一行来临安考察乡村运营。
9 月 28 日	安徽省休闲农业和乡村旅游协会负责人、北京绿十字顾问、安徽宝坤集团董事长、安徽承宏设计公司创始人等一行来临安考察交流乡村运营做法。
9 月 29 日	中央电视台新闻频道《共同关注》、中文国际频道《中国新闻》纷纷报道临安乡村游、户外火热场景。
9 月 28 日	由浙江大学管理学院吴茂英副教授、张镁琦老师，浙江外国语学院文化和旅游学院沈旭炜老师，临安区文旅局副局长陈伟洪等撰写的文章《景区村庄从建设到运营的浙江经验》被文化和旅游部主办的《文化和旅游决策参考》2022 年第 7 期（总第 7 期）刊用。
9 月 30 日	在中共杭州市临安区委举行的"杭州这十年·临安"主题新闻发布会上，区委书记杨国正介绍"村庄经营"临安模式，回答中央广播电视总台记者提问。

续表

日　期	事　件　内　容
10 月 10 日	临安区文旅局组织专家"把脉问诊"洪村村。
10 月 11 日	临安区文旅局组织专家"把脉问诊"朱村村。
10 月 12 日	上营村经济合作社和浙江上营美丽乡村运营管理有限公司签订试运营合作协议。
10 月 12 日	杭州市文旅局发文推广临安乡村运营经验做法。
10 月 14 日	由浙江工商大学副教授管婧婧、临安区文旅局副局长陈伟洪撰写的《发挥乡村运营在乡村旅游中的作用》在《中国旅游报》发表。
10 月 18 日	临安乡村运营案例登上国际顶级期刊。浙江大学吴茂英团队历时两年研究指南村及其代表的临安乡村运营模式成果发表在旅游领域的国际顶级期刊 *Journal of Travel Research*（《旅游研究杂志》）上。
10 月 24 日	临安区文旅局组织专家"把脉问诊"太源村。
10 月 26 日	临安区文旅局在龙门秘境召开第 48 期运营工作例会、第 17 期"临安乡村运营十人谈"沙龙会。
10 月 26 日	读城杭州"五色行"之"绿色共富之旅"，走进临安调研乡村运营。
10 月 27 日	河南省焦作市文旅局第一期"焦作文旅讲堂"正式开讲，临安区文旅局副局长陈伟洪应邀进行线上分享。
11 月 3 日	乡村运营师周静秋入选文化和旅游部 2022 年度"乡村文化和旅游带头人"。
11 月 6 日	临安乡村运营师娄敏入选 2022 杭州生活品质点评年度榜单。
11 月 10 日	华东理工大学徐敏博士等来临安调研乡村运营模式。
11 月 10 日	宜兴市委党校、文旅局领导一行来临安专题调研乡村运营模式。
11 月 17 日	《中国旅游报》专版报道《杭州临安引进乡村运营师让乡村发展有"里"有"面"》。
11 月 17 日	临安民宿小集群促进共富做法在浙台民宿产业和休闲农业线上交流会上分享。
11 月 19 日	浙江《发展规划研究》2022 年第 9 期刊发《实现共同富裕的一条有效路径——杭州市临安区乡村运营模式的调查和思考》。
11 月 24 日	临安区文旅局副局长陈伟洪受邀为保定市旅游协会举办的"乡村旅游品质提升工程线上经验分享"进行临安乡村运营做法分享。
11 月 27 日	杭州电视台"新闻 60 分"深度报道临安乡村运营《莫让乡村运营成一时热》。
12 月 2 日	临安区文旅局及专家组到昌化镇白牛村实地考察文旅业态发展情况。
12 月 6 日	临安区文旅局组织专家赴昌化镇上营村"把脉问诊"运营工作。
12 月 6 日	临安区文旅局组织专家对太阳镇太源村乡村运营进行试运营阶段工作考核。
12 月 7 日	临安区文旅局举办第 18 期"临安乡村运营十人谈"沙龙会，召集想加入临安乡村运营的公司畅谈"如何进入一个村落开展乡村运营"。
12 月 9 日	临安区文旅局举办第 19 期"临安乡村运营十人谈"沙龙会，与会专家、学者、运营商畅谈"乡村运营，政府如何构建'跳起来摘桃子'的奖励机制"。

续表

日 期	事 件 内 容
12月23日	国家发展改革委《共同富裕动态》第15期《共富案例》栏目刊登《浙江杭州临安："乡村运营"走出共富新路径》的信息。
12月26日	云上白牛村落景区签约杭州星玥文旅开展乡村运营。

2023 年

日 期	事 件 内 容
1月3日	临安乡村运营模式作为案例写入《解码乡村振兴之浙江样本》
1月10日	"天目叠翠 吴越千年"临安区首届年俗文化旅游节暨田家生活节在6个村落景区相继举办。
1月12日	《浙江临安"村庄经营"探索共富新路》一文刊发在第14期《支持浙江高质量发展建设共同富裕示范区工作简报》上，向全国推广临安"村庄经营"做法。
1月18日	陈伟洪撰写的文章《乡村运营启新程》在《人民日报》海外版"2023，中国旅游拥抱'美好年'"专版发表。
1月20日	《临安"村庄经营"探索共富新路》一文被国家发展改革委以《信息专报》形式呈报中央办公厅、国务院办公厅，并在第14期《国家共富》简报上刊发。
1月28日	《临安乡村运营汇编》（第二版）编印完成。
2月3日	《中国日报》向世界推介临安乡村运营实践。
2月9—10日	江西省安义县委书记一行来临安考察乡村运营做法。
2月14日	在太阳镇太源村，临安区文旅局组织召开第49期临安乡村运营工作例会，以及第20期"临安乡村运营十人谈"沙龙会。
2月17日	开化县文旅局局长一行来临安考察交流乡村运营。
2月28日	重庆市忠县文旅局局长考察临安乡村运营。
3月2日	临安乡村运营协会成立筹备会议召开。
3月9日	临安区文旅局组织临安旅行社助力乡村运营洽谈会。
3月28日	安吉县文旅局副局长组织镇村考察团来临安考察交流临安乡村运营模式。
3月28日	临安乡村运营案例收录至中国管理案例共享中心案例库。
3月29日	临安区文旅局组织召开临安区民宿经济高质量发展大会。
4月1日	中国新闻社报道《临安百丈探雪村落景区亮相 专家共话乡村运营》。
4月7—8日	江苏泰兴市考察团考察学习临安乡村运营模式。
4月13日	广西壮族自治区县（市、区）党政正职专题研讨班赴临安龙门秘境考察，并举行乡村振兴交流会。

续表

日　期	事　件　内　容
4月13日	国家发展改革委共富现场会临安村庄经营洪村考察点，全国部分省市发展改革委领导考察临安乡村运营做法。
4月18日	第四届临安十大乡村家宴大赛在於潜镇杨洪村举办。
4月19日	湍口镇湍源村村落景区与杭州临安旅游集散中心有限公司签订整村运营合作协议。
4月20日	举办第21期"临安乡村运营十人谈"沙龙会。
4月21日	"潮新闻"以"乡村厨娘忙不停　浙江'一桌菜'经济带来热气升腾的生活"为题报道了临安乡村运营"一桌菜"的运营做法。
4月25日	安徽省含山县召开乡村运营大会，临安区文旅局陈伟洪应邀参加并致辞。
5月1日	中央广播电视总台对临安乡村运营模式进行深度报道。
5月8—9日	安义县政协主席陈伟峰一行赴临安考察调研临安乡村运营做法和经验。
5月10日	遂宁市政府副秘书长刘旭一行赴临安考察调研临安乡村运营做法和经验。
5月11日	杭州市临安区与泰兴市举行乡村运营交流活动暨签订双城旅游联盟合作协议。
5月15日	中央电视台《新闻联播》头条报道浙江"千万工程"，其中重点报道了临安乡村运营模式搭建平台，促进了洪村青年乡贤返乡的案例。
5月19日	龙岗镇桃花溪村村落景区与上海慕果旅游发展有限公司签订整村运营合作协议。
5月19日	新华社《乡村旅游新职人"已就位"　新职业萌发文旅新动能》报道临安乡村运营师。
5月26日	第二届临安"天目村落"乡村运营"相亲"大会在钱王开元名都酒店举办。中央电视台新闻中心记者到会现场采访。
5月31日	央视新闻《朝闻天下》用近15分钟时间播送《高质量发展调研，乡村来了运营师》，深度报道临安乡村运营模式。
5月31日	临安区太湖源镇临目村经济合作社和杭州众神影视文化有限公司签订运营合作协议。
6月2日	杭州市发展规划研究院副院长桂炜一行就临安"天目村落"乡村运营的做法和经验开展调研。
6月2日	临安区文旅局召集朱湾村、逸逸村、临目村、青山殿村运营商，就当前运营中存在的问题和困惑进行"把脉问诊"。
6月4日	中央电视台新闻频道报道《乡村引入运营师，外来的"和尚"如何念好本地经？》。
6月5日	杭州电视台综合频道《城乡相对论》栏目就乡村运营师话题对临安进行专题访谈。陈伟洪、罗星玥接受访谈。
6月11日	陈伟洪应邀为浙江大学MBA学生系统讲述临安乡村运营模式。
6月12日	《焦点访谈》报道临安乡村运营模式，推动了乡村高质量发展。

日　期	事件内容
6月16日	陈伟洪参加在绍兴举办的浙江省发展改革委系统共富研讨会，作为圆桌会嘉宾分享临安乡村运营做法。
6月21日	陈伟洪应邀参加《浙商读书会》，分享临安乡村运营模式。
6月25日	《人民日报》头版头条《一张蓝图绘到底》一文，提及"乡村运营师"概念，这是临安最早提出的概念。
6月30日	临安区区长杨泽伟赴於潜镇逸逸村指导乡村运营工作。
6月30日	临安区文旅局于天目镇九狮村召开第50期临安乡村运营工作例会。
6月30日	临安区潜川镇青山殿村、天目山镇九狮村分别和杭州璟裕科技有限公司、杭州琅嬛投资控股有限公司签订运营合作协议。
7月3日	临安首创"乡村运营"概念入选"中国乡村旅游行业发展分析"。
7月4—5日	临安区文旅局组织专家对湍口镇湍源村、於潜镇逸逸村乡村运营进行试运营阶段工作考核。
7月6日	临安区文旅局组织召开区民宿小集群工作调研会。
7月12日	浙大宁波理工学院等多所高校团队赴临安调研临安乡村运营模式。
7月14—15日	清华大学日新书院调研团队赴临安学习乡村运营模式。
7月14—17日	清华大学"天目曙光"杭州临安调研支队专程赴临安学习乡村运营模式。
7月18日	"乡村运营师"这一临安首创新职业被《经济观察报》报道。
7月18日	临安区文旅局举办民宿及民宿小集群工作座谈会。
7月20日	临安区文旅局副局长陈伟洪应邀赴山东省济南市交流乡村运营做法和经验。
7月21日	杭州师范大学公共管理学院调研团队赴临安学习乡村运营模式。
7月21—22日	临安区文旅局副局长陈伟洪应邀赴河南省兰考县考察交流乡村运营。
7月26—27日	临安区文旅局对逸逸村、桃花溪村、青山殿村和临目村村落景区进行"把脉问诊"。
8月1日	"潮新闻"报道《有了乡村运营师，民宿淡季不淡，看红叶的村成"四季网红"》。
8月2日—5日	中央广播电视总台"共同富裕中国行"采访团走进临安龙门秘境和白牛村，深度采访临安乡村运营做法。
8月8—16日	浙江大学竺可桢学院乡村振兴社会实践队调研临安乡村运营模式，并发表题为"以乡村运营为抓手，寻找乡村振兴新模式"，对临安乡村运营模式进行报道。
8月18日	浙江工商大学"调研浙商"团队赴白牛村调研星钥文旅乡村运营工作。
8月18日	舟山新城管委会朱晓青副主任带队考察临安乡村运营做法，并与临安区文旅局座谈交流。
8月21日	临安区文旅局为朱湾村和逸逸村运营"把脉问诊"。

续表

日 期	事 件 内 容
8月24日	《江南游报》以"让乡村'闲人'有了用武之地"为题深度报道临安乡村运营模式。
8月23日	临安区太阳镇上庄村和杭州须来文化旅游发展有限公司签订运营合作协议。
8月25日	召开临安区乡村运营协会成立大会。临安区副区长祖哈尔,浙江省文旅厅一级调研员吴健芬,杭州市文旅局副书记、副局长赵弘中出席并讲话。
6月26日	清华大学"天目曙光"赴杭州临安调研支队走进临安,调研临安乡村运营模式。
8月27日—9月3日	中央广播电视总台《财经之声》推出系列述评共7篇,深度报道临安乡村运营模式。
8月28日	临安区文旅局副局长陈伟洪应邀通过视频方式为河南省济源示范区党工委农村工作领导小组会议做临安乡村运营模式的报告。
8月29日	临安区委书记杨国正接受《杭州新闻联播》专访,其中谈到临安乡村运营做法。
8月29日	临安区文旅局主持召开第51期临安乡村运营工作例会。
8月30日	"村集体经济发展示范项目与村落运营结合的新样板"主题座谈会在朱湾村举行。临安区文旅局、农业农村局有关负责人参加研讨。
8月31日	临安乡村运营"上下联动、内外共生"模式登上国内自然资源研究权威期刊,作者为浙江大学管理学院吴茂英团队。
9月3日	湖北省十堰市茅箭区区委书记一行考察临安乡村运营模式。
9月5日	临安区文联、区文旅局等"艺术乡建如何赋能乡村运营"座谈会在天目山镇九狮村村委召开。
9月13日	河南省济源示范区农业农村局副局长带队赴临安考察学习临安乡村运营模式。
9月14日	《中国旅游报》访谈陈伟洪:《以乡村运营推动乡村文旅高质量发展》。
9月14日	浙江省高校助力乡村振兴联盟秘书处、浙江农林大学集贤学院创业实训中心团队赴临安区文旅局洽谈乡村运营合作事宜。
9月15日	临安区文旅局副局长陈伟洪在全省高质量发展建设共同富裕示范区培训班上进行临安乡村运营模式分享。
9月20日	临安区锦南街道横岭村和杭州云生商务咨询有限公司签订运营合作协议。
9月22日	临安区乡村运营协会举行乡村运营师招聘面试活动,来自全国各地共12位优秀面试者参加。
9月24日	临安区文旅局副局长陈伟洪应邀参加安吉县《乡村美学与艺术营造》交流会,就乡村运营与乡村美学进行分享。
9月26日	临安区昌化镇双塔村和杭州村邻乡舍科技有限公司签订运营合作协议。
9月27日	临安区文旅局召开第52期临安乡村运营工作例会。
10月4日	河南省南阳市镇平县委书记一行赴临安考察乡村运营做法。
10月12日	"积极推进村庄经营"写入《浙江省委省政府关于坚持和深化新时代"千万工程"全面打造乡村振兴浙江样板实施意见》。

续表

日 期	事件内容
10月17日	湖南省益阳市南县县长一行39人来临安考察"千万工程"做法，学习临安乡村运营经验。
10月17日	临安区文旅局赴上营村、双塔村"把脉问诊"运营工作。
10月18日	浙江大学管理学院吴茂英团队再度调研临安乡村运营模式。
10月20日	临安区文旅局召开第三届"天目村落"乡村运营"相亲会"。
10月21日	在《文旅浙壹说》上发表《乡村多次相亲，只为找到对的人——临安第三届乡村运营"相亲会"侧记》。
10月21日	临安区委书记杨国正、区委副书记李莲萍陪同国家发展改革委社会司副司长、一级巡视员彭福伟到青山湖街道洪村村考察调研。
10月23日	"探索乡村旅游运营新模式，推广临安乡村运营经验"写入《浙江省文化和旅游厅关于实施乡村旅游"五创"行动助力新时代"千万工程"建设的通知》。
10月23日	"汉语桥"泰国中学生"乡村共富"研学营在龙门秘境村落景区开展活动，临安区文旅局副局长陈伟洪介绍临安乡村运营模式。
10月26日	第53期临安乡村运营工作例会召开；第22期"临安乡村运营十人谈"沙龙会召开，主题为"民宿小集群如何助力乡村运营"。
11月1—2日	国务院发展研究中心农村经济研究部副部长张云华研究员赴龙门秘境、洪村村调研临安乡村运营做法。
11月4日	临安新闻报道太阳镇太源村《以乡村运营盘活闲置资源，描绘共富新图景》。
11月4日	"浙江省高质量发展建设共同富裕示范区最佳实践（第三批）"名单出炉，杭州市临安区"村庄经营"模式榜上有名。
11月8日	临安区文旅局赴双塔村、横岭村"把脉问诊"运营工作。
11月16日	临安区文旅局赴上庄村"把脉问诊"运营工作。
11月17日	浙江"潮新闻"报道《洪村的乡村运营是如何做起来的》。
11月17日	临安区文旅局召开临安乡村运营模式专家研讨会，来自浙江省高质量发展共同富裕示范区专家咨询委、浙江省文旅厅、中国新闻社浙江分社、浙江省农科院、浙江大学、宁波大学、杭州师范大学等的专家参加。
11月21日	"临安发布"以"城乡合伙人，一起改变乡村"为题报道临安乡村运营模式。
11月22日	中国新闻网报道《浙江乡村观察：乡村运营人才何处寻？》。
11月22日	临安区文旅局应邀参加"共富富裕中国行"2023主题报告会。临安区文旅局副局长陈伟洪在报告会上做《临安乡村运营模式是推进共同富裕的一条有效路径》的经验分享报告。
11月23日	临安区文旅局赴太源村"把脉问诊"乡村运营工作。
11月24日	临安区板桥镇上田村、花戏村联合与杭州九桥旅游发展有限公司签订运营合作协议。
11月25日	河桥镇秀溪村股份经济合作社与秀溪山水文化旅游公司签订运营合作协议。

续表

日　期	事　件　内　容
11月29日	专家组赴桃花溪村、双塔村、横岭村进行试运营考核。
11月30日	中国乡村运营研究院筹备会第一次会议召开。
11月30日	临安区文旅局召开第54期临安乡村运营工作例会。
12月3日	临安区"村庄经营"探索未来乡村运营机制入选为省级共富最佳实践。
12月6日	文化和旅游部产业项目服务平台交流对接活动，临安区文旅局副局长陈伟洪以"临安乡村运营模式何以破圈远行？"为题作大会分享。
12月7日	浙江省文化和旅游厅主办的乡村旅游（运营）专题培训活动在新昌举行，临安区文旅局副局长陈伟洪在会上以"临安乡村运营模式为何独树一帜？"为题分享临安乡村运营模式。
12月8—9日	中央广播电视总台经济之声《共同富裕中国行》栏目以视频、图文、云听形式，对临安乡村运营模式之龙门秘境、云上白牛的运营做法进行了专题报道。
12月7—9日	临安乡村运营做法在2023世界中文大会上展示。
12月14日	白牛村运营商举行乡村夜话活动。
12月13日	浙江省杭州市萧山区未来乡村专班负责人韩方平带队赴临安考察学习临安乡村运营做法，临安区文旅局副局长陈伟洪陪同考察。
12月12日	江苏省溧阳市文旅局副局长朱中华带队赴临安考察学习临安乡村运营模式，临安区文旅局副局长陈伟洪陪同考察。
12月8日	江苏省昆山市旅游协会一行赴临安考察交流临安乡村运营做法，临安区文旅局副局长陈伟洪陪同考察。
12月20日	临安区文旅局指导上田村和花戏村运营商近期工作。
12月22日	临安区文旅局副局长陈伟洪在2023中国沉浸式惊喜目的地发展峰会暨全域旅游品牌影响力年度盛典会上作《杭州临安乡村运营模式为何独树一帜》分享。
12月22日	金华市副市长李斌峰一行赴临安区考察学习临安乡村运营模式。
12月25日	第55期临安区村落景区运营工作例会召开。第25期"临安乡村运营十人谈"沙龙会召开，主题为"乡村运营商既要单项冠军，又要十项全能"。
12月26日	临安区玲珑街道高源村与杭州无界文旅发展有限公司签订运营合作协议。
12月27—28日	由浙江省旅游协会、浙江农林大学、浙江大学组成的乡村运营考核专家组对太源村、白牛村和上营村进行年度考核。
12月29日	浙江大学管理学院吴茂英教授赴临安与区文旅局副局长陈伟洪洽谈乡村运营工作。
12月31日	全国乡村振兴创变者大会在湖南新晃县召开。浙江省旅游协会乡村文旅振兴分会会长陈伟洪应邀作《临安·中国乡村运营策源地》演讲。

第六章 花开：临安乡村运营初具成效

一、临安区村落景区签约运营村名录

临安区村落景区签约运营村名录（截至 2023 年 12 月）

序号	镇街	村落景区	运营商	签约时间
1	清凉峰镇	杨溪村	杭州杨溪忠孝旅游开发有限公司	2017 年 8 月 9 日
2	高虹镇	龙门秘境	浙江金诺传媒有限公司	2017 年 9 月 1 日
3	龙岗镇	相见村	杭州临安相见生态旅游发展有限公司	2017 年 9 月 6 日
4	天目山镇	天目月乡	杭州那月乡旅游发展有限公司	2017 年 9 月 6 日
5	太阳镇	双庙里	杭州临安喜阳阳旅游发展有限公司	2018 年 10 月 10 日
6	板桥镇	文武上田	临安区文武上田文化发展有限公司	2018 年 10 月 10 日
7	湍口镇	湍口暖泉	杭州云之雀实业有限公司	2019 年 9 月 29 日
8	潜川镇	中间桥村	杭州真山真水旅游策划咨询有限公司	2019 年 10 月 7 日
9	昌化镇	后营村	杭州小隐后营文旅开发有限公司	2020 年 6 月 16 日
10	太湖源镇	红叶指南	杭州临安太湖源生态旅游有限公司	2020 年 9 月 29 日
11	青山湖街道	洪村	杭州森活文化旅游发展有限公司	2021 年 3 月 10 日
12	青山湖街道	青南村	浙悦（杭州）文旅发展有限公司	2021 年 3 月 10 日
13	青山湖街道	朱村	杭州村社通企业管理有限公司	2021 年 6 月 24 日
14	昌化镇	云上白牛	杭州星玥文化旅游发展有限公司	2022 年 12 月 26 日
15	於潜镇	朱湾村	杭州九耕未来乡村运营管理有限公司	2022 年 3 月 23 日
16	太阳镇	太源村	杭州临安沐乡旅游开发有限公司	2022 年 8 月 15 日
17	昌化镇	上营村	浙江上营美丽乡村运营管理有限公司	2022 年 10 月 12 日
18	青山湖街道	郎家村	杭州宏锦农业科技有限公司	2023 年 1 月 8 日
19	於潜镇	逸逸村	杭州村光灿烂科技有限公司	2023 年 4 月 12 日
20	湍口镇	湍源村	杭州临安旅游集散中心有限公司	2023 年 4 月 19 日
21	龙岗镇	桃花溪村	上海慕果旅游发展有限公司	2023 年 5 月 19 日
22	太湖源镇	临目村	杭州众神影视文化有限公司	2023 年 5 月 31 日
23	太阳镇	上庄村	杭州须来文化旅游发展有限公司	2023 年 8 月 23 日
24	锦南街道	横岭村	杭州云生商务咨询有限公司	2023 年 9 月 20 日

续表

序号	镇街	村落景区	运营商	签约时间
25	昌化镇	双塔村	杭州村邻乡舍科技有限公司	2023年9月26日
26	板桥镇	上田花戏	杭州九桥旅游发展有限公司	2023年11月24日
27	河桥镇	秀溪村	杭州华修堂秀溪山水文化旅游有限公司	2023年11月25日
28	玲珑街道	高源村	杭州无界文旅发展有限公司	2023年12月26日

二、临安区部分村落运营成果表

临安区径山阳坡村落景区运营成果表（2021.3—2023.10）

运营公司	杭州森活文化旅游发展有限公司			
股份构成	村集体20%；运营商80%			
运营团队介绍	运营团队由专业的规划建筑师、策划师、旅游管理人员组成，有较为丰富的乡村旅游策划规划、村落规划设计、民宿运营管理、旅游活动组织经验。 总人数：5人（其中，硕士及以上1人，本科2人，专科2人）			
运营商 投入资金情况 （万元）	116		旅游收入 （万元）	2020年　0 2021年　58 2022年　105 2023年　150
村民收入（万元）	2020年　2.7 2021年　3.02 2022年　2.96 2023年　3		村集体收入 （万元）	2020年　21.85 2021年　52.3 2022年　63.2 2023年　127
村落景区主题	径山阳坡，南科北禅			
资源调查情况	1.茶山年产4000斤干茶，猕猴桃园30亩，其余村落用地基本为竹山竹田； 2.村中有老头酒厂、三和园竹盐厂、宠物猫养殖基地； 3.村集体有400平方米的新建民宿、800平方米的老茶厂、1000平方米的文化礼堂，集中停车场2处； 4.村民房屋自住率约70%，半闲置房屋约25%，闲置房屋约5%； 5.在外知识青年236人； 6.高峰湾有个梅花基地； 7.前塘坞有个水库和一个配套用房； 8.风笑岭有很多个闲置的平房和辅房； 9.大洋坞有个盆景艺术园，占地100多亩，有大型室内会议场地一个，客房6间； 10.风笑岭有3幢大体量民房，普庆寺有2幢大体量民房，老洪村有5家大体量民房，均可对外出租。			
招引投资商情况	投资项目名称		投资金额（万元）	
	径山驿养生膳食馆（已运营）		180	
	FC风笑岭营地（已运营）		280	
	来隐咖啡（已运营）		50	
	森活家乡村会客厅（已运营）		106	

续表

	投资项目名称	投资金额（万元）
招引投资商情况	创意农园（建设中）	100
	乡创邻里中心（建设中）	500
	非遗文化民宿（建设中）	600
	数字诗词项目（立项中）	20000
	普庆寺禅文化艺术交流中心	212
	清野俱乐部	80
	梅谷拾趣园—清客居	188
	梅谷拾趣园—清泉居	105
	科创小院	145
	书小院	60
	农民画创作馆	10
	息舍	40
	觅乐阳坡中古屋	30
	手鞠匠人馆	20
	乡礼馆	15
	娄氏工坊	20
	落地业态或产品名称	投资金额（万元）
业态和产品落地情况	径山驿养生膳食馆	180
	洪运家宴	20
	来隐咖啡	50
	FC风笑岭营地	280
	森活家乡村会客厅	106
	福田禅米	40
	人间有味是清欢（礼盒）	10
	才子油（菜籽油）	5
	普庆寺禅文化艺术交流中心（建设中）	212
	清野俱乐部（建设中）	80
	梅谷拾趣园—清客居（建设中）	188
	梅谷拾趣园—清泉居（建设中）	105
	科创小院（建设中）	145
	书小院（建设中）	60
	农民画创作馆（建设中）	10
	息舍（已运营）	40
	觅乐阳坡中古屋（建设中）	30

续表

业态和产品落地情况	投资项目名称	投资金额（万元）
	手鞠匠人馆（已运营）	20
	乡礼馆（已运营）	15
	娄氏工坊（已运营）	20
线路产品	1.洪村觅径：径山古道（追随往圣先贤寻访径山足迹）—FC风笑岭营地（以更自然的方式和生活对话）—洪运家宴（体验乡土人情，品味珍馐美馔）—径山驿（品茶清心，参悟禅意）。 2.笑临风溪：一真堂（品茶参禅，调养身心）—径山古道（沿径山溪水，寻先贤足迹）—洪运家宴（体会烟火气息，品味珍馐美馔）—森活家乡村会客厅（围炉夜话，伴山而眠）—来隐咖啡（享自由生活）。	
村落景观小品打造	作为"一廊三圈十八景"径山阳坡示范性村落景区，沿主游线的村落系列景观小品打造完成。盘活利用村集体和村民闲置房屋，改造成为集会务、团建、办公、休闲度假为一体的山水田园中的系列乡村会客厅。	
运营宣传营销活动情况	有自主运营微信公众号"天目洪村"、抖音号"范儿村乡村运营"、视频号"范儿村"。 活动："跟随古圣先贤的足迹上径山"自然研学课堂，以横风线为行车线路的"青年骑行"，以"大天地，有可为"为主题的村政企党建活动及FC面包窑体验营。邀请三餐四季自媒体拍摄宣传视频，邀请小胖子特洛伊进行整村视频取景。	
与各类社会组织合作情况	1.与西子电梯科技有限公司的村企合作； 2.与浙江省农林大学经济管理学院的村校合作； 3.与浙江大学管理学院进行项目合作； 4.杭州师范大学教育实习实践基地、杭州师范大学中国国情教育社会实践基地、现代民间绘画同心共富实践基地。	

新村民（人）	43	乡村厨娘会（人）	12
返乡青年（人）	9	"一桌菜"农户数量（户）	17
在外知识青年（人）	276	青年乡贤会（人）	102
参与业态运营本地手工艺人（人）	2	运营新增岗位（个）	1
解决本地村民就业（人）	200		

临安区云上白牛村落景区运营成果表（2020.4—2023.10）

运营公司	杭州云上白牛科技有限公司			
股份构成	村集体10%；运营商90%			
运营团队介绍	运营团队由专业的规划师、策划师、平面设计师、旅游管理人员组成，有较为丰富的乡村旅游策划规划、直播带货、村落规划设计、民宿运营管理、旅游活动组织经验。 总人数：8人（其中，本科6人，专科1人，高中及以下1人）			
运营商投入资金情况（万元）	683		旅游收入（万元）	2020年 153.4
				2021年 256
				2022年 352
				2023年 422.4
村民收入（万元）	2020年	3.903	村集体收入（万元）	2020年 128
	2021年	4.4885		2021年 217
	2022年	4.696		2022年 228
	2023年	5.6352		2023年 273.6
村落景区主题	产业在山上，生活在村庄，致富在网上，治理在云上			
资源调查情况	1.闲置房屋915平方米，闲置土地124.5亩； 2.历史老街：白牛老街； 3.景区节点：白牛电商大楼、铁索桥、记忆稻田、星空基地、千年古樟树、特色民宿、白牛老桥、星月小酒馆、白牛码头、牛文化博物馆、文化广场； 4.一村一味美食：白牛包子； 5.节庆活动：年俗旅游节、山核桃开杆节、丰收节、年货节、文化节、啤酒节等； 6.民宿、农家乐15家； 7.电商68家。			
招引投资商情况	投资项目名称		投资金额（万元）	
	光合奶茶		6	
	房车露营基地		450	
	白牛村咖啡馆		50	
	云上白牛民宿		300	
	水韵林舍民宿		290	
	安隅民宿		520	
	记得民宿		180	
	来招民宿		200	
	蓝姨民宿		150	
	桃花谷农业观光园		1000	

续表

	落地业态或产品名称	投资金额（万元）
业态和产品落地情况	电商大楼数字展厅	117.59
	旅游超商	9.8
	云上白牛直播基地	44.9
	忖上料理店	105.6
	云上白牛包子铺	4.2
	等风来民宿	220
	牛肉馆	86
	光合奶茶	6
	白牛牛糕	42
	花面馆	5
	开开饭店	152
	贤年饭店	18
	利群饭店	20
	龙山酒店	50
	瑞香园	22
	天玥食品	15
	锦联农庄	350
	观光船	2
	白牛油饼	15
	牛文化博物馆	1000
	芳华农家乐	30
	桃花谷农业观光园	1000
	白牛村咖啡馆	50
	水韵林舍民宿	290
	云上白牛民宿	300
	安隅民宿	520
	来招民宿	200
	记得民宿	180
	蓝姨民宿	150
	白牛水饺	8
线路产品	1. 白牛电商大楼—电商集市—记忆稻田—千年古樟树—特色民宿—白牛老桥—白牛码头—文化广场； 2. 白牛电商大楼—绿道—记忆稻田—千年古樟树—飞云索桥—云上田园—高犁桥—文化广场； 3. 白牛电商大楼—电商集市—记忆稻田—千年古樟树—白牛老桥—白牛码头—高犁桥—云上田园—飞云索桥—绿道—白牛电商大楼。	

续表

村落景观小品打造	1.电商大楼游客中心； 2.电商大楼展示中心； 3.村落景区建设一期、二期规划建设（包括星空露营、儿童乐园等）； 4.记忆水稻田、竹林迷宫。		
运营宣传营销活动情况	1.有自主运营的微信公众号"牛小淘"、微信视频号、抖音号； 2.有自主设计的IP形象——牛小淘； 3.厨娘大赛。		
与各类社会组织合作情况	1.引入多家第三方专业服务商、阿里巴巴"千县万村"农村淘宝和遂网赶街项目，建设农村电商服务站； 2.重抓电商人才培训，实施"电商万人培训"计划，开展"电商伙伴计划"，与浙江农林大学、浙江工商大学和杭州电子科技大学等三所高校建立战略合作伙伴关系，建设农村电商服务平台和大学生实践基地，建立电商顾问团、专家导师团、大学生服务团，与农户开展一对一对接帮扶； 3.重抓行业协会建设，先后成立坚果炒货协会、农产品流通协会、网商协会、白牛村电商协会和清凉峰镇电商协会，切实发挥各类协会在资源合作、自律提升上的行业组织作用； 4.建立"统战阵地"和"云上白牛·同心荟"两大阵地，搭建与杭州城区同心荟成员之间的桥梁，组织培训、分享交流、沙龙和头脑风暴等活动，为乡村振兴、共同富裕汇聚优质资源； 5.全国首批"淘宝村"之一； 6.浙江省电子商务示范村； 7.南开大学"助力乡村振兴"社会实践基地； 8.杭州师范大学阿里巴巴商学院综合性实践教学基地； 9.浙江大学数字乡村示范合作基地； 10.省级乡村振兴合作创业培训基地； 11.临安区农业局、浙江农林大学信息工程学院农村电子商务实训基地现场教学点； 12.临安市青年电商实训基地； 13.中共杭州市委党校现场教学基地； 14.云上白牛·同心荟基地； 15.云上白牛培训学校基地等。		
新村民（人）	160	乡村厨娘（人）	62
返乡青年（人）	170	"一桌菜"农户数量（户）	4
运营新增岗位（个）	4	参与业态运营本地手工艺人（人）	2
解决本地村民就业（人）	3		

临安区太源村村落景区运营成果表（2021.3—2023.10）

运营公司	杭州临安沐乡旅游发展有限公司				
股份构成	村集体10%；运营商90%				
运营团队介绍	运营团队由太源村支部委员、专业产品设计人员、室内庭院设计人员、多媒体平台运营人员组成。 总人数：10人（其中，硕士及以上4人，本科5人，专科1人				
运营商 投入资金情况 （万元）	100		旅游收入 （万元）	2020年	0
				2021年	0
				2022年	8
				2023年	240
村民收入 （万元）	2020年	2.7	村集体收入 （万元）	2020年	53
	2021年	3.5		2021年	71
	2022年	3.9		2022年	54
	2023年	2.39		2023年	132
村落景区主题	健康生活，慢享太源				
资源调查情况	1.茶山共500亩，年产5000斤干茶；覆盆子基地30亩；全村山核桃林约为2000亩；其他为竹林竹地。 2.村中有国宴寿星鸡基地、梨园采摘基地、湖羊基地、鳕鱼垂钓中心、村民自制炭火烘烤山核桃5户。 3.村内篮球场1个，医疗室1个，集中停车场3处。 4.走访村民555户，调查得知愿意整栋出租房屋的共96栋、愿意半出租的共16栋。在村新乡贤8人。				

招引投资商 情况	投资项目名称	投资金额（万元）
	高端鳕鱼养殖垂钓中心（已运营）	110
	斑竹营地（已运营）	30
	吾园会客中心（已运营）	100
	一米菜园（已运营）	20
	农家乐2栋（协商中）	80

业态和产品 落地情况	落地业态或产品名称	投资额（万元）
	乡村会客厅	100
	斑竹营地	30
	斑竹烧烤、篝火区	20
	太源传统制作山核桃（礼盒）	10
	蜂蜜（礼盒）	10

续表

线路产品	1.一米菜园"偷"菜—自助火锅、烧烤（用所"偷"蔬菜现摘现煮）—溪上营地（休息娱乐）—烤茶下午茶套餐（感受太源的人文故事）—森林餐厅就餐（品味太源一桌家宴）—围炉煮酒，看电影唱歌（放飞自我，尽情玩耍）； 2.高端鳕鱼基地垂钓（或毛竹山挖笋）—品尝战利品（森林餐厅厨娘加工）—赶集（农村森林市集）—夜晚星空露营烧烤唱歌。
村落景观 小品打造	森林乡村指示牌、地图制作中。
运营宣传 营销活动情况	有自主运营微信公众号"健康太源"、小红书号"吾园"。 活动：森林市集、"劳动最光荣"亲子劳动课等。
与各类社会 组织合作情况	1.农科院技术扶持基地； 2.与海南投资商共同合作高端鳕鱼养殖基地。

新村民（人）	15	乡村厨娘（人）	8
返乡青年（人）	5	"一桌菜"农户数量（户）	2

临安区临目村落景区运营成果表（2023.1—2023.10）

运营公司	杭州众神临目旅游文化发展有限公司		
股份构成	杭州众神悦科技有限公司90%；村集体10%		
运营团队介绍	总人数：33人（其中，硕士及以上1人，本科4人，专科23人，高中及以下6人）		
村内总人口（人）	963	村内常住人口（人）	906
游客接待量（万人次）	5.2	旅游收入（万元）	690
村民收入（万元）	506	村集体收入（万元）	4.8
村落景区主题	神龙川仙缘小镇		
资源调查情况	1.临目村山林面积17000余亩，公益林面积12000余亩； 2.民宿农家乐80余家，床位3800余个。		
招引投资商情况	投资项目名称		投资金额（万元）
	时光里民宿		35
	神龙川度假村小卖部		10
	临目村文化礼堂民国风茶馆		150
	神龙川度假村客房部分改造升级		50
业态和产品落地情况	落地业态或产品名称		投资金额（万元）
	锁忆民宿		80
	山水谈民宿		100
	大自然山庄		30
线路产品	1."神农尝百草"中草药研学游； 2.昆虫研学游。		

续表

村落景观产品打造	"榧王树"景观打造。		
运营宣传营销活动情况	发布神龙川仙缘小镇短视频13000条。		
与各类社会组织合作情况	与新的社会阶层人士、网络文化协会合作开展"走乡村、促共富"活动		
在外知识青年（人）	30	青年乡贤会（人）	15
返乡青年（人）	10	乡村厨娘会（人）	20
新村民（人）	20	"一桌菜"农户数量（户）	27
运营新增岗位（个）	3	参与业态运营本地手工艺人（人）	2
解决本地村民就业人数（人）	16		

临安区湍源村村落景区运营成果表（2023.1—2023.10）

运营公司	杭州临安旅游集散中心有限公司		
股份构成	杭州临安旅游集散中心有限公司占股80%；村集体占股20%		
运营团队介绍	总人数：8人（其中，本科2人，专科3人，高中及以下3人）		
村内总人口（人）	1071	村内常住人口（人）	598
游客接待量（万人次）	12	旅游收入（万元）	245
村民收入（万元）	2.7	村集体收入（万元）	28
村落景区主题	中草药		
资源调查情况	1.闲置的老兵驿站：120平方米； 2.陆家祠堂：240平方米； 3.中草药种植基地：15亩。		
招引投资商情况	投资项目名称		投资金额（万元）
	湍源里民宿		1600
业态和产品落地情况	落地业态或产品名称		投资额（万元）
	湍源里民宿		1600
	足汤咖啡吧		180
	天幕烧烤区		25
	黄精种植基地		45
	围炉煮茶		20
线路产品	1.湍源里中草药研学课程； 2.湍源里夏季纳凉—摸鱼捉虾。		
村落景观产品打造	1.陆家祠堂； 2.天幕烧烤留影打卡点； 3.围炉煮茶。		

续表

运营宣传营销 活动情况	微信公众号、小红书、抖音等。			
与各类社会组织 合作情况	1.杭州市临安区各大旅行社（天马、阳光、新世纪）； 2.临安区研学基地； 3.各街道、社区； 4.临安区各大学校。			
在外知识青年（人）	96	青年乡贤会（人）		3
返乡青年（人）	3	乡村厨娘会（人）		6
新村民（人）	16	"一桌菜"农户数量（户）		3
运营新增岗位（个）	3	参与业态运营本地手工艺人（人）		1
解决本地村民就业（人）	10			

临安区郎家村村落景区运营成果表（2021.3—2022.12）

运营公司	杭州宏锦农业科技有限公司			
股份构成	杭州宏锦农业科技有限公司80%；村集体20%			
运营团队介绍	总人数：6人（其中，本科4人，专科1人，高中及以下1人）			
运营商投入资金 情况（万元）	60		旅游收入 （万元）	2020年	0
				2021年	5
				2022年	3
				2023年	35
村民收入（万元）	2020年	2.5	村集体收入 （万元）	2020年	80
	2021年	2.8		2021年	100
	2022年	2.6		2022年	110
	2023年	4.5		2023年	160
村落景区主题	溪谷郎家—田园农旅综合体			
资源调查情况	1.自然资源：径山寻源径坞古道，连接径山寺，沿途风光秀丽，有径坞水库、龙潭瀑布、鹰窠石、棋盘石等胜景10余处（已规划作为下一步旅游景区开发），穿村白水溪河道宽阔，整治完成，水源充足清澈，常年白鹭齐聚（已在规划建设水上游乐项目）； 2.人文资源：有径山寺开山祖师法钦结茅处，郦道元、苏轼、宋徽宗、李自成、罗隐、释空禅师等历史名人印迹（含民间故事），还有百梅寺、古云庵、留云庵、松源房、梅谷房、弥陀庵、罗隐石等人文古迹，有古法毛竹造纸作坊传承工艺及横畈豆腐干作坊传统工艺（正在做文化挖掘整理开发利用工作）； 3.村庄资源：全村可开发利用田园经济产业600余亩，目前已开发245亩，村集体收购闲置民宅10余幢，现正在申报实施民宿改造计划方案。			

续表

	投资项目名称	投资金额（万元）
招引投资商情况	妙哉花园	98
	霍比特小屋	45
	水果采摘园	23
	郎家客厅	15
	落地业态或产品名称	投资金额（万元）
业态和产品落地情况	郎家私藏米白酒、郎家多味笋干、郎家横畈豆腐干、凌霄峰悟茶、大坞顶香榧、郎家米	18
	田园餐厅＋土灶头	22
	帐篷露营地	11
	田园小火车	2.8
	创意稻草人文化园	18.6
线路产品	1."溪谷郎家玩水—小火车—土灶头（烧烤露营、簸箕饭）—场地拓展或农耕文化"一日游； 2.溪谷郎家"泥超"活动—稻田抓鱼或钓龙虾、抓稻蛙、抓稻田甲鱼—果园采摘； 3.溪谷郎家创意稻草人文化园打卡拍摄—田园其他项目（含各类活动）； 4."溪谷郎家—太湖源景区—农家乐亲子家庭"二日游线路产品； 5."溪谷郎家—白水涧景区—孝村孝味工坊—洪村径山阳坡"优惠联票线路产品。	
村落景观小品打造	1.田园草坪景观、田园景观餐TING、景观楼台、创意稻草人公园； 2.三、四月油菜花田园景观，七、八月向日葵田园景观，九、十月金黄稻田景观。	
运营宣传营销活动情况	1.先后举办油菜花节、端午系列活动、泥超联赛活动、稻蛙美食节等节庆推广活动； 2.由太湖源、指南山、大收获等专业强大的营销策划团队支撑，拥有"溪谷郎家""大收获""乐游临安"等自有公众号、视频号、抖音号融媒体平台做营销宣传推广； 3.与《都市快报》大杭州、"橙柿互动"App、官方视频号、直播平台等融媒体常年合作宣传推广。	
与各类社会组织合作情况	1.与青山湖科技城企事业单位结成"共富帮共体"，目前合作单位已有浙江万马股份有限公司、杭氧集团股份有限公司、浙江交工集团股份有限公司等80多家，合作项目有稻田认领、企业拓展、餐饮接待服务、农产品销售等； 2.与青山湖街道本地中小学校及杭州星觉醒特殊学校合作开展学生研学游、亲子家庭体验游系列主题活动；	

续表

与各类社会组织合作情况	3. 与浙江大学、浙江工商大学、浙江农林大学等院校合作开展大学生乡村振兴实践研学活动； 4. 与华东旅游联盟、江浙沪多家旅行社、安徽宁国、绩溪党外知识分子联谊会等社会群体合作开展客源互送互帮互学活动； 5. 先后举办油菜花节、端午系列活动、泥超联赛、稻蛙美食节等节庆推广活动； 6. 由太湖源、指南山、大收获等专业强大的营销策划团队支撑，拥有"溪谷郎家""大收获""乐游临安"等自有公众号、视频号、抖音号融媒体平台做营销宣传推广； 7. 与《都市快报》大杭州、"橙柿互动"App、官方视频号、直播平台等融媒体常年合作宣传推广。		
新村民（人）	11	乡村厨娘（人）	10
返乡青年（人）	18	"一桌菜"农户数量（户）	8
青年乡贤会（人）	38	运营新增岗位（个）	48（妙哉花园3个、霍比特咖啡2个、小火车驾驶1个、土灶餐厅经营5个、烧烤露营2个、稻田养殖2个、田间维护管理2个、营销策划接待5个，还有摊位经营主16个、乡村厨娘10个）
解决本地村民就业（人）	267（含村里机耕队、村庄建设、项目建设、经营性服务等）	参与业态运营本地手工艺人（人）	14（传统簸箕宴专业厨师2人、横畈豆腐干传统工艺制作5人、稻草人工艺制作1人、油灯果传统小吃2人、传统农事手工技术指导4人）

临安区龙门秘境村落景区运营成果表（2017.9 — 2023.9）

运营公司	浙江金诺传媒有限公司		
股份构成	三个村10%；运营商90%		
运营团队介绍	总人数：68人（其中，本科5人，专科24人，高中及以下39人） 运营团队由专业的旅游管理、市场营销策划、景区景观设计、各种业态培训、产业规划及乡村农旅人员组成，其中旅游管理、市场营销策划专业人员有10年以上旅游景区、大型旅游集团从业管理经验。		
运营商投入资金情况（万元）	10000	旅游收入（万元）	2018年	529
			2019年	876
			2020年	2015

续表

运营商投入资金情况（万元）	10000		旅游收入（万元）	2021年	3017
				2022年	2629
				2023年	2353
村民收入（万元）	2018年	3.0	村集体收入（万元）	2018年	180
	2019年	3.8		2019年	290
	2020年	4.6		2020年	785
	2021年	5.2		2021年	891
	2022年	4.3		2022年	740
	2023年	3.9		2023年	598
村落景区主题	秘境				
资源调查情况	1.闲置房屋62处； 2.木匠9人，铁匠1人，篾匠1人，酒匠17人，豆腐匠5人，舞龙31人，年俗手作匠人35人。				
招引投资商情况	投资项目名称			投资金额（万元）	
	杭州素旅酒店管理有限公司			1000	
	杭州清辉酒店管理有限公司			2000	
	杭州千米云淡农业开发有限公司			1500	
	杭州天岩体育文化有限公司			500	
业态和产品落地情况	落地业态或产品名称			投资金额（万元）	
	民宿： 1.垄上行　　　　2018年 2.初遇银坪　　　2018年 3.素旅玖溪　　　2019年 4.V8攀岩　　　2020年 5.垄上行—小木屋　2020年 6.无它心舍　　　2020年 7.陇上民宿　　　2021年 8.潭源阁民宿　　2021年			7500 （高端业态投入：民宿、农家乐）	
	餐饮服务： 1.围炉烤茶　　　2023年 2.龙门公社大食堂　2023年				
	农家乐升级改造： 1.罗石良农家乐　　2019年 2.攀岩驿站　　　2019年 3.村口农家乐　　2019年 4.松韵人家　　　2019年 5.垄上行6号　　2020年				

续表

	落地业态或产品名称		投资金额（万元）
业态和产品落地情况	匠人馆： 1.年糕坊 2.酿酒坊 3.传统文化传习所 4.油墩果烧饼铺 5.民俗体验馆 6.咖啡吧 7.酒吧 8.茶馆 9.修鞋铺 10.理发店 11.杜公豆腐坊 12.羊耳朵手工坊 13.麻糍坊 14.番薯馆 15.农产品超市 16.手工体验坊 17.龙门小吃店	2018年 2018年 2018年 2018年 2019年 2019年 2019年 2019年 2019年 2019年 2019年 2020年 2020年 2020年 2020年 2021年 2022年	1800 （传统业态）
	种植、养殖： 1.木公山高山蔬菜基地 2.金竹坞菊花和蔬果基地 3.蝴蝶兰基地 4.野茶基地 5.铁皮石斛基地 6.大山梯田果木花海乐园	2018年 2018年 2018年 2019年 2020年 2020年	5500 （种植、养殖）
	伴手礼： 1.番薯胖 2.石缝野茶 3.高山小香薯 4.龙门土蜂蜜 5.年糕 6.菊花系列（菊花酒、菊花茶、菊花皂及菊花衍生产品） 7.太子笋干 8.崖壁石斛 9.高山蔬果系列 10.龙门秘酿	2018年 2018年 2018年 2018年 2018年 2019年 2019年 2019年 2019年 2019年	1180 （伴手礼）

续表

	落地业态或产品名称		投资金额（万元）
业态和产品落地情况	11. 龙门秘酱及民俗产品	2019年	1180（伴手礼）
	12. 野生黄精、黄芪等野生药食同源的食材	2020年	
	13. 五野茶茶精水	2021年	
	14. 高山山泉胚芽米	2021年	
线路产品	1. 金色精灵	2019年	
	2. 山野厨房	2019年	
	3. 小小新四军	2019年	
	4. 心与星行	2019年	
	5. 自然神秘面纱	2019年	
	6. 小贝尔计划夏令营	2019年	
	7. 红色之旅	2019年	
	8. 雅集体验	2019年	
	9. 康养之旅	2020年	
	10. 毕业狂欢	2020年	
	11. 团队熔炼计划	2020年	
	12. 蔬菜狂欢	2020年	
村落景观小品打造	1. 游客服务中心	2018年	
	2. 青年驿站	2018年	
	3. 新四军广场	2018年	
	4. 传统文化传习所	2018年	
	5. 金钱松林	2018年	
	6. 新四军纪念馆	2019年	
	7. 党群服务中心	2019年	
	8. 乡愁记忆馆	2019年	
	9. 乡村振兴展馆	2019年	
	10. 攀岩博物馆	2019年	
	11. 大山梯田火车乐园	2019年	
	12. 草山岗天空牧场	2019年	
	13. 金竹坞精灵山谷	2019年	
	14. 乡村古戏台	2019年	
	15. 天石滩公园	2019年	
	16. 狮子山攀岩小镇	2019年	
	17. 龙潭奇幻乐园	2021年	
	18. 新四军红色文化体验馆	2021年	
	19. 星空之城露营地	2021年	
	20. 新四军战地医院	2022年	

续表

运营宣传营销活动情况	有自办微信公众号"龙门秘境"、抖音号、视频号、小红书等； 营销活动： 1.农民丰收节 2018年 2.菊花节 2018年 3.华东户外嘉年华攀石大赛 2018年 4.年俗节 2018年 5.龙门古道越野赛 2018年 6.首届精酿啤酒节 2019年 7.全国山地户外运动挑战赛 2019年 8.全国大学生户外技能大赛 2019年 9.寻味龙门—年俗节 2019年 10.浙江省首届水上攀石大赛 2019年 11.龙门秘境第二届新春年俗节 2020年 12.茶俗文化节 2020年 13.龙门秘境秘酱文化节 2020年 14.精酿啤酒节 2020年 15.大山梯田亲子运动会 2020年 16.包子节 2020年 17.第二届菊花文化节 2020年 18.乡村厨娘大赛 2020年 19.中央电视台《探索与发现》 2020年 20.中央电视台《焦点访谈》 2021年 21.中央电视台国际频道《大话春节》 2021年 22.中央电视台《新闻联播》 2021年 23.湖南卫视金鹰卡通摄制 2021年 24.中央电视台农村科技频道 2021年 25.石缝野茶节 2021年 26.第二届龙门秘酱节 2021年 27.木公山蔬菜嘉年华和杜甫诗词大赛 2021年 28.华东地区露营大会 2021年 29.2022年年俗节 2022年 30.第三届龙门秘酱节 2022年 31.第十届茶俗文化旅游节 2022年 32.第二届露营节 2022年
与各类社会组织合作情况	1.浙江农林大学"村官"学院教学基地和乡村振兴学院； 2.与浙江农林大学签订《区校共建高虹龙门秘境省级农村综改示范区合作协议》； 3.浙江农林大学雷锋班营地；

续表

与各类社会组织合作情况	4.浙江省作家协会临安文学创作基地； 5.临安区社会科学普及基地； 6.全国森林康养基地； 7.临安区爱国主义教育基地； 8.临安区中小学研学教育基地； 9.浙江省生态文化基地； 10.全国乡村旅游重点村——石门村； 11.杭州市消薄增收特别贡献奖； 12.天目e站龙门秘境站； 13.首批美丽乡村新消费示范点； 14.杭州市热门网红打卡点； 15.杭州市职工疗休养基地； 16.2020年浙江省运动休闲旅游优秀项目——龙门秘境攀岩； 17.杭州市级农业龙头企业； 18.浙江农林大学农村发展硕士点工作站； 19.杭州浙西文旅消费示范点； 20.红十字会博爱家园； 21.全国首个特色（呼吸系统）森林康养基地； 22.南京农业大学硕士工作实践点； 23.国家级呼吸道康养标准制定点； 24.长三角旅游共建基地； 25.浙江省老龄工作委员会活动点； 26.浙江省气候康养乡村； 27.第二批浙江省青少年红色基因传承基地。		
新村民（人）	52	乡村厨娘（人）	46
返乡青年（人）	168	"一桌菜"农户数量（户）	15
青年乡贤会（人）	30	运营新增岗位（个）	356
解决本地村民就业（人）	240	参与业态运营本地手工艺人（人）	102

临安区天目月乡村落景区运营成果表（2017.9—2023.9）

运营公司	杭州那月乡文旅发展有限公司
股份构成	村集体100%
运营团队介绍	运营团队由专业的旅游管理、市场营销策划、乡村农旅人员组成，其中旅游管理、市场营销策划专业人员有10—15年旅游景区景点从业管理经验；吸收当地人从事相关工作，解决当地30余名劳动力直接参与文旅项目。 总人数：15人（其中，本科2人，专科2人，高中及以下11人）

续表

运营商投入资金情况（万元）	1360		旅游收入（万元）	2018年	1350
				2019年	1760
				2020年	1790
				2021年	1750
				2022年	1550
				2023年	1430
村民收入（万元）	2018年	3.65	村集体收入（万元）	2018年	289
	2019年	3.98		2019年	430
	2020年	4.23		2020年	508
	2021年	4.35		2021年	530
	2022年	4		2022年	499
	2023年	3.8		2023年	345
村落景区主题	农文旅融合的村落景区				
资源调查情况	1.闲置房屋33处，占地面积2180平方米，建筑面积4290平方米。 2.山林5000亩，山塘水库4座，农田400亩，漂流码头、下码头、香水湾建高端民宿18家，客房220间；农家乐33家，客房495间。 3.匠人：木匠3人，铁匠1人，篾匠1人，酒匠2人，豆腐匠2人。 4.在外知识青年182人，共招商在村落地企业22家（共吸引外来资金5500余万元，大部分已投入运营），共计召开大小型招商会25次（两届月亮桥村乡贤联谊会），新增招商业态。				

招引投资商情况	投资项目名称	投资金额（万元）
	月亮工坊	1100
	月亮玖号	300
	草莓园	100
	玫瑰园	320
	摩恩国际营地	300
	民宿学院	300
	木艺坊	60
	沙画工作室	120
	见特门露营基地	500
	军心稻田种植	200
	紫苏种植园	60
	月亮湾漂流	1200
	天目美术馆	100
	月乡市集直播平台	50
	月亮之上	300
	天目山自然探索营	3000

续表

业态和产品落地情况	落地业态或产品名称		投资额（万元）
	民宿： 1.月亮工坊水院 2.月亮工坊山院 3.月亮工坊茶院 4.月亮玖号 5.月亮之上 6.玫瑰庄园民宿 7.民宿学院 8.天目民宿学院提升 9.临天酒店	2017年 2018年 2019年 2019年 2019年 2020年 2022年 2023年 2023年	1960
	农家提升： 1.朴宿 2.老家岁月 3.晨曦农居 4.陆家十号 5.廊桥山庄 6.天河山庄	2019年 2019年 2019年 2021年 2021年 2022年	500
	匠人馆： 1.雕塑馆 2.天目美术馆 3.天河酒坊 4.匠人茶吧 5.匠人书吧 6.月乡市集 7.木艺坊 8.方浪浪沙画工作室 9.竹艺坊	2018年 2019年 2019年 2019年 2019年 2020年 2021年 2021年 2022年	900
	智慧乡村： 1.智慧平台设备系统 2.人机交互刷脸购物设备 3.远程医疗 4.数字乡村驾驶舱 5.月乡市集直播带货平台	2019年 2019年 2022年 2022年 2022年	600
	种植、养殖： 1.徐村葡萄提子园 2.草木花香玫瑰园 3.四季果园	2017年 2018年 2018年	1200

续表

业态和产品落地情况	4.百果园	2018年	1200
	5.仙草小镇	2018年	
	6.草木花香玫瑰园二期	2019年	
	7.紫苏种植园	2022年	
	伴手礼及新项目：		3500
	1.玫瑰园系列（玫瑰酒、玫瑰茶、玫瑰酱、玫瑰精油）	2019年	
	2.天目酒系列	2019年	
	3.天目茶盏	2019年	
	4.月亮米	2019年	
	5.月乡公园体验区（摩恩国际营地）：拓展营地、七彩滑道、草地卡丁车、蹦蹦云、露营烧烤	2020年	
	6.月亮工坊系统农产品	2021年	
	7.见特门露营基地	2022年	
	8.月亮湾漂流提升	2023年	
线路产品	1.夏季纳凉（月亮湾漂流，天目大峡谷戏水）	2018年	
	2.天目月乡过大年（天目山登高祈福，月亮桥年俗体验）	2019年	
	3.冬季温泉、滑雪，月亮桥民俗体验	2019年	
	4.天目月乡疗休养线路	2020年	
	5.天目月乡休闲慢生活之旅	2020年	
	6.摩恩营地亲子活动之旅	2020年	
	7.人才山乡荟	2021年	
	8.见特门露营活动之旅	2022年	
村落景观小品打造	1.陈家窑文化主题创意厕所	2018年	
	2.村落留影打卡点5处	2018年	
	3.游客中心	2019年	
	4.农产品销售展示中心	2019年	
	5.乾隆月巷	2019年	
	6.摩恩营地天空之境	2020年	
	7.遇见月亮·桥见未来打卡点	2022年	
	8.稻田文化	2023年	
	9.漂流加特林	2023年	
运营宣传营销活动情况	有自主运营微信公众号"诗画月亮桥"和"天目月乡"（漫步在希望的田野上）。		
	活动主要有：		
	1.月亮湾漂流纳凉节	2018年	
	2.知青返乡活动	2018年	
	3.天目月乡过大年年俗节活动	2019年	

运营宣传营销活动情况	4.天目美术馆山河行纪采风活动	2019年
	5.玫瑰园欧月展	2019年
	6.玫瑰园金秋露营节	2019年
	7.丰收季稻田艺术节	2019年
	8.儿童平衡车大赛	2020年
	9.天目月乡过大年年俗节活动	2020年
	10.五大名校"乡村振兴班"教学基地	2020年
	11.天目月乡"乡村振兴联谊协会"成立大会	2020年
	12.杭州商业职业技术学院实践基地	2021年
	13.七夕活动	2023年
	14.迎亚运宣传活动	2023年
	15.见特门颜色系列音乐节	2023年
	16.相亲会	2023年
与各类社会组织合作情况	1.杭州市职工（劳模）疗休养基地； 2.杭州第十四中学户外教育基地； 3.西博会世界语之家； 4.浙江省大学生乡村振兴设计大赛基地； 5.全国乡村文化旅游能人支持项目； 6.大学名校乡村振兴教学现场基地（浙江大学继续教育学院、浙江农林大学、浙江工业大学等）； 7.浙江商业职业技术学院实践基地； 8.杭州临安各大旅行社（集散、天马、新世纪、天一等）； 9.中国故事创作基地； 10.村落景区协会； 11.村落景区营销中心。	
新村民（人）	22	乡村厨娘（人）　20
返乡青年（人）	17	"一桌菜"农户数量（户）　6
青年乡贤会（人）	60	运营新增岗位（个）　20
解决本地村民就业（人）	53	参与业态运营本地手工艺人（人）　11

临安区朱村村落景区运营成果表（2021.12—2023.9）

运营公司	杭州朱村惜花谷文化旅游发展有限公司
股份构成	杭州村社通企业管理有限公司85%；朱村村集体15%
运营团队介绍	运营公司提供乡村数据调研、乡村项目策划、资源组织、运营管理服务。运营团队核心人员拥有市场营销推广、大型活动组织、大型项目管理经验。 总人数：5人（其中，本科1人，高中及以下4人）

续表

运营商 投入资金情况 （万元）	250		旅游收入 （万元）	2020年	0
				2021年	10
				2022年	50
				2023年	150
村民收入 （万元）	2020年	4.2	村集体收入 （万元）	2020年	89.2
	2021年	4.2		2021年	89.6
	2022年	3.5		2022年	58
	2023年	3.2		2023年	90
村落景区主题	绿水青山，幸福朱村：绿水青山既是指良好的生态环境，也是指青山湖街道，又是"绿水青山就是金山银山"的可持续发展理念，以竹产业兴农，以乡村游兴旅，以农耕体验为引领，带动餐饮、民宿、农家乐等旅游文创产业发展，发展婚庆婚恋幸福产业，全力改善基础设施和人居环境，实现共同富裕，打造绿水青山田园诗般的村落景区。				
资源调查情况	建筑空间、自然环境： 1.活动中心2个、文化礼堂2个； 2.意向经营民宿房屋3幢； 3.闲置矿山空地3处：大山矿山、朱村矿山、锦里矿山； 4.农用地3226亩，园地350亩，耕地415亩，林地2300亩，水库山塘38亩，其他山林、石头山161亩，15万立方以上水库1座。 人才/匠人： 1.竹编竹龙手艺人：程前； 2.乡村厨娘6人； 3.在外知识青年约460人。				
招引投资商情况	投资项目名称		投资金额（万元）		
	万菇科普园		60		
	月老峰爱情主题公园		500		
	江南牡丹芍药研究院		已投资20万元 预计总投资200万元		
	菊苣科普养生园		已投资30万元 预计总投资300万元		
	万菇科普园新增种植品种		新增投资5万元		
业态和产品落地情况	落地业态或产品名称		投资金额（万元）		
	万菇科普园		25		
	520牡丹园		60		
	莉莉家宴装修升级		15		
	惜花谷农家乐新增一个蒙古包大包厢		10		

续表

	落地业态或产品名称	投资金额（万元）
业态和产品 落地情况	江南牡丹芍药研究院	20
	菊苣科普养生园	30
	万菇科普园新增种植品种灵芝	5
	共富货架	50
	"我家菜园"认养	1
线路产品	1. 月老峰婚恋主题公园（建设中，牡丹园已种植10000多株牡丹）； 2. 青山湖绿道—惜花谷农耕体验游路线（完成初步设计，已完成平整停车场，公厕、道路等基础配套提升及电动旅游车通达）； 3. 青山湖—龙门秘境（郎家、高山村）等农耕体验一日游路线。	
村落景观 小品打造	1. 已完成村社通运营商学院"母鸡"形大石碑打卡点； 2. 已完成"惜花谷"大石碑、"撸起袖子加油干"石碑、朱村老木匠自制木秋千和"惜花茶舍"竹牌坊打卡点； 3. 样板蒙古包、惜花谷大帐篷（预制中）； 4. 青山湖绿道—惜花谷—朱村旅游路线，已与临安新锦集团谈好旅游车进惜花谷，停车场、公厕等基础配套，电动旅游车通达； 5. 惜花茶楼； 6. 药灶泉； 7. 三生池； 8. 许愿树。	
运营宣传营销 活动情况	微信公众号"诗溢朱村"2022年1月上线，2月开始运营；"诗溢朱村"美篇号流量已达13万。 活动主要有： 1. 2021年7月17日，《钱江晚报》报道"村社通朱村首届鞭笋文化美食节"； 2. 2021年11月28日，《浙江日报》报道惜花谷项目； 3. 2021年三八节活动获《杭州新闻联播》报道； 4. 村社通理念获《中国旅游报》和《浙江日报》报道； 5. 共富货架项目已落地50余个点； 6. 2023年3月28日至4月18日，举办了首届诗溢朱村牡丹文化艺术节及青年文学家创作基地授牌； 7. 2023年3月底至4月中旬，组织了诗溢朱村挖笋节； 8. 2023年3月31日，举行了牡丹文化赋能诗溢朱村研讨会； 9. 2023年4月，组织杭州社区居民来朱村参加"幸福村社，一桌三园"认养活动； 10. 2023年4月15日，浙江大学MPA/MAE项目70多名师生来朱村考察乡村运营； 11. 2023年4月18日，参加"我的村　我的菜"乡村家宴比赛，诗溢朱村四季养生家宴——春养肝春季养生宴获入围奖；	

续表

运营宣传营销活动情况	12. 2023年5月至7月初，组织系列"喜迎亚运，秀水青山微徒步"活动，参与人员共计约3000人； 13. 发起成立诗溢朱村水产养殖专业合作社； 14. 2023年7月下旬，帮朱村果农张卫锋销售蟠桃约1万斤； 15. 2023年8月16日，与山东省菏泽市农科院签约江南牡丹芍药研究所项目； 16. 2023年9月，菊苣科普养生园与农户签订了土地流转协议，现已完成挖机平整场地； 17. 2023年9月10日，在遂昌县王村口镇与多家单位共同举办了"庆丰收，促和美"小香薯开挖节，启动村社通"庆丰收，促和美"系列金秋采摘活动。		
与各类社会组织合作情况	1. 与江干区笕桥街道浙江省农科院社区耕读公益服务中心积极合作，在岛石镇中心学校进行多次捐学习用品、捐午餐等助学公益活动； 2. 与浙江农林大学及农林大学食品与健康学院合作，共建"教学和科研实践基地"和"浙江省特色中药资源保护与创新利用重点实验室（林下药材基地）"； 3. 与杭州上城区、临平区、拱墅区等退伍军人事务局和戎武公益组织合作，为退伍军人奉献爱心。 4. 与电商平台、第三方机构合作，利用网络媒体、微信公众号、微信小程序等平台，与《浙江日报》、《杭州日报》、杭州电视台、《老年报》等传统媒体保持良好关系，获得媒体报道、社会传播和民众的关注，初步形成"诗溢朱村"品牌和朱村村落景区影响力。		
新村民（人）	316	乡村厨娘（人）	18
返乡青年（人）	3	"一桌菜"农户数量（户）	6

三、临安区村落旅游资源调查表

	单独老人居住（间）		石头房（间）		砖瓦房（间）		老旧房子（幢）	
1								
	（建筑年代）		（建筑年代）		（建筑年代）		（建筑年代）	
	可租	可卖	可租	可卖	可租	可卖	可租	可卖
2	集体可作为建筑使用的土地面积							
3	农家乐数量	有意向做农家乐（但未实施的）户数						
		已经做农家乐（但想要提升农家乐品质的）户数						
4	传统美食种类							
5	民风民俗种类（婚嫁、祭祀等方面）							
6	现有的民间艺人（包括木匠、铁匠等手艺人）							
7	文化遗存	非物质遗存						
		物质遗存						
8	自然风光的调查							
9	采摘园							
10	夜晚的星空资源（观星台楼数）							
11	传统种植业种类							
12	周边可利用的资源							
13	基本农田利用现状	可租						
		可用（能转化成建设用地）						
14	青年学习、创业、工作概况	大学生						
		目前在外求职青年（非纯劳动性工作）						
15	村庄具有代表性的特色资源							
16	乡村厨娘							

四、临安乡村运营政务简报摘选

杭州市人民政府办公厅《杭州政务信息》专报刊发临安村落景区运营做法

2018 年 1 月 3 日，杭州市人民政府办公厅《杭州政务信息》专报第 2 期以"临安区村落景区运营创新为乡村振兴插上翅膀"为题，刊发临安村落景区运营做法。

临安区村落景区运营创新为乡村振兴插上翅膀

2017 年以来，该区提出"全域景区化"战略，其中重要举措之一就是推进村落景区建设，推行市场化运营，从原来侧重于美丽乡村基础建设上升到打造旅游产品的高度，通过村落景区建设运营主体、模式、内容的创新，让美丽乡村插上市场的翅膀，把村落景区打造成既有村落味道又有旅游业态的乡村新社区，为乡村振兴寻找到一条好的途径。目前，该区在全省率先制定村落景区建设标准，规划实施 307 个建设运营项目，总投资额达 4.5 亿元。已成功签约 8 家专业运营公司，促成 10 个村落景区市场化运营合作，建成浙江省 3A 级景区村庄 6 个。2017 年该区获评全省美丽乡村示范县，太湖源指南村获评全国美丽乡村示范村。

（一）找准突破点，从理念上解决"如何看"的问题

近年来，美丽乡村主要任务是抓好"建设"，如村容村貌整治、基础设施建设、公共服务设施配套、景观绿化美化等，一般由政府投入资金搞建设，管理维护由村集体承担，但村集体经济薄弱，缺乏长效管理。为此，该区积极探索，创新思维，突破原有的美丽乡村建设模式，从"重建设"向"重运营"转变，引进运营商进驻村落，通过市场化手段，把村落自然资源、文化资源与原有基础建设有机结合，从而促使资源向旅游产品转化。10 个村落景区通过市场化运营，已撬动社会建设管理运营资金 2.7 亿元，村集体经济直接、间接收益 300 余万元。

（二）抓住着力点，从主体上解决"谁来干"的问题

目前，全国各地对于乡村旅游运营的概念大多停留在综合管理层面，主体以村级组织为主，缺乏系统性、专业性以及有效的市场运营力量。该区提出招引运营商的方式，整体运营村落景区，明确运营商对整村旅游发展负责，必须具备三大能力：策划主题和活动的能力；集聚旅游业态圈层的资源；应用市场手段运作各类资源的能力。该区提出

招引运营商的创举，有效解决了运营主体的问题。目前8家运营商与10个村落景区签约合作，从根本上破解运营的体制机制问题，使原来乡村旅游发展的瓶颈迎刃而解，既提高建设管理水平，又壮大集体经济，促进农民增收，实现村集体、村民和企业三方共赢。

（三）挖掘创新点，从措施上解决"怎么办"的问题

村落景区市场化运营是新事物，该区除开展全方位的资源调查、聘请专家顾问指导、召开例会定期交流外，还创新地提出退出机制、合作模式创新、运营考核机制，鼓励激励运营商发挥作用。一是竞争择优。要求运营商进入村落两月内出具策划方案，包含运营方向、主题策划、空间布局规划等内容。方案需区级层面聘请专家审核通过，不能如期出具方案的及后期未能按照合作协议推进运营工作的，需主动退出。二是合作共赢。运营商与村级组织签约，要求运营商在村里注册运营公司，村集体以资源在一定年限的使用权入股，村集体股份占20%～40%，运营商两个月内注入资金至少50万元，运营效果好的，村集体可获取收益，让村集体资源价值逐步显现。三是考核激励。制订该区村落景区运营成果考核办法，以年度为期限，组织第三方机构对产品开发、活动组织、业态引进、知名度提升等方面进行绩效考核，达到要求的给予奖励补助，从而鼓励运营商积极工作。四是串珠成链。积极做好整个区域面上乡村旅游的线路产品组合。把村落景区串联在临安"钱王陵寻祖""青山湖问胜""太湖源探幽""天目山论道""大昌化揽秀"五大旅游板块线路之中，统一规划、建设、营销，为村落景区运营营造氛围，着力提升整体乡村旅游形象品牌。

（四）站稳落脚点，从方式上探索"多模式"的问题

按照市场化运营的创新思路，各村根据实际情况，锁定目标，运营模式灵活多样，逐步形成具有临安特色的四种"村落景区"市场化运营模式。一是资产入股模式。如该区百园村、杨溪村、大峡谷村、高虹龙门秘境村落景区以基础配套设施入股，由运营商整体市场化运营村落景区，产生效益按照股份分成。其中杨溪村2017年根据入股比例，分到10万元左右红利。二是景区托管模式。如该区指南村委托神龙川景区公司管理，每年收取50万元资源保护费，双方共同协调处理村民关系，维护好村庄环境卫生等。三是村级合作模式。如该区白沙村由村级股份制合作社组建源景村落景区管理有限公司，将相关资产直接注入公司，并聘请管理人员和工作人员开展村落景区日常运营管理工作。四是产业集聚模式。如该区相见村、月亮桥村由运营公司着重对民宿产业进行建设运营，带动其他产业联动发展，形成产业集聚，整体推进村落景区运营发展。

《浙江省农业农村厅简报》全文转发临安乡村运营做法

编者按：《农民日报》9月16日第8版"农经大视野·综合"报道了《乡村经营的临安实验》，围绕"公办好，还是民营好""谁为主，谁为辅""投资商，还是运营商""运营商如何赚钱""先建设，还是先运营"五个问题介绍了临安村落景区运营的做法。10月8日，浙江省委副书记郑栅洁批示肯定；10月14日，浙江省农业农村厅厅长林健东批示要求刊发临安做法供各地学习借鉴。

浙江省农业农村厅简报

第78期

浙江省农业农村厅办公室　　　　　　　二〇一九年十月十五日

编者按：近日，《农民日报》9月16日第008版《农经大规野·综合》报道了《乡村经营的临安经验》，围绕"公办好，还是民营好"、"谁为主，谁为辅"、"投资商，还是运营商"、"运营商如何赚钱"、"先建设，还是先运营"五个问题介绍了临安村落景区运营的做法。10月8日，省委副书记郑栅洁批示肯定；10月14日，厅长林健东批示要求，刊发临安县做法供各地学习借鉴。

乡村经营的临安实验

一个偶然机会，农民日报记者获悉，分布在浙江省杭州市临安区天目山景区附近的13个村落，组建了13个村级运营平台，每个月都要召开例会，直面问题、探寻路径，没有任何客套，探讨的全是实实在在的具体问题。

乡村经营是美丽乡村建设的新课题，事关重大。记者决定前去一探究竟。岂料，这一去就难以作罢，三个月内连下六趟，一口气把这13个村跑了个遍。

《浙江建设》全文刊发临安乡村运营模式的调研报告

2022 年 6 月，浙江省住房和城乡建设厅印发的《浙江建设》全文刊发浙江省人民政府咨询委员会乡村振兴部部长、省政协原秘书长陈荣高《实现共同富裕的一条有效途径——杭州市临安区乡村运营模式的调查与思考》调研报告。

浙 江 建 设

（动态信息）

2022 年第 65 期

浙江省住房和城乡建设厅　　　　　　　2022 年 6 月 24 日

城乡风貌整治提升工作第 14 期

　　按：乡村运营模式作为我省基层探索推动乡村振兴和共同富裕的创新实践，示范引领作用逐渐显现。2017 年以来，杭州市临安区以改革的思路寻求破解乡村运营难题的出路，在全省率先开展村落景区市场化运营，坚持"政府有为、市场有效、村民受益"。通过五年时间的探索，走出了一条通过运营引领村落景区化助推农旅文旅融合发展、促进乡村振兴的新路径，并取得了明显成效。现予刊发，供各地借鉴。

实现共同富裕的一条有效途径
——杭州市临安区乡村运营模式的调查与思考

五、临安乡村运营媒体报道（部分）

（截至 2023 年 12 月）

1. 2017 年 5 月 6 日，"临安发布"报道《旅游大时代下的机遇和未来，临安村落景区等你来运营》。

2. 2017 年 5 月 16 日，《都市快报》报道《临安 30 个特色村落寻找"最佳合伙人"！》。

3. 2017 年 6 月 9 日，新华网、央广网报道《推动全域景区化　临安将建 30 个村落景区》。

4. 2017 年 7 月 4 日，《中国旅游报》报道《临安着力解决村落景区发展痛点》。

5. 2017 年 7 月 18 日，浙江在线报道《临安率先探索村落景区建设标准　串珠成链把乡村建成大花园》。

6. 2017 年 11 月 16 日，《浙江新闻》、浙江在线报道《临安：打造村落景区，织就美丽画卷》。

7. 2017 年 11 月 19 日，《浙江新闻》报道《临安发布〈村落景区临安标准〉》。

8. 2018 年 2 月 9 日，《中国旅游报》要闻版报道《村落景区化　运营专业化：浙江临安探索引入运营商助推农旅融合发展》。

9. 2018 年 2 月 9 日，《第一旅游网》大篇幅报道临安村落景区运营工作。

10. 2018 年 2 月 18 日，《杭州日报》报道临安区於潜镇百园村村落景区运营工作。

11. 2018 年 4 月 26 日，《人民日报》海外版报道《景在村中　村融景中：临安打造村落景区》。

12. 2018 年 7 月 19 日，农业农村部《优质农产品》杂志报道《创客为临安富丽山村添彩》。

13. 2018 年 7 月 30 日，《今日浙江》报道《村落变景区，临安有三招》。

14. 2018 年 8 月 27 日，《浙江日报》融媒体报道《村落景区建设迎来返乡创业客　临安乡村振兴有门道》。

15. 2018 年 10 月 9 日，《光明日报》报道《美丽乡村升级版的"临安探索"》。

16. 2018 年 10 月 23 日，浙江卫视《浙江新闻联播》报道临安区天目山镇闽坞村村落景区首届美丽乡村晒秋节。

17. 2018 年 11 月 25 日，《经济日报》报道临安村落景区运营工作。

18. 2019 年 1 月 22 日，陕西《西安日报》报道《临安模式绘就乡村振兴画卷》。

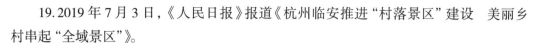

19. 2019 年 7 月 3 日,《人民日报》报道《杭州临安推进"村落景区"建设　美丽乡村串起"全域景区"》。

20. 2019 年 8 月 14 日,农业农村部《美好生活》杂志发表《农民日报》记者关于临安村落景区运营的长篇报道。

21. 2019 年 8 月 28 日,《今日临安》头版报道《工作例会上看"门道"》。

22. 2019 年 8 月 30 日,《中国旅游报》报道《守得初心见月明——杭州临安区探索打造农家乐升级版纪实》。

23. 2019 年 9 月 10 日,农业农村部《美丽乡村》杂志报道《天目曙光——浙江临安乡村经营实验新观察》。

24. 2019 年 9 月 16 日,《农民日报》报道《乡村经营的临安实验》。

25. 2019 年 9 月 30 日,《浙江日报》报道《临安勇当乡村"绿色改革先行者"》。

26. 2019 年 10 月 22 日,《杭州日报》报道《临安村落景区创建开花结果,"龙门秘境"揭开神秘面纱》。

27. 2019 年 11 月 22 日,《浙江新闻》报道《临安"新六景"为何这么火?村落景区做大"美丽经济"》。

28. 2019 年 11 月 22 日,《浙江日报》报道《临安村落景区告别"低散乱"做大美丽经济》。

29. 2019 年 12 月 12 日,《中国环境报》报道《临安村落景区化托起乡村振兴梦》。

30. 2019 年 12 月 17 日, China Daily(《中国日报》)报道 "Lin'an enhances its allures"(《临安正变得越来越有魅力》),向世界介绍临安乡村旅游提升实践。。

31. 2020 年 1 月 15 日,《人民日报》海外版报道《浙江临安　找到经营村庄的"金钥匙"》。

32. 2020 年 3 月 25 日,"临安发布"报道《临安,在招乡村运营师了》。

33. 2020 年 4 月 26 日,《杭州日报》整版报道龙门秘境村落景区的市场化运营之路:《"秘境"中趟出乡村振兴新路子　"两进两回"在高虹》。

34. 2020 年 5 月 14 日,《中国旅游报》大篇幅报道《浙江临安:市场化运营让"美丽乡村"更富足》。

35. 2020 年 5 月 17 日,浙江卫视《浙江新闻联播》以湍口温泉小镇示范型村落景区为例,对村落景区运营和民宿小集群运营在临安乡村的生动实践进行了报道。

36. 2020 年 5 月 22 日,《浙江日报》报道《乡村运营师,让风景更有"钱景"》。

37. 2020 年 6 月 4 日,浙江经视频道《茅莹今日秀》栏目邀请临安区文旅局副局长陈伟洪以及乡村运营师娄敏,就临安首创的"乡村运营师"做了专题交流访谈。

38. 2020 年 6 月 18 日,《杭州新闻》《潇湘晨报》等媒体报道《村落旅游是需要投资商还是运营商——首期临安乡村运营系列沙龙会已有答案》相关内容。

39. 2020 年 7 月 20 日，《农民日报》大篇幅报道临安区龙岗镇相见村村落景区运营。

40. 2020 年 8 月 6 日，《经济参考报》报道新华社记者关于乡村旅游运营的文章，其中提及临安运营案例。

41. 2020 年 8 月 12 日，《都市快报》报道《临安龙门秘境之秘　村落景区运营师用奇思妙想开启乡村试验》。

42. 2020 年 9 月 16 日，《人民日报》海外版报道《把乡村优势转化为经济优势》，聚焦在杭州临安举行的"浙江省乡村文旅运营研讨会"。

43. 2020 年 10 月 23 日，杭州电视台综合频道《今日关注》报道《临安：巧用乡村运营　助推乡村旅游》。

44. 2021 年 1 月 1 日，《人民日报》海外版报道《浙江临安招募"乡村运营师"，让乡村振兴的"里子"更充实》。

45. 2021 年 1 月 7 日，《中国旅游报》大篇幅报道《浙江临安：乡村运营师带来新思路新活力》。

46. 2021 年 1 月 23 日，中央电视台《焦点访谈》栏目报道临安村落景区市场化运营做法，重点报道了临安乡村运营师的概念和龙门秘境村落景区的运营做法。

47. 2021 年 1 月 25 日，《文旅中国》文化月刊报道《临安："村庄经营"是实现乡村振兴的有效路径》。

48. 2021 年 2 月 2 日，浙江卫视《今日评说》栏目报道乡村运营师在临安乡村运营中发挥重要作用。

49. 2021 年 2 月 3 日，中国首个村落景区公共品牌"天目村落"在京发布，《新京报》、央广网、中国新闻网、《钱江晚报》等多家媒体大篇幅报道临安村落景区市场化运营的做法。

50. 2021 年 3 月 3 日，《人民日报》海外版报道临安乡村运营模式：《乡村游创"金字招牌"》。

51. 2021 年 3 月 12 日，《人民日报》海外版报道《杭州市临安"天目村落"跑出乡村运营加速度》。

52. 2021 年 3 月 14 日，"澎湃新闻"报道《乡村振兴：临安"村庄运营"是一个创举》。

53. 2021 年 3 月 18 日，文旅中国报道《临安"龙门秘境"景区以食为媒重温红色记忆》。

54. 2021 年 3 月 30 日，《中国旅游报》报道《浙江临安："村落景区运营"激活乡村振兴内生动力》。

55. 2021 年 4 月 12 日，《杭州新闻联播》连续 2 天报道临安青山湖街道乡村运营工作。

56. 2021 年 4 月 17 日，央广网报道《浙江临安：文旅专家学者齐聚献策乡村运营》。

57. 2021 年 4 月 17 日，《天目新闻》报道《变"风景"为"钱景"　乡村"运营"有啥好点子听听专家们怎么说》。

58. 2021 年 4 月 20 日，《钱江晚报》整版报道《乡村运营应与村民共存共生》。

59. 2021 年 4 月 28 日，《中国县域经济报》报道《杭州临安：乡村运营圆桌会探讨未来之路》。

60. 2021 年 5 月 3 日，中央电视台《新闻联播》报道临安龙门秘境村落景区石门老街体验项目。

61. 2021 年 6 月 7 日，《人民日报》海外版报道《杭州市临安区举行〈乡村运营导则〉评审会》。

62. 2021 年 7 月 16 日，《中国三农报道》栏目播出《浙江杭州："村落景区运营"让乡村旅游更具活力》。

63. 2021 年 7 月 21 日，《人民日报》海外版报道《杭州临安启动"民宿小集群"运营工作》。

64. 2021 年 7 月 26 日，《人民日报》海外版报道《杭州市临安青山湖街道乡村运营提升出新招》。

65. 2021 年 8 月 7 日，新华社发表文章《职业经理人正在中国觅得更多机会》，将临安乡村运营作为案例写入报道。

66. 2021 年 8 月 11 日，《休闲》杂志 9 月刊发表专题文章《乡村寻"秘"》，报道龙门秘境村落景区运营商的特色做法。

67. 2021 年 8 月 12 日，《人民日报》海外版报道《杭州临安青山湖街道：用运营巧思雕琢特色乡村》。

68. 2021 年 9 月 13 日，《洛阳日报》报道《乡村运营，让"美丽资源"变身"美丽产业"》，全篇以临安乡村运营为例。

69. 2021 年 8 月 17 日，《人民日报》客户端报道《这个"非遗"洪村有点料》。

70. 2021 年 8 月 25 日，《人民日报》客户端报道《来郎家村，离生活更近》。

71. 2021 年 10 月 5 日，中央电视台《新闻联播》《朝闻天下》《第一时间》等栏目报道国庆长假期间临安红叶指南等村落景区乡村游的火热场景。

72. 2021 年 10 月 5 日，《中国旅游报》报道《激活乡村"沉睡"资源　助力共同富裕》《乡村运营并非一帆风顺　但村民已经被"撩"起来了》。

73. 2021 年 10 月 10 日，中央电视台《振兴路上》栏目以"生活做成'生意'"为题，聚焦临安以乡村运营引领共同富裕的特色乡村旅游。

74. 2021 年 10 月 24 日，中国小康网报道《解码乡村运营：十问临安模式》。

75. 2021 年 10 月 26 日,《杭州新闻联播》报道了临安通过开展乡村市场化运营取得的显著成效。

76. 2021 年 10 月 29 日，搜狐新闻报道《临安乡村运营有个"十人谈"沙龙会》。

77. 2021 年 11 月 15 日，文旅中国报道《王建忠：用市场运营为"文武上田"点石成金》。

78. 2021 年 11 月 17 日，文旅中国报道《周静秋：扩充业态补短板 "红叶指南"四季旺》。

79. 2021 年 11 月 24 日，《经济日报》报道《乡村运营激活山乡经济》。

80. 2021 年 11 月 25 日，《浙江日报》报道《临安以旅游业"微改造、精提升"打开乡村运营新局面》。

81. 2021 年 12 月 1 日，中国小康网报道《浙江乡村旅游：绘就新时代中国美丽乡村共富新图景》。

82. 2021 年 12 月 1 日，《中国日报》报道《乡村运营师娄敏："着眼大局着手细处"用心雕琢"龙门秘境"》。

83. 2021 年 12 月 19 日，《文化月刊》报道《乡村振兴的"运营新路径"：解码临安模式》。

84. 2021 年 12 月 22 日，《中国青年报》客户端报道：《杭州临安村落景区与市场"联姻"激活美丽经济》。

85. 2021 年 12 月 22 日，中国县域经济网报道《临安乡村运营模式如何运行？》。

86. 2022 年 1 月 6 日,《中国县域经济报》报道《乡村运营看临安》。

87. 2022 年 4 月 5 日，临安区文旅局副局长陈伟洪接受上海人民广播电台"长三角之声"访谈：《乡村运营师能够带来乡村哪些改变》。

88. 以新闻的力量推动共同富裕！ 2022 年 4 月 12 日起，临安区委宣传部、都市快报·橙柿互动联合推出"天目共富·相见临安"大型新闻行动。4 月 25 日以"怎样打好'文武上田'这张文化牌？怎样开发两大'名山'芦山和马安山？怎样讲好一个故事，烧好一桌菜，唱好一台戏？"为题报道文武上田。

89. 2022 年 4 月 26 日，中国小康网以青山湖街道洪村为例，报道临安乡村运营模式。

90. 2022 年 4 月 30 日,《杭州日报》以青山湖街道青南村为例，介绍了临安青南村乡村运营师唐叶超通过多种运营手法，激活乡村振兴内生动力，推进乡村共同富裕的运营成效。

91. 2022 年 5 月 11 日，中国新闻网·浙江新闻报道《乡村运营师在杭州临安：成功不在引进项目多少 带动村民共富是关键》。

92. 2022 年 5 月 12—15 日，2022 年临安"天目村落"招引乡村运营师新闻发布会引

发了《人民日报》海外版、《浙江日报》、《杭州日报》等 20 余家国家级、省市区级媒体以及自媒体的广泛关注和集中报道。

93. 2022 年 5 月 15 日，《浙江日报》报道《乡村运营师在杭州临安：成功不在引进项目多少　带动村民共富是关键》。

94. 2022 年 5 月 15 日，《浙江日报》以《乡村业态"活"了起来　临安"天目村落"再招乡村运营师》头版报道临安招引乡村运营师新闻发布会。"新华网"客户端同步推送。

95. 2022 年 5 月 19 日，《人民日报》海外版头版报道《浙江省杭州市临安区"天目村落"全球招募乡村运营师》。

96. 2022 年 5 月 27 日，《文旅浙壹说》采访陈伟洪，报道《陈伟洪：临安乡村运营模式是撬动乡村振兴的有效路径》。

97. 2022 年 5 月 30 日，浙江卫视《新闻深一度》报道临安乡村运营师。

98. 2022 年 6 月 3 日，中国新闻网报道《专家把脉浙江乡村运营　为可持续发展献策》《浙江临安乡村运营做对了什么：激发乡村内生动力方能持久》。

99. 2022 年 6 月 12 日，《经济日报》报道《浙江临安：蹚出美丽乡村的运营新路》，点赞临安乡村运营。

100. 2022 年 6 月 25 日，中国新闻网报道《长三角乡村运营论坛将于杭州临安举行　海内外专家齐聚献策》。

101. 2022 年 6 月 27 日，《天目新闻》报道《杭州临安青南村生态共富点"绿"成"金"》。

102. 2022 年 6 月 28 日，中国新闻网报道《"最美的岗位"杭州临安将全球招募乡村运营体验师》。

103. 2022 年 6 月 29 日，中国新闻网报道《海外专家"云"聚浙江临安　为中国乡村文旅运营发展献策》。

104. 2022 年 6 月 29 日，中国新闻网报道《杭州临安发起长三角乡村运营倡议》。

105. 2022 年 6 月 30 日，中国新闻网报道《专家学者杭州论道　为长三角乡村运营发展献策》。

106. 2022 年 6 月 30 日，《杭州新闻》报道《怎么改变"千村一面"？长三角专家齐聚临安给乡村运营和共富"把脉"》。

107. 2022 年 6 月 30 日，中国新闻网报道《专家齐聚临安　为乡村运营与共同富裕建言献策》。

108. 2022 年 6 月 30 日，《浙江新闻》报道《如何激活市场力量为美丽乡村"造血"？一起走进长三角乡村运营论坛》。

109. 2022 年 6 月 30 日，《天目新闻》报道《生态优势如何转化为经济优势　长三角乡村运营专家齐聚临安献策》。

110. 2022 年 6 月 30 日，中国新闻网报道《浙江临安办长三角乡村运营论坛 海内外专家齐聚献策》。

111. 2022 年 6 月 30 日，中国新闻网报道《杭州临安乡村何以"出圈"？》。

112. 2022 年 6 月 30 日，中国新闻网报道《长三角专家学者调研浙江临安"龙门秘境"村落景区》。

113. 2022 年 7 月 1 日，《浙江日报》报道《长三角乡村运营论坛在杭州临安举行》。

114. 2022 年 7 月 1 日，《法国侨报》报道《杭州临安乡村何以"出圈"？》。

115. 2022 年 7 月 1 日，《法国侨报》报道《法国专家学者等杭州论道　为长三角乡村运营发展献策》。

116. 2022 年 7 月 1 日，杭州网报道《临安全球招募乡村运营体验师！海内外专家建言献策避免乡村旅游"千村一面"》。

117. 2022 年 7 月 1 日，《钱江晚报》报道《面向全球！杭州临安招募乡村运营体验师，助力美丽乡村共建》。

118. 2022 年 7 月 1 日，《中国旅游新闻》客户端报道《长三角乡村运营论坛在杭州临安举办》。

119. 2022 年 7 月 1 日，大公网报道《面向全球招募乡村运营体验师　临安振兴乡村有新招》。

120. 2022 年 7 月 1 日，中国新闻网报道《杭州临安：乡村运营让风景更有"钱景"》。

121. 2022 年 7 月 1 日，中国新闻网报道《浙江杭州临安：乡村来了运营师》。

122. 2022 年 7 月 1 日，中国新闻网报道《如何让农民富起来？"三农"专家顾益康：发展"乡愁产业"》。

123. 2022 年 7 月 4 日，《今日临安》头版头条报道《海内外专家齐聚献策　临安再招乡村运营体验师》。

124. 2022 年 7 月 5 日，中国新闻网报道《杭州临安乡村何以"出圈"？》。

125. 2022 年 7 月 6 日，中国新闻网报道《浙江乡村观察：共同富裕不能停留在脱贫攻坚思维上》。

126. 2022 年 7 月 20 日，中国新闻网报道《浙江乡村观察：乡村运营"带头大哥"哪里找？》。

127. 2022 年 8 月 1 日，中国新闻网发文《杭州临安乡村运营体验记：乡村运营需要什么样的人才？》《浙江临安乡村运营体验记：乡村运营师激活了内生动力》报道临安首批"乡村运营体验师"十人团活动。

128. 2022 年 8 月 6 日，浙江电视台教科频道《旅游指南》栏目，专题报道《乡村运营师的一天》。

129. 2022 年 8 月 6 日，中国新闻网发文《浙江乡村观察：红叶指南如何从"一季旺到四季旺"》，报道红叶指南村落景区运营商周静秋团队。

130. 2022 年 8 月 12 日，浙江电视台以《乡村运营体验师在临安》，从体验师的角度报道临安乡村运营特色做法和取得的成效。

131. 2022 年 8 月 24 日，中国新闻网发文《浙江乡村观察：临安"林妹妹"为什么能赚钱？》报道红叶指南乡村运营师的做法。

132. 2022 年 9 月 16 日，《临安新闻》报道《乡村运营师：筑梦美丽乡村 打造共富之路》。

133. 2022 年 9 月 17 日，央视频播报临安的"乡村运营师"做法。

134. 2022 年 9 月 23 日，浙江电视台《旅游指南》栏目报道《临安：举办乡村运营沙龙会》。

135. 2022 年 9 月 23 日，浙江电视台《旅游指南》栏目报道《临安：乡村文旅设计师智库助力"微改造、精提升"》。

136. 2022 年 9 月 25 日，中国新闻网报道《浙江成立乡村文旅设计师智库　聘任首批智库专家》。

137. 2022 年 9 月 24 日，《临安新闻》报道《乡村运营师：筑梦美丽乡村　打造共富之路》。

138. 2022 年 9 月 28 日，中央电视台新闻频道《共同关注》、中文国际频道《中国新闻》纷纷报道临安乡村游、户外游的火热场景，临安乡村"农活"玩出圈。

139. 2022 年 10 月 5 日，中央电视台中文国际频道《2022 传奇中国节·重阳》栏目聚焦红叶指南村落景区，报道指南十八碗等内容。

140. 2022 年 10 月 10 日，《今日临安》报道《从"老旅游人"到乡村运营师》，介绍天目月乡村落景区乡村运营情况。

141. 2022 年 10 月 11 日，中国新闻社以"浙江乡村观察：乡村文旅发展为何需要设计师？"为题，报道在临安成立的乡村文旅设计师智库内容。

142. 2022 年 10 月 15 日，浙江电视台《旅游指南》栏目以"天目山，我们来了"为题，报道临安乡村运营师。

143. 2022 年 10 月 22 日，浙江电视台报道《临安乡村运营进行时系列报道之一：解密龙门》。

144. 2022 年 10 月 29 日，浙江电视台报道《临安乡村运营进行时系列报道之二：指南村的半边天》。

145. 2022 年 10 月 31 日，《今日临安》报道《乡村运营师：激活乡村"一池春水"》。

146. 2022 年 11 月 17 日，《中国旅游报》专版报道《杭州临安引进乡村运营师让乡村发展有"里"有"面"》。

147. 2022 年 11 月 28 日，《浙江文化和旅游之声》报道《如何看懂"乡村厨娘会"的内在逻辑和价值？》。

148. 2022 年 12 月 1 日，《文旅浙壹说》报道《如何看懂"乡村厨娘会"的内在逻辑和价值？》。

149. 2023 年 1 月 1 日，《人民日报》海外版报道《乡村运营启新程》。

150. 2023 年 2 月 16 日，第 14 期《支持浙江高质量发展建设共同富裕示范区工作简报》专题报道《"村庄经营"探索共富新路》。

151. 2023 年 2 月 20 日，《光明日报》报道《龙门有秘境，深山建乐园》。

152. 2023 年 5 月 3 日，央广网报道《破解旅游产业发展密码丨乡村旅游，如何差异化发展？》。

153. 2023 年 5 月 17 日，《中国旅游报》报道《还原农家底色 打出五星特色农家乐 微改造精提升 铺就乡村振兴"共富路"！》。

154. 2023 年 5 月 31 日，央视新闻报道《乡村引入运营师，外来的"和尚"如何念好本地经？》。

155. 2023 年 5 月 31 日，央视网报道《激发内在活力 远游脚步回归 为乡村蝶变注入新鲜活力》。

156. 2023 年 6 月 13 日，《山西日报》报道《乡村运营师：盘活资源促振兴》。

157. 2023 年 7 月 5 日，《杭州日报》报道《临安临目村变"客流"为"客留"》。

158. 2023 年 8 月 24 日，《江南游报》报道《乡村厨娘会，让乡村"闲人"有了用武之地》。

159. 2023 年 8 月 27 日—9 月 3 日，央广网报道央视总台经济之声《共同富裕中国行》系列述评文章。

160. 2023 年 9 月 14 日，《中国旅游报》报道《以乡村运营推动乡村文旅高质量发展》。

161. 2023 年 10 月 22 日，《人民日报》报道《杭州临安：乡村多次相亲，只为找到对的人》。

162. 2023 年 10 月 23 日，《杭州城研中心》报道《浙江临安"村庄经营"探索共富新路》。

第七章 临安乡村运营媒体报道摘选

一、旅游大时代下的机遇和未来，临安村落景区等你来运营

——"临安发布"2017年5月6日

为达到"全域景区化"的目标，临安市旅游局已经全面展开招商运营工作。2017年5月5日，临安市村落景区投资运营招商会召开！

临安市村落景区投资运营招商会的启动，标志着临安的生态村落将成为临安旅游重点发展方向。会议上多位嘉宾、投资商带头分享交流，探寻临安旅游新前景，在机遇中求突破，齐力推动乡村景区建设全面发展。

招商会上，浙江农林大学副教授李健介绍村落情况，包括各个村落的发展和资源特色，同时强调村落景区的建设离不开基础服务等配套设施的完善，自身发展中需强化接待水准，提升服务理念。

本次招商会现场，临安市旅游局提出聚焦临安五大全域旅游板块，做到历史文化的传承和保护。同时，5月底将推出30个村落景区招商，最终达到50个村落景区运营开放的目标，真正做到创建村落景区全面推进。会上重点指出，临安市旅游局针对各方投资商，推出对投资商的扶持、奖励政策。

招商会吸引了来自上海、四川、南京、苏州、杭州、临安等地投资单位近百人参加，众多意向投资商对临安旅游村落产业发展产生极大的兴趣，纷纷跟进村落景区发展思路，展示自己的公司的项目特长。会上深度探讨未来临安投资的愿景和构想，增进交流，促进合作，共谋发展。

旅游大时代下的机遇和未来，临安村落景区等你来运营

临安发布　2017-05-06

为达到"全域景区化"的目标，临安市旅游已经全面展开招商运营工作。2017年5月5日，临安市村落景区投资运营招商会召开！

临安市村落景区投资运营招商会的启动，标志着临安的生态村落将成为临安旅游重点发展方向。会议上多位嘉宾、投资商带头分享交流，探寻临安旅游新前景，在机遇中求突破，齐力推动乡村景区建设全面发展。

据悉，临安市就大力发展旅游相关产业，制定了旅游投资利好扶持政策，开放村落景区旅游投资项目，营造旅游发展的良好环境和氛围。通过此次投资招商会，不仅让外界更深刻了解临安的历史文化和丰富自然旅游资源，也让引进运营主体成为村落景区今后发展的新方向，为临安旅游发展奠定坚实基础。

村落景区作为临安一大旅游热点，是打造临安城市形象的重要载体，也是构建绿色生态建设的重要组成部分，对于推动临安经济社会全面发展，打造全域旅游有着重要促进作用。此次村落景区投资运营招商会的召开，将因地制宜，推动临安乡村建设，促进城乡互动融合，努力打造生态村落景区，真正把临安的生态乡村建设为城市中的美丽"桃源"。

入选本次村落景区招商运营对接会所属镇：

天目山镇、太湖源镇、湍口镇、龙岗镇、太阳镇、青山湖街道、清凉峰镇、於潜镇、高虹镇、岛石镇。

村落景区包含的村：

徐村村、天目村、月亮桥村、白鹤村、指南村、白沙村、湍口村、迎丰村、三联村、塘秀村、大峡谷村、相见村、五星村、太阳村、上庄村、双庙村、白水涧村、杨溪村、新峰村、观山村、凌口村、百园村、大山村、石门村、龙上村、呼日村。

二、临安着力解决村落景区发展痛点

——《中国旅游报》2017年7月4日

日前，浙江省临安市召开村落景区运营策划会，与会旅游部门负责人、专家、运营商、相关镇村代表持续对话交流5个多小时，敞开心扉谈思路、提需求、开药方，共谋临安村落景区项目的落地运营。

今年5月，临安市从全市范围内遴选、包装出30个村落景区项目，并正式面向全社会招选"实力和情怀兼备"的运营商，引发广泛关注。在临安市政府到杭州举办的全域旅游招商推介会上，许多村落景区运营项目当即遇到"伯乐"，实现现场签约。

这些村落景区项目颜值、风情各异，有的镶嵌在青山翠谷间，与大自然相映成趣；有的承载着厚重的历史文化底蕴；有的因特色产业而声名远播。但他们的共同之处在于，都具备发展旅游的基础或潜质，能够勾起人们的乡愁。正因为此，安徽黄山

市西街文化产业发展有限公司总经理季淼慧才毅然决定返乡创业，签下其中一个村落景区项目。

熟悉乡村旅游发展的人不难发现，许多地方提出要把某个乡村旅游目的地打造成大景区，主要还是从投资建设的角度考虑较多，往往过分侧重于同质化的硬件建设，忽略运营的重要性，普遍缺乏市场化的运作。最终，不仅没有收获预期的成果，打击了旅游发展的信心，还造成了许多不可再生的乡村资源的浪费。

位于浙西的临安市，森林覆盖率达78.2%，依托名山、秀水、奇洞、温泉、峡谷等自然优势，在全国率先开发生态旅游和乡村旅游，同时围绕"城市国际化、产业现代化、全域景区化"目标，致力打造覆盖临安市域的"千里画卷"。历经多年发展，临安已拥有旅游景区23个，成功创建"美丽乡村"120个，农家乐、民宿1200余家，游客年接待量逾千万人次，旅游综合收入超过100亿元。尽管成绩斐然，但临安在旅游创新上一直保持着一股"折腾劲"。

"眼下正是全市旅游转型升级的关键时期。"临安市旅游局局长凌理认为，临安在浙江率先推出30个村落景区运营管理的招商，目的就是让高度市场化的企业与村里传统

的村集体进行合作，成立股份制有限公司，从而运营村落旅游资源，把美丽乡村的资源变资产，把村落风景变成老百姓经济发展的基础和支撑点，打破村落景区发展的瓶颈，为全域旅游背景下的乡村旅游发展探一条新路。

据悉，临安将持续深入实施村落旅游资源的整合升级，或"单打独斗"，或村村联手，或与景区结盟，打造"自然生态型""景村结合型""历史文化型""产业结合型"等各具特色的村落景区，进而以点带面，最终运营开放 50 个村落景区，延伸产业链条，拓展临安旅游新空间，推动临安旅游向纵深发展，实现临安全域景区化。

国内旅游专家马牧青认为，临安强化村落景区运营是一个新课题，落地运营时务必在保护村落原貌的前提下，整合好村落的风光、风俗、风情、风物和风味资源，依托田园，挖掘文化，带动村民，打造具有土味、古味、俗味、野味、洋味的产品，创造政府、企业和农民等多方共赢的模式，才能真正"把这盘棋下活"。

"政府既要当好引路人，也要做好把关人。"凌理向已经签约的运营商坦言，临安村落景区项目运营将遵循市场经济规律，依据运营情况考核方案，实行优胜劣汰，对于行之有效或前景明朗的运营商及相应项目进行大力扶持，而对于无法打开局面或理念相悖的运营商则予以劝退。

任何一项创新，总是需要经历时间和实践的考验。临安以市场运营倒逼、引领村落景区开发的创新已经破题开篇，只要不忘初心，知行合一，找准各方同频共振的点，凝聚各路创业创新的力量，耐下性子，就能种好那片提升发展的"试验田"。

三、村落景区化 运营专业化

浙江临安探索引入运营商助推农旅融合发展

——《中国旅游报》2018年2月9日

位于浙江杭州西部山区的临安区寒意浓浓，当地"妙乐农庄"老板陈大姐正哼着小曲，在烧得火红的木炭炉旁为马上歇筷的客人们烤着红薯，香甜的味道很快就引得客人们围上前来。"把百园村当成景区村落来运营发展，带来了大商机，我们的生意马上就要火啦！"陈大姐说。为抓住眼前"商机"，陈大姐对家里房前屋后进行了修茸，还精心设计了就餐的回廊和后山的小路。从远处看，整个庭院俨然是一座山脚下的特色小花园。

去年以来，为进一步助推"美丽乡村"转化成"美丽经济"，破除乡村旅游发展同质化的积弊，临安区尝试以运营商为智力依托，开展村落景区捆绑式、品牌化、轻资产运营，探索通过"运营引领的村落景区化"助推农旅融合发展、促进乡村振兴的新路径。

播好种 为村招选运营商

入冬后，乡村进入农闲时节，但临安区旅游局副局长陈伟洪却忙个不停。几乎每个周末，他都会带着不同的人穿梭在不同的乡村。这些人中除了他这样的政府官员，还有打算与临安合作签约进行村落景区运营的运营商，以及乡村旅游领域的专家们。他们或应邀对有意参加景区化运营村落的相关条件进行"把脉问诊"，或主动对正在试水景区化运营的村落建言献策。

支撑陈伟洪等人乐此不疲开展工作的是他们对区里推出的"村落景区化运营创新探索"的信心和期冀。2017年5月，临安从全区范围内遴选、包装了30个村落景区项目，并正式面向全社会招选"不一定有雄厚的资金，但必须具有主题策划能力、有打造平台的相关资源、有情怀"的专业运营商。在临安区政府到杭州举办的全域旅游招商推介会上，许多村落景区运营项目也现场签约。这些签约的村落景区项目风情各异，但其共同之处在于，虽然旅游经济普遍薄弱，但都具备发展旅游的基础或潜质。

把村庄当成景区去打造这件事并不新鲜，但临安要做的是，把符合条件的整个村庄都交给运营商，以共负盈亏的形式参与村集体旅游产业经营。从一定意义上来说，运营商相当于"第二村委会"。对这个罕见又大胆的做法，外界莫衷一是。

"现实情况逼迫我们要寻找新的突破口。"陈伟洪解释说，临安拥有 100 多个"美丽乡村"面临"成长烦恼"，不少乡村"面子"美了，"里子"发展还不充分。有一部分"美丽乡村"虽然发展起了乡村旅游，但由于缺乏市场导向的通盘运营，在非专业投资商的引导下，村庄被改建得千篇一律，一些宝贵资源也被浪费破坏，提升整体品质和竞争力变得十分困难。"村落景区运营商就像是我们在乡村播撒的种子，希望结出的果子能改变当前乡村和乡村旅游遭遇的困境。"陈伟洪说。

施好肥 驻村培育旅游业

在临安区於潜镇百园村，不少农户门前都多了一块显眼的牌子，上面写着鲁班园、巧手园、竹编园……这些特色突出的"新园"不仅成为集经营和游览于一体的手工技艺体验馆，还真正充实了"百园村"的内涵，形成了以"百园"为核心的品牌吸引力。

这些创意离不开运营百园村的杭州好山好水文创团队。2017 年 7 月，好山好水文创团队经临安区旅游局引进后，在村里注册了专门的村落景区运营公司，组建起包含 12 位旅游文化专业人士的"百园之春"运营团队，在村头游客中心设立常驻办公区，潜心扎进百园村景区运营工作之中。截至目前，运营商已经完成了对百园村景区运营的整体规划，明确了不同村域的功能定位并开启相关项目的招商引资。同时，还成功挖掘包装了一大批以笋干、白糖籽等土特产为基础的旅游商品。

百园村只是临安推进村落景区运营的缩影。据悉，目前临安已有 8 个村庄引进专业运营公司，吸聚了很多专业资源，撬动了近 3 个亿的投资。"推行景区化运营的村落就像一株正在发育的幼苗，科学施肥是其健康成长的重要保障。"陈伟洪表示，运营商常驻村庄开展工作，集中解决了村落景区规划、运营的人力、智力和动力等多方面的问题，不仅有利于村庄景区化运行、帮助旅游业态在村庄发展，更能为三产融合、农民增收拓宽路子。

锄好草 助村走向绿富美

临安村落景区运营创新探索牵涉面广、考验大，并非一朝一夕可以看到成效。对于村落景区运营商，临安选择在"引进来"后"扶一程"。临安市旅游部门主导成立了由文化、旅游领域十位专家组成的"智囊团"，定期组织村镇代表、运营商召开运营碰头会，三方互相补充和促进，共同为村落景区化规划、运营和管理出谋划策。临安还精心编制了《村落景区运营成果考核评分细则》，对运营商的运营管理体系和工作实效进行了全面量化考评。

临安村落景区运营专家团成员、曾就职于安徽省黄山市旅游委员会的钱昌欣认为，临安率先探索以运营撬动村落景区化发展是对浙江省委、省政府"万村景区化"战略的一次有效实践，将推动一大批美丽乡村变成乡村休闲目的地，迈向真正的振兴。

经过大半年的摸索，临安村落景区运营的示范引领效应逐渐显现，一些当初没被纳入村落景区运营招商范围的村庄主动申请引进运营商。据悉，按照总体部署，2018年，临安所有的景区村落将实现运营商全覆盖。到2019年，全区景区村落将达50个，覆盖71个行政村。届时，临安乡村旅游的产业链将进一步延伸，全域旅游发展将迈上新台阶。

"我们既要对旅游产业和乡村负责，也要对运营商负责。"陈伟洪表示，今后两年，他们将不断完善村落景区运营商招引和考核制度，不断细化、提高运营商的选用要求，同时积极协调更多相关部门参与其中，真正走通村落景区运营创新这条路，让更多乡村迎来环境美、文化兴、产业旺的美丽蜕变，描绘好乡村振兴的临安蓝图。

四、景在村中　村融景中——临安打造村落景区

—— 《人民日报》海外版 2018 年 4 月 26 日

完成去年 10 个村落景区的验收，同时新建 12 个村落景区，这是今年浙江临安关于村落景区建设的任务清单。自去年 4 月《村落景区临安标准》（以下简称《临安标准》）发布以来，"村落景区"已经成为临安旅游乃至浙江旅游的热门话题。

2006 年，临安即已在浙江省率先编制了《农家乐乡村旅游发展规划》，十几年间，对乡村旅游发展的思考一直未曾中断，最终形成以景区理念规划乡村、以景区标准建设乡村、以景区红利惠及乡村的村落景区建设理念。这份标准涵盖环境、交通、设施、服务、人文、经济、安全等七大项和 28 小项实施细则，如同工具书般指导着村落景区的打造和美丽乡村建设。

2017 年，临安首批重点打造 10 个村落景区，引进 9 个专业公司对村落景区实行企业化运营，在深入挖掘村庄特色的基础上，对照标准制定规划，列出了 307 个项目，落实政府奖补资金 1.8 亿元，撬动社会投资 2.7 亿元。临安成功创建浙江省 3A 级景区村庄 6 个，创成"浙江省美丽乡村示范县"。根据计划，3 年时间里，临安将打造 30 个村落景区，覆盖 50 个行政村。

临安村落景区建设之所以引人注目，在于其运营模式的创新。在临安旅游局提供的一份资料中这样写道："把村落景区打造成既有村落味道又有旅游业态的乡村新社区，为乡村旅游发展找到了一条好的途径，也为'三农'发展找到一个有效的切入口。"

临安旅游局副局长陈伟洪介绍，全国各地在乡村旅游的运营概念上大多停留在综合管理的层面，主体以村级组织或项目投资商为主，缺乏系统性、专业性以及有效的市场运营力量。与投资商只对一个项目负责不同，运营商是从全村的旅游发展角度出发。同时，对于运营商的遴选也有高要求，运营商需要具备三大能力，一是策划主题和活动的能力，二是集聚旅游业态圈层资源的能力，三是应用市场手段运作各类资源的能力。"当然，运营商还得具备建设美丽乡村的理想情怀。"陈伟洪笑着说。村落景区进入实际运营阶段，也需要严格把关。

据介绍，临安每月至少举行一次运营工作例会，旅游局和聘请的专家不定期对运营

工作进行指导和把关。临安旅游局专门聘请7位省内外专家任运营顾问，3位临安本土文化人任运营文化顾问，为运营工作提供指导和帮助。

经过一年的发展，临安村落景区建设已初见成效。走进临安天目山镇的白鹤村、月亮桥村等村庄，除了山水风光，最吸引游客的是村民们的庭院。或栽花木，或种蔬果，有些村民还悉心为自己的庭院取了别致的名字。"美丽庭院"正是《临安标准》中的一项。村民庭院的改造，提升了整个村庄的"颜值"和内涵，让游客感受到"景在村中、村融景中"的乡村新貌。

五、工作例会上看"门道"

——《今日临安》2019 年 8 月 28 日

"我们目前正在做乡愁记忆馆、攀岩博物馆……"

"我觉得名字还可以再改一改，全国各地那么多，凭什么人家要来看你的？"

"村里没有旅游资源，宣传卖点也没有，很难进行下一步工作。"

"没有卖点，你为什么要选择这个村来运营？肯定有一个亮点吸引你来的，你需要重新调整规划思路。"

"……"

日前，一场激烈的"唇枪舌战"在月亮玖号民宿会议室展开，这是由区文旅局牵头，各村落景区运营商共同参加的村落景区运营工作例会。自 2017 年 9 月起，每月一次，雷打不动。

例会上，各运营商汇报了近一个月来村落景区运营情况，提出运营中出现的困难和问题，以及下阶段的工作计划，并由顾问、专家对运营情况进行点评、指导。运营商之间也相互提出意见，给出建议。

2017 年 5 月，我区包装推出 30 个村落景区项目，并面向全社会招专业运营商，把符合条件的整个村庄都交给运营商，以共负盈亏的形式参与村集体旅游产业经营，这在省内是首创。目前，月亮桥、杨溪村、龙门秘境、百园村等 11 个村落景区都有专业的运营团队。

对于为什么要坚持开展运营例会，区文旅局副局长陈伟洪表示，乡村旅游的运营商合作模式在全国范围内也很难找到一个成熟的案例，没有经验可借鉴，现在都是"摸着石头过河"。陈伟洪说："通过每月一次的例会，可以及时了解、梳理运营商遇到的问题，然后与镇村、旅游专家一起探讨。"区文旅局还聘请了旅游界、文化界、媒体界等 12 位运营顾问，组成智囊团，指导运营商做出务实的、可落地的策划方案。

"通过每月的工作例会，我们可以学到很多'门道'。"月亮桥村村落景区运营商陈聪说，每个村落景区都有共性问题，也有个性问题，通过例会相互交流、思想碰撞，就很容易找到破解之法。

六、守得初心见月明

——杭州临安区探索打造农家乐升级版纪实

——《中国旅游报》2019年8月30日

"不按约定施工，做错了又要返工。"看到农家乐枫香小院擅自安装了一个有安全隐患的扶梯，杭州市临安区文化和广电旅游体育局副局长陈伟洪心存忧虑。陈伟洪已记不清，在临安区打造农家乐升级版的过程中，同样的话跟农家乐业主说过多少次，但效果并不明显。

临安地处天目山脚下，山清水秀，是长三角的避暑胜地。依托优质的生态旅游资源，乡村旅游发展较早，农家乐一度发展迅猛，目前全区已达1500多家。然而，近年来，随着游客需求升级，以及周边高品质民宿冲击，传统农家乐遇到了发展瓶颈，打造农家乐升级版迫在眉睫。

"我在乡村调研时，不少农家乐业主表示有心提升，也愿意投钱，无奈找不到方向。"农家乐业主的急切心情，陈伟洪看在眼里、急在心里。2018年，临安区文化和广电旅游体育局正式开启了打造农家乐升级版的探索。但是，因政府、专家、业主理念存在差异，这场探索可谓"一路崎岖"，但通过政府部门努力协调，参与各方逐步实现了步调一致，为农家乐转型升级积累了宝贵经验。

初心：打造升级"样板"

"我们决心从设计提升破题，通过专业设计团队的力量，打造几户'农家乐升级版'示范样板，形成可复制的模式，再向全区大范围推行。"陈伟洪说。

去年春天，临安在村镇逐级推荐的基础上，选取了东坑村、武山村和五星村三个村的9家农家乐作为试点。一方面，临安区文化和广电旅游体育局与作为试点的农家乐业主签署承诺书，业主出资，政府部门对业主进行资金补助，额度为改造投资额的30%；另一方面，启动首届村落景区农家乐提升改造设计创意大赛，为改造提升公开筛选出6家设计单位。

改造提升进入实操阶段，看到设计单位递交的设计稿，陈伟洪发现："参与这次比赛的团队大多是民宿设计出身，有标准化的民宿设计范式，递交的方案同质化较严重，根本体现不出临安的独特性。临安要打造的是介于农家乐和民宿之间的农家乐升级版，即保持乡村风格、农家味道、民间业态，让都市人感受到温暖和温馨，能勾起他们的乡愁。"

在与各设计单位进一步沟通之后，陈伟洪决定把一个小菜园、一个星空房、一个民间作坊等作为体现农家个性的元素，梳理归纳为临安农家乐升级版"九个一"标准，由设计单位照标准改造提升。然而，由于设计师和业主的理念差异，"九个一"标准并没有得到严格落实。此时改造已过去半年，由于时间周期长、投入大等各种原因，9家参与改造的农家乐退出3户。

无奈之下，陈伟洪找来了原在黄山市旅游委员会就职、长期研究乡村旅游的钱昌欣，以及在临安经营十多年民宿、对乡宿空间设计有独到理解的上海姑娘施敏，组成三人专家团队，负责余下6户中的五星村枫香小院、万民农家乐、蒲扇居3家农家乐的改造提升，其他3家继续由原设计师操刀。

碰撞：理念差异引发矛盾

三人专家团队进驻后，先到五星村现场勘察，与业主沟通，此后列出了80多项有待整改的地方，并与业主一起确立了一套工作机制。但没想到，开始推进之后，由于理念上的差异，大小矛盾接踵而至。

"为了还原乡村味道，我们要求业主在施工过程中坚持用老砖、老瓦，把铝合金门框、窗框换成原木材料，但从业主的眼光看，原木材料比较'落伍'，他们更愿意用市面上流行的、电动的、现代的建筑材料；此外，他们更看重的是功能的实用性，有时候不太愿意按照我们的标准挑选那些与乡村主题相符合的建筑用料和服务用品。"专家团队中负责改造总设计的施敏说。

业主们则表示，自己也有苦衷。专家团队接手后，一些已完成的建筑和装修需要拆掉重做，比较担心提升后不能达到好的效果，希望"做得差不多就行了"，想快一点完成改造，以便早些开门营业。

为了调动业主积极性，有关部门做了大量工作。陈伟洪说，他不止一次跟农家乐业主沟通过，只要是有利于农家乐升级版打造的要素，文旅部门都会尽力协调保障。资金补助上除了原定补贴，如果哪户有特别出彩的项目或特殊困难的，还可以申请适当补助。

陈伟洪在一家提升农家乐的阁楼发现，本应透明的"星空房"房顶却被加装了木制挡板，既不美观，又阻挡了视野。"这些木板不行的，到时可能通不过验收。"

共赢：市场效果说服各方

整体上看，几个改造试点中，万民农家乐和蒲扇居两家农家乐整改提升的进度较快，目前已开放部分房间的接待。

最先开放的是徐万民的农家乐。业主徐万民说："我的农家乐是今年 5 月 1 日开始开放接待的，以前一个房间均价 100 元一晚，现在能卖到 600 元一晚，天天有客人，周末基本满房。"徐万民说，这都是改造提升带来的效果。

蒲扇居农家乐的业主黄加法也在试营业中收获了信心，并逐渐理解了为何要"苛求"品质。"前两天，刚接待了一波 7 年前住过我们农家乐的上海客人，入住前他们看到我们的房价，抱怨说怎么跟以前比贵了很多，我领着他们到改造提升完成的几个房间转了一圈，他们便高兴地称这个价格很值，临走前还说下次要多带几个朋友来体验。"黄加法说。

经过近一年的摸索，本就长期分管乡村旅游的陈伟洪，开始对传统农家乐转型升级有了更多思考。他表示，临安探索农家乐的转型提升，落脚点是要让农家乐突破发展瓶颈，谋求更广阔的发展空间。只有让业主们意识到，短期的不便是为了更长远的利益和发展，统一好各方立场，各种矛盾才能迎刃而解。但这个过程需要更多力量的参与，如年轻人、社会团体等，现在的力量还远远不够。

陈伟洪已经做好打算，在推广五星村示范工程的基础上，下一阶段将采取招选专业运营商的模式推进农家乐升级，让运营商们根据村情、户情自主选择有提升空间的农家乐，直接和当地的业主打交道，承担农家乐特色业态培育的职责，将地理邻近的几家农家乐组成小集群，建立互助小组，同时关联更多周边农户参与，文旅部门则对运营商的工作进行管理考核。

"只要方向是对的，做法上我们可以不断探索和完善，最终一定能够通过打造农家乐升级版这件事，为乡村振兴提供一些动力。"说完这句话，陈伟洪便转身与另外两位专家成员再次投入了工作，研究起下周的事项。摆在他们面前的，还有问题，但更有坚持和希望。

七、乡村经营的临安实验

——《农民日报》2019 年 9 月 16 日

一个偶然机会，记者获悉，分布在浙江省杭州市临安区天目山景区附近的 13 个村落，组建了 13 个村级运营平台，每个月都要召开例会，直面问题、探寻路径，没有任何客套，探讨的全是实实在在的具体问题。

乡村经营是美丽乡村建设的新课题，事关重大。记者决定前去一探究竟。岂料，这一去就难以作罢，三个月内连下六趟，一口气把这 13 个村跑了个遍。

国家集体，还是社会力量？

尽管与会热度有所下降，但例会仍如期举行。记者很快发现，专家评点不仅一丝不苟，而且火药味十足。

这回的靶子是上田村的一台戏。

上田村是临安重金打造的"明星村"。光基础设施，政府就投了七八千万元。但基础设施完善后，村庄该如何走向市场？任务自然而然地交给了临安旅投。

作为旅投派驻上田的负责人，王建忠坦言，如果从盈利角度考虑，上田这种项目一定是难入旅投"法眼"，但谁让旅投是国企呢？

为打人气，旅投决定排演一台戏，演员、设备等加在一起，投资大概需要近 200 万元。王建忠兴致勃勃地描述着他的计划。没想到，话音未落，一盆冷水泼来。

文旅局副局长陈伟洪首先质疑：投资这么大，什么时候才能收回成本？国企尽管财大气粗，但也得讲投入产出比。

特聘专家钱昌欣更是直接：大城市有那么多高大上的文艺表演，游客凭啥到上田来，看你这"三脚猫"？

面对质疑，王建忠有苦难言："上田没有出众的旅游资源，只能无中生有，通过这台戏来引爆市场。"

旅投的这一做法曾经取得成功，但青山湖是个封闭景区，而上田村是个开放式村落，老办法能否管用？不管是投资方式、盈利模式，还是决策效率、落地方法等，两者都有着很大差别。

与记者告别时，王建忠说出心里话："我们希望搭建平台，把项目交给社会资本。可没有一定的人气，社会资本肯定不愿进来。但不管如何，未来，旅投肯定要逐渐退出。"

与王建忠怀有同样心情的，还有白沙村的老支书夏玉云。

白沙原是远近闻名的贫困村，后来得益于绿水青山，家家开起农家乐，全村人均年纯收入6万多元。老百姓富了，村集体却穷得叮当响。

成立村落景区运营公司，就是要解决村集体经济问题。但这种吃力不讨好的事，谁愿意来干？没办法，夏玉云拒绝了他人的高薪聘请，转而出任运营公司老总，每月工资6000块钱。

村落景区建设项目完成后，基础设施已基本完善，待真正运营时，夏玉云却发现，能用于经营的物业一个都没有。

"没办法，我们只能将一些物业租来，改造提升后，再分包出去，虽然也赚了些钱，但这仅仅是管理，还不是开发和运营。"

在夏玉云的心目中，运营公司并非物业公司。尽管从空间上看，白沙村已无回旋余地，但并不意味着运营公司就无用武之地。比如可以把农产品文创化，作为伴手礼；比如可以定期策划活动，增加人流量；又比如可以针对散客，推出更多旅游产品，这是农家乐业主都需要的服务。

"这些事情很重要、很迫切，但光靠我们，既不专业，也不具备方方面面的资源，还得交给专业的团队来打理。说实话，管理我在行，但具体的开发经营，真的力不从心。"夏玉云自揭其短，毫不掩饰。

谁为主？谁为辅？

临安的13个村级经营平台，大多是与社会资本合作组建。那么，孰轻孰重，孰主孰次？说白了，这个经营到底谁做主，谁说了算。

首先是股份结构，谁多谁少？临安的做法基本是村里占小头、社会资本占大头，至于具体份额由双方商讨决定，为的就是激发运营商的积极性。

其次是运营分工，村集体和运营商，双方职能如何定位和协同？其中，运营商纵有再大的能耐、再美的愿景，上述两个根本问题如有未妥之处，必将后患无穷。

指南村位于太湖源头，是摄影爱好者的天堂。有了这一人气基础，临安区政府大胆投入了七八千万元，搞好基础设施建设后，交给了附近的神农川景区团队来运营。神农川每年支付村里50万元的资源费，其余自负盈亏。

神农川与指南村的联姻，一时被许多人认为是天作之合：一方面，两个景区位置相邻，流量上相互导入，内容上互为补充；另一方面，接手指南村的运营，也可以分摊神农川的营销管理成本。

然而，真正进入运营轨道后，总经理王军却感到举步维艰、难以应对。

"很多村民有所误解，认为是村里低价把资源卖给了我们。同时，镇里介入的力量又太过强大，与我们的设想出入很大。当然，我们公司本身也出了些状况，最终导致合作效果不佳。"

一年下来，神农川投入130万元，实际营收却只有120万元，如果再算上人工成本，就更加入不敷出了。

年底时，区里对各家运营商进行考核，最高可获百万补贴。本来王军还胸有成竹，可事实却是，竹篮打水一场空。

对没有拿到的补助，王军自不愿多言。今年，公司硬着头皮，继续托管指南村。岂料他们收取停车费和区间换乘费，又连遭乱收费的投诉。

"在临安，像神农川这样的民营景区有十多个，由我们来经营附近的村落景区，这种方式本身没有错。应该说，这是一个很有价值的探索和实践。但这里，村里、镇里的配合至关重要，像我们这种简单的托管，肯定不行。"王军说。

同样事与愿违的，还有媒体编导出身的胡益波。这个"女汉子"与临安本无缘分，只是因为偶遇百园村，结果一见倾心，当场签下协议。其实当时，胡益波根本不懂村庄运营，只是觉得那是个梦，如今有可能变成现实。

每天，胡益波奔波在杭州和百园村之间，路上就要花三个小时。两个月后，她拿出了"百园百业百元"的规划。

临近年底，临安召开美丽村庄（村落景区）建设现场会，首站参观点放在了百园村。胡益波精心导演的"耕织图"，让代表们大开眼界，也让百园村的村民重新发现了乡村价值：原来那些习以为常的资源，都是可以变现的。

但热闹归热闹，作为运营商，胡益波还是必须考虑生存问题，倒贴人力物力，关系不大，但产权不明晰的，绝对不能盲目投入。

政府倒是从中看到了希望，给了百园村一个500万元的精品村项目，指定其中100万元做5个园。胡益波满怀信心，到农办去跑了几趟，结果却是不得要领。"我是给旅游局做事，但项目资金都在农办手里，这就理不顺，做事很累。"

胡益波的热情犹如午后阳光，一点点暗淡下来，和村里的关系开始若即若离。满怀希望进来，黯然神伤离场。其中的酸甜苦辣，也只有当事人在夜半独自品尝。

是投资商，还是运营商？

胡益波们的"不告而别"，让不少人进入更深层次的思考。

一些村支书的观点很直接：运营商如果一点都不投资，一旦遇到问题，很容易拍拍屁股走人。运营商只有投入真金白银，形成一定的资产积累，才不至于轻易"离婚"。

但一些运营商则声称，自己投入的是智力，是活动策划和市场推广的资源，长项就是轻资产运营，而非实体项目的投资。所谓的建设投入，应该由政府和村集体负责。在政府完成基础设施建设之前，运营商不应该进入乡村。

事实上，对这批能人志士，他们的身份究竟属于投资商还是运营商，一开始，临安有关部门也是一知半解、一头雾水。"当时区里要求全覆盖，我们只能比较匆忙，让各家村落景区签订了运营商。现在回头看，运营商还是投资商，两者的定位究竟如何确定，还真值得好好研究。"陈伟洪反思道。

在诸多运营商中，"龙门秘境"的娄敏被认为是最成功的案例。

娄敏的外婆家就在"龙门秘境"，因此她并没有"水土不服"。2016 年，她在村里投资建起了垄上行民宿，想不到，一年后，区里推出村落景区运营计划，娄敏顺理成章成了首批运营商。

与其他人不同，娄敏兼具投资商和运营商的双重身份。两年来，她的"金诺公司"累计投入 3000 万元，目前，已形成以石门老街为中心，集吃喝住游玩于一体的旅游新业态。在运营公司的股权结构上，三个村各占 10%，"金诺"占 70%。

那么，如何来清晰界定运营公司的职责？娄敏告诉记者，以前单个点的投资，只要做好自己就行，而运营商则是要做好公共服务，包括：垃圾分类、环境卫生等基本运维；现有农家乐的提升规范，提供各家都需要但办起来不经济的公共服务；举办营销策划活动，吸引人气；农产品的包装开发。

如今，无论是区里、镇里、村里，还是老百姓，对娄敏都是异口同声地肯定。但在一些运营商看来，娄敏的"大手笔"很难模仿，毕竟这种投资和运营方式投资数额大、见效慢，很难变现。

当然，也有人警告，当兼具投资和运营双重身份后，如何保证有序运营以及村级资产的安全性，都有待商榷，特别是当资产界别不清晰的情况下，更要警惕集体资产的流失。

单一业态，还是复合盈利模式？

以何种角色进入乡村，某种程度上，确实需要视客观情况确定，但无论如何，有一条铁律不可违抗，那就是必须有自己的盈利模式。

清凉峰山脚下的杨溪村，以"忠孝文化"闻名遐迩。但长期以来，忠孝文化难以市场化运作，眼看着价值白白流失。

临安旅游集散中心有限公司总经理章晓云看中了这一资源，在孝子祠里开设起"忠孝学堂"，上午让学生们听课，下午体验乡村风光。

开始时，双方的合作方式非常简单：10块钱的"人头费"抽成，一年下来，村集体也有两三万元的收入。"说实话，这种纯粹是松散型的利益关系，村里如果自己来办学堂，或者交给别人，我根本无法左右。"章晓云坦言。

2017年，在前期愉快合作的基础上，章晓云顺理成章成了杨溪村的运营商，双方共同组建了杨溪忠孝文化旅游公司，村里占股40%。

村党支部书记陈建政认为，"以前，上头资金下到村里，盲目性很大，绝大多数用于基础设施，看不到价值和产出。现在不一样，我要上什么项目，先跟章总沟通，围绕游客和需求，有针对性地投。"

以体验基地为例：村里负责把一家一户的土地流转过来，再争取上级资金，建设成为可以提供户外运动、餐饮的场地，再租给运营公司，租金2万元一年。

别看这块场地不大，盈利点却不少：一辆小火车一天能赚个两三千元；土灶头一桌土菜能有三五百块钱的收入；旁边一排小吃摊位，可以出租给村民，还能丰富体验感。

如今，"忠义学堂"人气愈旺，章晓云和村集体的收入也就越来越高。如果说杨溪的盈利方法是培训和体验，那么，月亮桥依靠的则是资源的整合与盘活，从中赚取差价。

目前，月亮桥村已收来11幢闲置农房，租出去做成了酒坊、豆腐坊、烧窑工作室等，每幢的差价至少在5000元。另外，村里还流转了700多亩土地，其中300多亩分包出去，做成了玫瑰园、草莓园、四季果园。

"过去，村里只有农家乐和民宿，业态过于单一，留不住客人，也很难有市场竞争力。如今，这些项目上来以后，一下丰富了整个业态，既盘活了沉睡的资源，还有效解决了村里闲余劳动力。"村委会主任张卫荣告诉记者。

有趣的是，运营商陈聪原本并非张卫荣中意的对象。

"我是希望重资产模式。如果运营商一分钱都不带来，有点'空手套白狼'的感觉，同时也怕'挂羊头卖狗肉'，借着运营的名头，把市场作乱。可招了一段时间，没有人来，只能退而求其次。"张卫荣讲话直来直去，"陈聪本身资源很丰富，从运营商来说，还是很符合要求的。"

于是双方合作成立了"那月乡旅游发展有限公司"，陈聪也没有辜负村里的期望，尽管是轻资产运作，但一番"拳打脚踢"后，迅速打开了经营局面，其盈利模式也日趋丰富和成熟。

首先，村集体把基本的物业服务委托给陈聪，这部分费用至少可以解决运营商的前期成本，做一个托底；其次，陈聪流转了村里许多资源，包括土地、房屋等，通过转租赚取差价；再次，陈聪计划推出一家一户做不了，或者做起来不经济的公共服务，比如，开发农特产品，举办主题活动引流等，从中获取一些利润。

先建设，还是先运营？

"晓丹，徒步线这个事情，你得抓抓紧，资金的问题，我一定会尽力。"尽管陈伟洪在电话里有所承诺，但究竟能否解决资金问题，心里实在没有把握。

唐晓丹运营的村落景区名叫双庙村。本来，她只是个投资商，在村里打造了一家野奢帐篷酒店，生意很不错。村里看到她又能干又可靠，就与她联手组建了运营公司。唐晓丹也觉得，只有把整个村落经营起来，自己的客人才能有更好的体验感。

但角色变化以后，唐晓丹马上发现了摆在眼前的问题：从村庄建设规划上看，光有景观还不够，还必须根据运营所需，提供可体验、可互动的产品。

唐晓丹准备打造一条5公里的徒步道，在沿线布置业态，引入豆腐坊、手工艺、花园餐厅，举办乡村集市、音乐节，对农产品进行文创化包装等。唐晓丹并不急着招商，而是准备把基础先做好。经过测算，这笔费用需要200万元。

作为基础设施，由政府来投入自是毋庸置疑。但现实状况是，双庙村的建设资金已全部用完，要向区里再提出申报，可能性微乎其微。陈伟洪很着急，但项目和资金都在农口部门，文旅局只负责运营，基本上是两手空空。

此前，临安的计划是建设30个村落景区，每个村投入600万元，但由于量大面广，最终成效并不显著。去年年底，区里进一步提升，挑出10个村落景区，打造"八线十景"，对每个村落景区继续投入3000万元。这次，双庙村并未入选。这意味着，要钱更难了。

像双庙这样，进入运营状态后发现缺这少那的，在临安并不在少数。所幸，通过这场实验，已引起临安区党委、区政府的高度警惕。副区长楼秀华告诉记者，现在，区里明确要求，每个村落景区在建设前期，必须制定规划，让运营商充分介入，根据市场需求，因地制宜地设置项目，使得建设更加的合理化、科学化，为今后的运营打下基础，也避免了村庄之间的同质化竞争。

元代僧人明本禅师，这样描写天目山，"一山未尽一山登，百里全无一里平。疑是老僧遥指处，只堪图画不堪行"。

这不正是临安这场实验的真实写照吗？在没有任何经验可以借鉴的情况下，乡村经营面临着无数高山的阻碍，但目标已经明确，问题业已暴露，只要我们咬定青山，那一个个艰难险阻，就将成为人间图画般的风景。

八、浙江临安 找到经营村庄的"金钥匙"

——《人民日报》海外版 2020 年 1 月 15 日

浙江临安 2019 年共接待游客 1880 万人次，实现旅游业综合收入 227 亿元，交出了一份亮眼的乡村旅游成绩单。

临安是美丽乡村示范县，2017 年初，临安首次提出"村落景区"概念，计划用三年时间打造 30 个精品村落景区，2019 年临安提出建设以"八线十景"为重点的示范型村落景区。与此同时，美丽乡村建设中的难题也摆在眼前：有美丽无特色，乡村旅游设施雷同，"千村一面"；有输血无造血，缺乏产业植入；有想法无办法，政府把基础设施交给村委会运营，村委会却无力维持。乡村变美丽不难，难的是如何变旅游资源为旅游产业，不断提升当地百姓的收入。

"要把整治村庄和经营村庄结合起来"。2018 年，浙江省部署实施"资金进乡村、科技进乡村、青年回农村、乡贤回农村"行动，临安找到了一把"金钥匙"。

临安首创"村落景区市场化运营"，以策划和文创能力、集聚资源能力、市场运作能力、兼具乡村情怀和工匠精神等为基本条件，面向社会招引运营商，实施招兵买马组建团队、调查资源摸清家底、策划规划方案实施、整合资源市场营销、精准高效招引投资、"添油加醋"营造氛围、注重文创打造业态、找准目标包装线路、借助外力加强合作、多管齐下强化服务等十项举措，并在村落景区市场化改革实践中，明确政府、运营商、投资商、村集体、村民、专家等的"角色定位"。

两年来，临安 17 个村落景区与 12 家运营商签约，以商招商 22 家、落户项目 35 个，总投资达 1.67 亿元，引进专业高端人才 98 人，吸引回乡创业青年 85 人，初步达到以经营村庄撬动"两进两回"的目的。

多年来，月亮桥村陆续投入约 3000 万元进行基础建设，村落美丽了，旅游却始终没有发展起来。虽然紧靠着天目山景区，但是，大批游客仅仅是月亮桥村的"匆匆过客"，当地百姓没有得到实惠。村委会负着债，举步维艰。2017 年 10 月，月亮桥村引进运营商后，民宿、木艺坊、雕塑馆、美术馆、玫瑰庄园、四季果园、天河酒坊等一批业态相继落地，2019 年前 10 个月，月亮桥村旅游总收入达到 1000 万元。

运营商来了，被弃之角落的老物件竟然成了宝贝！村里原先被当作废物的老砖老瓦老木料都成了稀罕品，田地里的普通特产被做成了精美的旅游商品。美丽乡村旅游实现了从闲置资源、资产向文创产品的转变。高虹镇龙门秘境村落景区运营商娄敏，通过收购或租赁闲置资产，带来投资 2500 多万元，专业人才 21 人，吸引回乡创业青年 10 人，吸纳当地村民就业 150 人。

2018 年，龙门秘境村落景区的石门村、龙上村、大山村分别获得收益 10 万元、17.5 万元和 20 万元；2018 年，杨溪村接待游客 5 万人次，旅游收入达 300 万元，村民人均年收入 3.7 万元，市场力量让"老树发新芽"，帮助村集体和村民从低收入向高收益转变。

乡村振兴不再仅依靠单一的行政力量，多元市场化力量共同发力。过去，大家习惯性地以自然风景好坏为发展旅游业的标准，一些村并不被看好。运营商带来了旅游发展新思路，并率先启动旅游发展。他们积极为村委会出点子、做参谋、当助手，村委会信心更足了，村干部积极主动参与到环境整治、村民关系协调、旅游活动协助等工作中去，乡村旅游发展氛围日益活跃。

九、临安，在招乡村运营师了！

——"临安发布" 2020 年 3 月 25 日

乡村运营师，一个全新的职业！

我们需要有理想情怀、有旅游文创专业和实战经验的你，加入我们的大团队。

临安，在招乡村运营师了！

临安发布 2020-03-25 12:17

乡村运营师，一个全新的职业！

我们需要有理想情怀、有旅游文创专业和实战经验的你，加入我们的大团队。

十、浙江临安：市场化运营让"美丽乡村"更富足

—— 《中国旅游报》2020 年 5 月 14 日

作为浙江省美丽乡村示范县，自 2017 年 5 月以来，杭州市临安区大胆求索，创造性地开展"村落景区市场化运营"，大力实施"两进两回"行动，激活了乡村振兴的内生动力，走出了新时代乡村振兴的新路子。2019 年，临安乡村旅游接待游客 2072.1 万人次，同比增长 57.1%；实现旅游营业收入 20.68 亿元，同比增长 62.6%。

"两难困境" 的破解之道

临安区地处杭州西部山区，拥有众多山水环绕的田园村落。10 多年来，主要依靠政府投入，临安建成了许多美丽乡村，乡村人居环境焕然一新。但是，这些村庄大多有美丽无特色，乡村旅游设施雷同导致"千村一面"；有输血无造血，缺乏产业植入；有想法无办法，政府把基础设施交给村委会运营，村委会却无力维持，游客中心等设施难以为继。临安乡村旅游发展陷入进退两难的困境：退，则回到"二次荒废"，进，却缺乏内生动力。

乡村变美丽并不难，难的是将美丽变成钱、变成老百姓的收入。怎样通过运营，变美丽资源为美丽产业，如此高难度的市场运作交给村委会来完成，看来不合适。那么，美丽乡村到底应该交由谁来运营呢？

2019 年，浙江省委、省政府部署实施"资金进乡村、科技进乡村、青年回农村、乡贤回农村"行动。经营村庄，"两进两回"，临安找到了破解美丽乡村"两难困境"的金钥匙。2017 年，临安区委、区政府首创"村落景区市场化运营"，计划用 3 年时间打造 30 个精品村落景区；2019 年临安提出打造以"八线十景"为重点的示范型村落景区，面向社会招聘村落景区运营商，以图实现乡村与市场的结合。

乡村与市场的"结合"，不该是"拉郎配"，而应是"自由恋爱"，而且是自由自愿的"相亲—结亲"。如何在茫茫人海中寻找到称心的目标运营商？原临安区旅游局提出要求，运营商要具备策划和文创能力、集聚资源能力、市场运作能力，兼具乡村情怀和工匠精神。同时，运营商也要选择村落景区，要通过实地考察村落的环境、区位、通达

性、资源禀赋和文化民俗以及村干部的综合素质之后，再决定是否"结亲"。

"结亲"的具体步骤是这样的：一是运营商和村委会共同组建村落景区运营公司，村委会以村集体的游客中心、文化礼堂等设施的使用权入股，占股份总额的10%～20%；运营商以货币资金入股，注册资金不少于50万元，并且承担日常的运营费用。运营过程中，政府和村委会不投资一分钱，区旅游局和镇政府负责见证整个"结亲"过程。二是运营公司注册地必须落户村落，组建专门的运营团队，有日常办公场所，常态化开展工作。签约运营时间可长可短，一般在10～30年。三是双方可商定解除协议退出运营。运营公司两个月没有明显工作进展，则可退出。

截至2019年年底，临安17个村落景区与12家运营商签约，以商招商22家、落户项目35个，总投资达1.67亿元，进村专业高端人才98人，吸引回乡创业青年85人，初步达到了以经营村庄撬动"两进两回"的目的。

市场化运营成效显著

村落景区运营商进驻后，根据村落的特色开展工作，通过以下九个步骤，逐渐把当地旅游做起来。

一是要调查资源。先了解村庄的"家底"和特色，明确村落旅游的主题和市场定位等。二是实施策划。策划有鲜明个性的旅游主题，乡村旅游设施建设、旅游产品以及市场营销都要统一到主题风格中。三是市场营销。主要创建村落运营微信公众号、整合新媒体宣传、策划民俗文化类旅游活动。四是招引投资。运营商自身不做大的投资，而是精准高效吸引各类投资商集聚到村落，投资建设经营"小而美"的业态和产品项目。五是营造旅游氛围。运营商采用"添油加醋""锦上添花"的方式，利用乡土材质打造符合村落气质的景观小品，成为游客的打卡点。六是打造旅游新业态。运营最重要的是确保旅游业态和产品的落地。两年多来，民宿、采摘园、雕塑馆、麻酥糖馆、草鞋馆等业态相继落地，每个村落景区都根据本地特产开发了文创伴手礼等旅游产品。七是包装旅游线路。围绕村落旅游主题，运营商把打造的业态和体验活动、景点等串成旅游线路产品，推向目标市场。八是加强社会合作。借助外力，运营商与乡贤组织、网络营销机构、抖音团队、企业协会、社区组织、大学培训机构等加强合作。九是加强管理服务。包括游客进村的秩序、安全和服务以及村落环境，生态和传统文化、民俗保护等。

在村落景区市场化改革实践中，政府、运营商、投资商、村集体、村民、专家等各有"角色定位"。政府部门负责"跑龙套"，从过去的"大包大揽"改为承担引导和规范职能，出台《临安村落景区运营考核办法》，突出业态与产品考核，每年组织第三方机构对运营商开展绩效考核，对考核合格的运营商给予20万～100万元不等的奖励。乡村运营商是"主角"，承担参与村庄发展规划、项目投资、招商投资、产品开发、旅游营销、日常运营、综合管理等职能，并扮演"第二村委会"的角色，参与村庄发展议事会议。投资商是"配角"，按照村落景区主题和风格开展项目投资，只对自己投资的项目负责。村委会是"股东"，代表村集体与运营商签订合同，以集体资产入股。村委会在运营工作业务上不干涉、不参与经营管理，主要协助并保障运营商在村落顺利开展运营工作。村民是"主人"，可以通过出售农产品获益，可以作为投资者，从乡村民宿、伴手礼、采摘园等领域获益，或者作为劳动者在家门口就业。专家是"师爷"，旅游部门特聘乡村旅游专家团队，定期对运营商进行指导和交流，为运营商提出对策建议。

形成良好的乡村振兴氛围

临安终于找到了乡村振兴的发力点，坚持以经营村庄撬动"两进两回"，初步形成了良好的乡村振兴氛围。

首先，美丽乡村旅游实现了从注重基础建设向注重业态和产品的转变。毗邻天目山景区的月亮桥村，多年来陆续投入约 3000 万元。村落是美丽了，但旅游始终没有做起来，村委会也背着债，举步维艰。2017 年 10 月引进乡村运营商后，乡村运营商收购了村民闲置房 11 幢，对外招引投资商，民宿、木艺坊、四季果园、天河酒坊等一批业态相继落地，玫瑰精油、玫瑰酱、天目茶盏等一批文创伴手礼被推向市场。2019 年，全村共接待游客 10 余万人次，总收入超 1000 万元。

其次，闲置资源实现了从无人问津向创业项目的转变。高虹镇龙门秘境村落景区一直藏在深闺人未知。2017 年 9 月，乡贤娄敏回乡参与村落景区运营，两年来收购或租赁了石门老供销社、石门敬老院、石门老街若干民居、金菊坞菊花基地等老旧闲置资产，投资 2500 多万元，带来专业人才 21 人，吸引回乡创业青年 10 人，吸纳当地村民就业 150 人。

再次，美丽乡村村集体和村民完成了从低收入向高收益的转变。以杨溪村为例，2017 年村集体收入为 15 万元，2018 年为 20 万元，2019 年跃至 30 万元。去年，该村 7 幢老房子被江苏某公司租用开发，目前 400 万元已到账。乡村运营让农民成为直接受益者。农民的闲置房被租用，而且房租每年水涨船高；农民可参与旅游经营，或开民宿或开商店，不会经营的村民也可发挥各自特长，为民宿供应农家食材、民俗用品和特产。

最后，美丽乡村振兴实现了从单一行政力量向多元市场化力量的转变。乡村运营商的进驻给了村委会很大的信心，村干部主动积极参与到环境整治、村民关系协调、旅游活动协助等工作中，村集体组织的力量变得更加强大。一部分"农二代"知识青年开始返乡创业，在政府的支持下，个别村落景区的农家乐民宿业主组建成互助合作组，实现资源共享。相关政府部门、村委会、运营商、农民等多方共同发力，形成以内生动力为主的乡村振兴模式。而推动乡村旅游可持续发展的市场力量，在解决了"乡村产业需要市场化运营，运营的主体是谁"等关键问题之后，发挥了重要作用。

　　作为一项创新性工作，在推动过程中自然会遇到一些瓶颈和问题。就临安而言，当前还面临着基层乡村的市场化运营理念滞后、优秀乡村运营团队引进难、美丽乡村建设和运营脱节、村干部的激励机制不够完善等难题。然而，这些并不影响人们通过临安这面镜子，看到乡村振兴的基本方向和实现路径。

十一、乡村运营师，让风景更有"钱景"

——《浙江日报》2020 年 5 月 22 日

杭州临安乡村，从不缺少美。

初夏时节，我们来到临安天目山镇月亮桥村，农田里绿色的波浪翻滚。干净的道路两旁，各具特色的民宿开门迎客。几十公里外的湍口镇，八都老街上的洪岭馒头、湍口烫画、三联索面店，吸引着游客。此外，近年来临安打造的红叶指南、文武上田等村落景区，都显现"村在景中、景在村中"的意境。

但发展的瓶颈也一度困扰着这里，乡村建设过度依赖财政投入，产业培育缺少专业人才，美丽风景难以转化成美丽经济。

乡村振兴，产业兴旺是重点。如何将乡村建设与经营结合起来，如何高质量发展乡村经济？2017 年开始，临安决定面向全社会招募乡村运营师，吸引人才进村，促成了 17 个村落景区与 12 个团队签约，探索"乡村市场化运营"模式。

两年来，乡村运营师们带来了哪些奇思妙想？他们能否承担起乡村业态引入、产业升级的职责？近日，记者来到临安，观察田野村舍里，正在发生的变化。

既独特，又富有挑战——用奇思妙想开启乡村试验

小村石门，坐落于临安、余杭与安吉的交界处。我们沿着盘山公路进入高虹镇石门村，两侧青山环绕，溪水潺潺，像是不见人烟的"人间秘境"。老酒坊、豆腐坊……我们转进修旧如旧的石门老街时，又看到一番生活气息浓郁的场景：一些游客正在其中体验磨豆子和酿酒。

过去，受地理位置所限，石门村的发展一度受限。而它的改变，离不开娄敏的回归。

娄敏是高虹镇石门村人，年少出村到城里办公司，已创出一番事业的她，保持着每月回村看望老人的习惯。

石门村并不缺旅游资源。明清时期的老街、经营百年的药店、杭徽古道驿站等，至今留存。但时过境迁，偏远村庄变得落寞，成为只有20余位老人留守的空心村。娄敏的外婆，就是其中一位。

一开始，临安区文旅局副局长陈伟洪找到娄敏，让她负责运营高虹镇石门村，娄敏拒绝了："我一个做生意的，可管不好村子。"往返路上，娄敏一遍遍勾勒乡村的模样，说不了解石门，但她心里是有点数的。

2017年初，为创建浙江全域旅游示范市，临安着手整合美丽乡村，打造村落景区。石门村与相邻的大山村、龙上村被规划为"龙门秘境"景区。环境整治、房屋外立面改造、旅游集散中心建设……短短几个月，项目紧锣密鼓推进，资金也投入不少，小村逐渐显现新气象。

但吸引游客、聚拢人气并不容易。村里的3家农家乐，除节假日和周末外，平日颇为冷清。满山的竹林与茶园，因少人打理，许多都荒废了。"太可惜了。"娄敏不由感叹。

石门呈现的，正是临安甚至是全省乡村建设遇到的普遍困境。10余年来，当地打造的美丽乡村，虽有美丽的外壳，却没有造血的功能。一些村庄缺少产业植入，对游客吸引力不强，农民增收缺乏持久动力。一些村庄，项目建好、业态引入后，交给村委会运营，但村委会无力维持，发展难以为继。

"归根到底是缺人。"陈伟洪觉得，无论是发掘乡村生态、生产、生活价值，还是推动传统产业向文旅、农旅融合等现代产业转变，都需要能够统筹资源、整体策划的综合人才，"乡村建设，不可能依赖政府无限投入，乡村经营，靠村干部和村民本身也远远不够，必须把专业的事交给专业的人。"

"不管村子，只管运营。"深思熟虑后的陈伟洪再次找到娄敏。

"哦？什么模式？"这一次，娄敏有了好奇和期待。

乡村运营的模式，听起来既独特，又极富挑战。运营师与村集体自愿签约，双方组建合资公司。村委会管理村庄事务，运营师则负责旅游产品打造、主题活动举办等，形成具有一定盈利能力的乡村业态，最终收益按照公司股份分成。每年年底，临安区里还将组织第三方机构开展绩效考核，对考核合格的乡村运营师实行20万元至100万元不等的奖励。

当年年中，临安文旅局牵头召开首场"乡村运营师招募会"，吸引20多名旅游、文创类企业代表参加。同时，他们向社会发布"招贤令"，邀请具备策划文创能力、集聚资源能力、市场运作能力，兼具乡土情怀的人才，投身乡村事业。

在旅游市场摸爬滚打近20年的章小云、从事户外产品外贸行业的唐晓丹、媒体编导出身的胡益波、太湖源镇白沙村老支书夏玉云……两年多来，12名运营师陆续到来，用他们的奇思妙想，开启了一场与众不同的试验。

既要发现美，又要把资源变成产品——看政府与市场如何优势互补

与其他村落景区相比，太阳镇双庙村有些平凡，山不够深邃、水不够灵动、林不够秀丽。但运营师唐晓丹不这么看，大山谷套小山谷的地理特征、村口绵延 3 公里的杉树林、前田后屋的乡村景观、淳朴良善的民风，在她眼里都是亮点。

刚到村里，唐晓丹就提出要带我们逛一逛。"别看这是个不起眼的小村子，但里面蕴藏着很多宝藏。每家每户，我们都深入其中挖掘特点，打造乡村游的节点。"正说着，我们来到畲族文化传承人蓝大叔的家门口，梅干菜的味道飘香四溢。"他的梅干菜是一绝，我们也开发出来，成为乡村旅游体验的一个项目。"唐晓丹说。

2018 年 10 月，当临安向她伸出橄榄枝时，这位"80 后"都市女性欣然应允，与村里合股成立杭州慕仁文化创意发展有限公司，个人占股 65%，村集体占股 35%。

唐晓丹给自己定了个"小目标"：两个月组建团队、摸清家底、做出规划。

越发掘，越惊喜。会做木工的罗师傅、种田达人罗阿姨……逐户访谈中，村民隐藏的手艺，让人脑洞大开。唐晓丹带着团队，为双庙村量身打造一条长 4 公里的路线，串联山谷与水库，布置豆腐坊、酒坊、油坊、花园餐厅、龙虾餐厅等业态，并通过乡村集市、音乐节、酿酒节等活动聚拢人气。

"做乡村运营，既要有发现美的眼光，也要有把资源变产品的创意。"唐晓丹说，未来的双庙村，不会是特别赚钱的景区，但一定是具有美感的乡村生活空间。

清凉峰山脚下的杨溪村里，运营师章小云则在思考另一个命题：如何实现乡村业态可持续发展。

事实上，早在 2014 年，村里就与章小云所在的临安旅游集散中心有限公司有过合作。依托郎氏祠堂、韩世忠墓等，他们共同开发了"忠孝学堂"课程，每年吸引 1 万余名学生游玩，体验忠孝文化。

"但仔细盘算，除了入场费，真正给村庄带来的收益不多。这些年，桐庐、建德等地古村落建设发展很快，市场竞争也更加激烈。"花两个月时间，调研游客与村民需求后，章小云拿出了运营方案——拉长产业链，拓展新市场。

"忠孝学堂"课程内部，加入做麻酥糖、编草鞋、农耕体验等活动，将原本半天的行程，延长至一天甚至两天。同时，利用村落景区建设资金，打造全新的体验基地，增加小火车、土灶头、户外运动区等业态，吸引学生以外的游客群体。

"以前，村里做项目，要么缺少特色，要么种类单一，看不到持续收益。现在不一样了，运营师比我们更擅长用市场角度想问题，游客喜欢什么，就有针对性地投什么，用好了资金，升级了产业，村庄发展也更有生命力。"杨溪村党支部书记杨建政说。

与章小云和唐晓丹的"轻资产"运营模式有所不同，高虹镇里，娄敏的行动更为大胆。

此前，与高虹镇签约，成为"龙门秘境"村落景区运营师时，娄敏曾为自己做过清晰的职责定位：农产品包装开发、农家乐整合提升、营销活动策划举办。

"但一切成立的前提，是村庄有人气。"娄敏说，入村不久，她就发现依靠现有农家乐吸引大规模游客不现实，必须充分盘活山水资源，才能形成完整的产业链，乡村才能真正留得住人。

单点改造见效慢、招商引资不顺利，娄敏索性将此前公司的大半收益投了进来。两年时间，她累计投入3000余万元，流转闲置农房、土地，打造"垄上行"民宿、菊花基地、高山蔬菜基地。

如今的她，身兼运营师和投资商双重身份，管理投资项目的同时，也统筹着景区整体运营活动，邀请设计师改造农家乐，打造共享竹林、共享酒吧，千方百计让资源活起来。

在临安乡村运营顾问钱昌欣看来，不管是先运营后投资、先投资后运营，还是单纯运营，这场实践最大的价值在于，改变了政府"大包大揽"的做法，乡村运营师承担村庄发展规划、产品开发、旅游营销等职责，村集体协助运营、协调村民关系，政府负责配套建设、规范引导，三者各司其职、优势互补，为乡村可持续发展提供基础。

既要留住游客，又要吸引年轻人返乡创业——激活乡村发展内生动力

我们刚走进龙门秘境村落景区，一股香味扑面而来。村里的空地上，10多组村民起锅、烧油、倒进牛肉和辣椒等……台下，游客们望眼欲穿，想要品尝第一口酱。伴随着浓浓的香气，一道道秘酱烧制完成。

今年的"五一"假期，因为一场"龙门秘酱节"，龙门秘境村落景区里，迸发出前所未有的活力。千余名浙江、安徽、江西等地游客慕名而来，人们到这里品尝特色美食，体验乡村生活。

娄敏告诉我们，两年来，通过市场运营、活动宣传以及梯田、花海等整体景观打造，偏远山村实现逆袭，游客数量达到5万余人次。石门、龙上和大山3个村村集体经济分别达到10万元、17.5万元和20万元。

线下火爆的同时，线上也很热闹。今年年初，借着太阳镇入选"省级农业强镇"创建名单的契机，唐晓丹的团队联合全镇10余位农业大户，开发了"暖暖农"平台，设计了"田地认养""农产品销售""村民有话说"等板块。

这些天，微信公众号与小程序一经上线，便吸引不少人关注。双庙村村民罗秀珠怎么也想不到，自己种的米，经过设计包装，竟能卖出10元一斤的价格。靠在民宿和餐

厅帮忙、卖农产品，去年她的收入增加了 1 万余元。

更有意思的是，"村民有话说"的板块里，10 多位村民定期发布音频，向粉丝传授种田、酿酒的经验，竟引来不少点赞，成了双庙村的"网红"。做木工的罗师傅好奇不已，一边参与网络讨论，一边琢磨提升自己的手艺，为村庄景观节点打造了木秋千、竹平台等物件，看起来越发精巧、充满意趣。

在唐晓丹深入挖掘乡土人才、引导他们重新认识乡村时，天目山镇月亮桥村里，运营师陈聪将目光聚焦大山以外的青年。2018 年开始，他着手盘活村民闲置的 11 栋农房，对外招引投资商。11 个青年团队先后入驻，打造了民宿、木艺坊、雕塑馆、美术馆、玫瑰庄园、四季果园、天河酒坊等业态，玫瑰精油、玫瑰酱、天目茶盏等文创产品也相继推向市场。

在陈伟洪看来，这些也正是临安想方设法招募乡村运营师而不是投资商的关键原因，"相比投资商只负责项目在村庄的实施和盈利，考虑游客数量和经济回报，运营师更注重整个村落的资源利用和多元业态打造，更关心村民观念转变，更关注如何吸引年轻人返乡创业，因此也更能激活乡村发展的内生动力"。

据统计，两年多来，临安 17 个村落景区，累计以商招商 22 家、落户项目 35 个，总投资达 1.67 亿元，吸引文创、电商等专业人才 98 人，吸引返乡村民 85 人，为乡村振兴注入鲜活力量。

为此，去年年底，临安提出进一步深化"乡村市场化运营"模式，在招募优秀乡村运营师、推动人才"上山下乡"、促进农民持续增收等方面发力，打造以"八线十景"为重点的示范型村落景区。

因为年度考核中，杨溪村集体经济翻番、农民收入提升 20% 以上的好成绩，章小云如今又成了湍口镇 3 个村的运营师，被赋予新的职责。

眼下，她正计划以湍口老街为突破口，在全镇每个村选一项非遗或一道美食，打造豆腐坊、索面坊、烫画坊等各具特色的体验店铺，展示村庄文化的同时，也为村民带来收益。

"与单独一村不同，一个镇的运营更需要考虑整体统筹、差异发展，也更需要镇、村支持参与。"章小云说，把资源变成创意，再将创意变成产品，并不容易，"但新生事物成长总会有挑战，如果谁都能做、随便就能成功，不就变成一件普普通通的事了吗？"

看来，对于湍口的未来，她已满怀信心。

记者手记：改变观念　拥抱创新

长期以来，不少地方在建设美丽乡村的过程中，存在重建设、轻运营的问题。但在临安，两年多来，17 个引入乡村运营师的村落景区，形成了各具特色的风景与业态，吸引着不同的游客群体，为村集体增收、村民致富带来持久动力。他们的实践表明：以市场化思维引导乡村建设，才能破解建设、运营"两张皮"的难题，最大程度放大乡村的价值。

当然，探索过程中，不少问题也显现出来，比如，建设资金该由谁付、乡村规划由谁做主、村委如何协调运营师与村民的不同意见、政府如何扶持等，仍待商榷。

一位运营商向我们坦言："村落景区建设资金由农业局直接拨付到镇里，倘若镇里不支持运营计划，不听取我们的意见，我们也束手无策。运营商本身在村里有投资的，还有一定发言权。如果是轻资产运营，必定人微言轻。对乡村建设以及乡村运营，也应该有一套更完善的标准、更健全的体系，不能只看当年收益，流于表面。"

因此，两年多来，有运营师抱怨项目推进缓慢，也有运营师因为村民不配合，选择了退出。不管是相关部门，还是镇、村，都需要进一步改变观念、拥抱创新。

值得欣喜的是，还有很多像娄敏、章小云、唐晓丹、陈聪一样的运营师坚持下来、扎根乡村。正如唐晓丹所说，乡村运营需要慢功夫，她并不指望这项事业能带来多大收益，而是希望通过自己的努力，让乡村重新成为有魅力、有希望的地方，让越来越多村民过上美好生活。

这，同样也是我们的期待。

十二、把乡村优势转化为经济优势

——《人民日报》海外版 2020 年 9 月 16 日

"乡村旅游发展如火如荼，我们应清醒地看到，很多乡村仍停留在美丽环境表象阶段，最关键的原因就是缺乏市场化的运营。"9 月 11 日，在浙江杭州临安召开的浙江省新时代乡村文旅运营专题研讨会上，浙江省文旅厅副厅长杨建武提出，要通过文旅赋能，让乡村优势转化为经济优势。"我们的乡村不仅要有洁净的空气，还要有集聚的人气，更要有响亮的名气和实惠的财气。"

此次研讨会吸引了来自浙江各地的文旅专家、乡村文旅运营典型村、各市文旅局负责人以及运营商代表等，这场以乡村运营为主题的研讨会在浙江省尚属首次。

"缺创意策划、缺运维、缺人气、缺业态、缺项目、缺信息，我们分析，这六'缺'是乡村景区普遍存在的问题。"杭州市文化广电旅游局党组书记、局长楼倻捷说。

在"绿水青山就是金山银山"发展理念的引领下，2017 年起，浙江省旅游部门推出"万村景区化战略"，全省各地旅游部门实践探索村庄景区的创新路径。杭州临安区引入市场机制，在全区各村落景区推行市场化运营；宁波象山县通过全域旅游，打造了"山海水乡、心悦茅洋"示范线；嘉兴平湖市打造"棒球小镇"，以文体旅相结合，推动乡村振兴……

此次专题研讨会选择在临安举行，是因为临安首创了"村落景区运营"的概念。2017 年开始，临安以运营商为智力依托，开展村落景区捆绑式、品牌化、轻资产运营，探索通过"运营引领的村落景区化"，助推农旅文旅融合发展、促进乡村振兴的新路径。2017 年 3 月，在实施乡村振兴战略和全域旅游的背景下，临安第十四次党代会首次提出"村落景区"概念。2017 年 5 月，临安在浙江省率先提出"村落景区运营"概念，并开始探索市场化运营模式。临安首批重点打造 10 个村落景区，引进了 9 家专业公司对村落景区实行市场化运营。

2017 年到 2019 年，开展试点的临安 15 个村落景区共接待游客 80.52 万人次，旅游收入 6234.8 万元；村集体增收 1962 万元，村民增收 185.1 万元。

目前，共有 12 位乡村运营师活跃在临安各个村落景区，他们推动文旅融合、农旅融合，形成"乡村运营师现象"，为乡村振兴注入了新活力，盘活了山乡经济，也吸引了更多年轻人的回归。

临安村落景区运营的做法被写入了 2020 年《浙江省政府工作报告》："总结临安村庄经营好做法，发挥市场机制，更好推动'两进两回'。"

研讨会上，杨建武透露，接下来，浙江省文化和旅游厅将从以下几方面着手，更好地推动乡村文旅运营的发展：制定一个乡村文旅运营导则；培育一批专业运营主体；组建一支公益指导队伍，将运营商、村支部书记、文旅专家和媒体等有研究、有实践的人才聚在一起，提供公益性的指导服务；搭建一个平台，整合需求方和供给方资源，实现无缝对接；推出一批不同运营模式的案例，总结推广；开办一个文旅运营大讲堂等。

十三、浙江临安招募"乡村运营师"让乡村振兴的"里子"更充实

——《人民日报》海外版 2021 年 1 月 1 日

日前，浙江杭州临安区青山湖街道召开新闻发布会，全面招募"乡村运营师"。来自青山湖街道洪村村、郎家村、孝村村、白水涧村、研里村、朱村村 6 个村的村支部书记，共同签署了"乡村运营师招商服务承诺书"，以保障"乡村运营师"团队在村里更好地开展运营工作。

近年来，通过美丽乡村建设，青山湖街道各个村庄面貌焕然一新，但乡村"面子"美了，"里子"还需充实，产业如何植入、乡村振兴如何实现，这些问题始终困扰着几位村支部书记。

2017 年年初，临安首次提出"村落景区"概念，同年 5 月，临安进一步提出"村落景区运营"概念，并开始探索市场化运营模式，致力于与爱乡村、会策划、懂营销的团队开展合作，让村落资源发挥市场化效应，将乡村

资源优势、生态优势转化为经济优势、发展优势，让美丽村庄也有美丽经济。

3 年间，在乡村文旅运营方面，临安做了许多积极探索和实践。目前，已有 14 家村落景区与运营商签约合作，完成落户项目 53 个，项目总投资达 5.2 亿元。3 年来，12 个村落景区共吸引返乡青年 100 余人，各类手工匠人参与业态运营 96 个，增加村民就业岗位 200 余个。临安村落景区市场化运营的创新举措，引起全国各地的广泛关注，不少地方学习"临安模式"，开始推广实施乡村市场化运营。

如今，招引市场化主体来进行村落景区整体运营的"临安模式"再度完善升级。青山湖街道"乡村运营师"开启全面招募。此次招聘的乡村运营师需与村集体自愿签约，双方以资源资产使用权或资金入股组建运营公司，青山湖街道将主要负责村落景区的基础设施建设，运营由乡村运营师团队负责，收益按照公司股份分成。这些村落将借助乡村运营师之手丰富新产品、发展新业态、注入新理念，通过市场化运营，增强村落景区的旅游吸引力以及市场竞争力，实现整村产业融合发展目标。

　　在临安区文旅局副局长陈伟洪看来，一支优秀的乡村运营师队伍应当具备以下五个能力：第一，要有运营策划能力；第二，要有优质文旅资源可以导入乡村；第三，要能组建平台，将乡村资源盘活；第四，要有乡村理想，热爱乡村；第五，要有工匠精神，能深耕乡村。"乡村运营不单是乡村旅游，更是乡村振兴的一个有效路径。"陈伟洪说。

十四、浙江临安：乡村运营师带来新思路新活力

——《中国旅游报》2021年1月7日

2020年12月31日晚上，虽然气温接近零下10℃，但浙江省杭州市临安区的多个村落中，却是一派热闹非凡的景象：在天目山镇月亮桥村，体验打麻糍、做豆腐、炸玉米粿的游客络绎不绝；晚上8点，高虹镇石门村里"叫好声"不断，杭州杂技总团正在这里表演；晚上10点，在龙上村猷溪畔，游客们手牵着手，绕着熊熊燃烧的篝火起舞欢唱，期盼2021年的到来……

如此丰富精彩、宾客尽欢的乡村新景，得益于临安探索乡村市场化运营之路的创新之举——通过与爱乡村、会策划、懂营销的乡村运营师团队开展合作，将乡村资源优势、生态优势转化为经济优势、发展优势。2017年4月，临安创造性地提出"村落景区"概念，编制了《村落景区临安标准》，并开始招募乡村运营师。3年多来，一大批年轻人在乡村施展才华，一个个项目落户青山绿水间，一批批游客住进村居农家，临安乡村迎来了翻天覆地的"蝶变"。

把"后浪"引入乡村

与如今的热闹不同，以往，石门村有的仅仅是"冷清的美"。因为地处天目山北脉的水涛庄一级饮用水水源保护区内，石门村不能发展工业经济，却得以保留了好山好水，加上明清时期的老街、经营百年的药店、杭徽古道驿站等，石门村的旅游资源不可谓不丰富。

2017年初，临安着手整合美丽乡村，打造村落景区。石门村与相邻的大山村、龙上村被规划为"龙门秘境"景区。环境整治、房屋外立面改造、旅游集散中心建设……项目紧锣密鼓地推进，短短几个月，村子逐渐显现新气象。然而，单一的旅游业态、偏远的交通区位，都削弱了石门村的吸引力，游客来得不多，农民增收缺乏持久动力。

石门村的改变源自乡村运营师娄敏。娄敏就是石门村人，年少时便在外办企业。成

就一番事业的她，保持着每月回村看望老人的习惯。最初，临安区文化和广电旅游体育局副局长陈伟洪找到娄敏让她负责运营石门村时，娄敏一口回绝。她说："我一个做生意的，可管不好村子。"

招募乡村运营师的政策推出后，陈伟洪再次向娄敏发出邀请："不管村子，只管运营。运营师与村集体自愿签约，双方组建合资公司。村委会管理村庄事务，运营师负责打造旅游产品、策划主题活动，形成具有一定盈利能力的乡村业态，最终收益按照公司股份分成。"

既能够发挥所长，又不会被事务性工作所困。被新政策吸引，娄敏决定留下来，成为"龙门秘境"村落景区的乡村运营师。除了娄敏，在旅游市场摸爬滚打近20年的章小云、从事外贸行业的唐晓丹、法国留学归来的潘青青……10余名乡村运营师陆续到岗，用他们的奇思妙想推动临安从美丽乡村向美丽经济转型。

将乡村带进市场

成为乡村运营师后，娄敏曾经做过清晰的职责定位：农产品包装开发、农家乐整合提升、策划营销活动。入村不久她就发现，依靠现有的农家乐难以吸引游客，只有充分盘活山水资源，才能形成完整的产业链，乡村才能留得住人。

为此，她累计投入3000余万元，流转闲置农房、土地，打造"垄上行"民宿、菊花基地、高山蔬菜基地。短短3年，石门村、龙上村和大山村成为长三角地区游客争相打卡的网红村，村集体经济收入分别达到10万元、17.5万元和20万元。石门村还先后入选2019年度浙江省善治示范村、文化和旅游部第二批全国乡村旅游重点村名单。

和娄敏"无中生有"的乡村运营实践相比，在清凉峰山脚下的杨溪村里，运营师章小云做得更多的是"好上加好"。早在2014年，杨溪村就与章小云所在的临安旅游集散中心有限公司合作，依托郎氏祠堂、韩世忠墓等，共同开发"忠孝学堂"课程，每年能够吸引1万余名学生前来体验忠孝文化。

"但仔细盘算，除了入场费，真正给村庄带来的收益并不多。"在调研了游客与村民的需求后，章小云拿出了运营方案——拉长产业链，拓展新市场。之后，"忠孝学堂"课程加入了做麻酥糖、编草鞋、农耕体验等活动，将原本半天的行程延长至一到两天。同时，利用村落景区建设资金，打造了全新的体验基地，增加了小火车、土灶头、户外运动区等体验项目，引来更多游客。

"以前村里做项目，要么缺少特色，要么种类单一，看不到持续收益。现在不一样了，运营师比我们更擅长从市场的角度想问题，游客喜欢什么，就有针对性地开发什么，用好了资金，升级了产业，村庄发展也更有生命力。"杨溪村党支部书记杨建政说。

让村民成为主体

在太阳镇双庙村，运营师唐晓丹把关注重点放在了本村村民上。

2018年10月，唐晓丹应邀成为乡村运营师的一员，与双庙村合股成立了杭州慕仁文化创意发展有限公司，个人占股65%，村集体占股35%。随后，唐晓丹开始逐门逐户走访。会做木工的罗师傅、种田达人罗阿姨……村民们的手艺让唐晓丹佩服不已，也让她的运营思路逐渐明晰。

为了更好地发挥村民特长，展示双庙风采，唐晓丹带领团队为双庙村量身打造了一条长达4公里的乡村游线，不仅串联起山谷、水库等核心景点，还安排了豆腐坊、酒坊、油坊、花园餐厅、龙虾餐厅等新业态，再加上不定期举行的乡村集市、音乐节、酿酒节等活动，为双庙村聚拢起过去不曾有的人气。

去年年初，唐晓丹的团队联合10余位农业大户，开发了"暇暇农"平台，设计了"田地认养""农产品销售""村民有话说"等板块。在"村民有话说"的板块里，10多位村民定期发布音频，传授种田、酿酒的经验，引来不少点赞，一跃成为"网红"。

"乡村有了人气，振兴才有底气。"陈伟洪说，"相比投资商只负责项目在村庄的实施和盈利，运营师更注重整个村落的资源利用和多元业态打造，更关心村民观念的转变，更关注如何吸引年轻人返乡创业。只有因地制宜地让村民参与进来，让村子热闹起来，才能激活乡村发展的内生动力。"

目前，临安区已有14家村落景区与运营师及其团队签约合作，完成落户项目53个，项目总投资达5.2亿元。3年来，12个村落景区吸引返乡青年100余人，吸引了96位身怀绝技的手工匠人参与运营，增加村民就业岗位200余个。

不久前，临安区青山湖街道举办招引乡村运营师新闻发布会，洪村村、郎家村、孝村村、白水涧村、研里村、朱村村6个村的村支部书记分别介绍了当地的文化和旅游资源，签署了"乡村运营师招商服务承诺书"，以此招引更多乡村运营师前来应聘。

陈伟洪说："无论是挖掘乡村生态、生产、生活价值，还是推动传统产业向文旅、农旅融合等现代产业转变，都不能依赖于政府有关部门的无限投入。乡村运营师为乡村带来了新的思路、新的视野、新的活力。临安区每年都会组织第三方机构开展绩效考核，对考核合格的乡村运营师给予20万元至100万元不等的奖励。希望有更多的乡村运营师加入进来，为临安乡村振兴注入更多的鲜活力量。"

十五、乡村振兴：临安"村庄运营"是一个创举

————"澎湃新闻"2021 年 3 月 14 日

乡村振兴是国家大战略，不可谓不重视，乡村非振兴不可。就在近日，国家乡村振兴局正式成立了。从全国来看，乡村发展现状、背景、环境、条件参差不一，乡村振兴尤其需要因地制宜。在这方面，浙江临安村落运营或值得借鉴。

村落运营是把村落作为一个市场化主体进行计划、组织、实施和经营，从本质上说，已大不同于政府主导下的"美丽乡村"，是从根本上解决乡村振兴问题。临安的"村落运营"概念有一个自我矫正、完善和发展的过程，一开始提出的并非"村落运营"，而是"村落景区运营"概念。浙江不缺景区，缺的是

有别于都市的乡居生活——乡村有自然、醇厚、淳朴、原真的田园生活和人间烟火，而这些恰恰就蕴蓄在殆尽消失的村落里，村落作为生活区是与"景区"有根本性差异的。

现在看来，浙江的"村落运营"工作卓有成效，堪称创举。村落运营是乡土生活资源和乡土传统文化的特色化、活态化、全息化运营。从发展的角度每一个村落都应该凝练和创建一个独特的乡土文化 IP，只有这样，从产品内容到品牌推广才具备市场前景。

浙江村落运营有迹可循。这几年，浙江省旅游发展很快，有点特立独行的样子，而乡村旅游一直走在全国的前面。美丽乡村、乡村振兴、特色乡村、特色小镇、主题民宿等都留下了乡村旅游的影子。如果说横店影视城、宋城千古情、良渚文化村是文化旅游创新的典范，那么莫干山民宿和村落运营就是乡村旅游实践的标杆。学习浙江，不只学习其包含村落运营的旅游实践，更要学习的是一种敢于创新、勇为人先、市场先导的施政素养和地域气质。

在实施乡村振兴战略和全域旅游的背景下，临安的美丽乡村和景区村庄建设取得了令人瞩目的成效。但临安和全省各地一样，在村容环境和配套设施不断提升的同时，也体验到了发展的阵痛。乡村建设主要依靠财政投入、景区村庄同质化、缺乏造血功能、

缺乏产业植入和专业化运营等问题制约着临安乡村旅游的进一步发展。

2017 年初，临安首次提出"村落景区"概念。2017 年 5 月，临安进一步提出"村落景区运营"概念，并开始创造性探索市场化运营模式，通过乡村旅游产业的植入做活了景区村庄，激活了乡村振兴的内生动力。2017—2019 年，临安开展试点的 15 个村落景区共接待游客 80.52 万人次，实现旅游收入 6234.8 万元；村集体增收 1962 万元，村民增收 185.1 万元。

2019 年 12 月，浙江省省长袁家军、省委副书记郑栅洁分别在临安村落景区市场化运营模式调研报告上批示，充分肯定临安的做法，并写入 2020 年《浙江省政府工作报告》。

2020 年 9 月 11 日，浙江省文化和旅游厅在临安召开全省"新时代乡村旅游运营专题研讨会"，总结推广临安村落景区市场化运营的做法经验。

9 月 17 日，在江山市召开的"全省文化和旅游项目暨全省乡村旅游推进会"上，临安就创新乡村运营模式作交流发言，浙江省文旅厅厅长褚子育充分肯定临安做法，"临安乡村运营模式创新全国是第一家，大家要学习临安的经验"。

临安村落景区市场化运营的改革举措，引起了省内外各地的广泛关注，不少地方学习"临安模式"，开始推广实施乡村市场化运营。

中央、省、市媒体也关注报道"临安模式"。2017 年至今，《人民日报》《农民日报》《浙江新闻联播》等 37 家中央及地方媒体来临安实地调研采访，发文 55 篇，报道临安村落景区市场化运营的做法与成效。

（一）临安村落景区市场化运营的背景

1. 旅游是赋能乡村振兴的重要抓手

党的十九大作出了实施乡村振兴战略的重大决策部署。党的十九大报告提出的乡村振兴总要求是：产业兴旺、生态宜居、乡风文明、治理有效、生活富裕。其中的产业兴旺是乡村振兴的重点，是解决农村一切问题的前提，只有产业的蓬勃发展才能带来农村经济的繁荣。

乡村旅游是乡村振兴事业的重要组成部分，如何发挥旅游的综合功能和带动作用，寻找到实现乡村产业兴旺繁荣的切入口和有效路径，是旅游部门的重要任务。

2. 万村景区化重点在产业植入

2017 年 6 月，浙江首次提出"万村景区化"战略。万村景区化就是要通过乡村景区化，以旅游产业发展带动乡村特色产业体系构建、村民经济增收、乡村生态环境提升。

万村景区化战略实施以来，各地对标创建全面铺开，乡村公共服务设施显著改善，景观化建设让村庄变身为景区。如何从"村在景中驻"到"人在画中游"，产业植入是重点。从临安的情况来看，如何让景区村庄成为游客休闲目的地，乡村资源成为可消费的旅游产品，尚待破题。

3. 美丽乡村亟待转化为美丽经济

近些年来，临安区政府加大资金投入力度，到 2020 年 10 月，全市累计投入财政资金 7.2 亿元，建设完善了 28 个村的基础设施和公共配套设施，创建杭州市级美丽乡村精品村 97 个、3A 级景区村庄 15 个、2A 级景区村庄 52 个。2017 年初，临安首次提出"村落景区"概念，用三年时间打造 30 个精品村落景区。2019 年以来，打造以"八线十景"为重点的示范型村落景区，创建新时代美丽乡村建设临安样板。展示了临安乡村环境卫生整洁、村庄秩序井然、村容村貌靓丽的美丽乡村新形象。

如何将美丽生态转化成美丽经济，是临安乡村旅游实现跨越发展的关键。临安乡村反映的共性问题：一是有美丽无特色，乡村旅游设施雷同，导致"千村一面"；二是有输血无造血，缺乏产业植入；三是有想法无办法，政府把基础设施交给村委会运营，村委会却无力维持，游客中心等公共服务设施难以为继。

相对而言，乡村变美丽并不难，难的是"盆景变美景""美景变钱景"。美丽变钱难，变百姓收入难。难的不是建设，而是运营，需要变旅游资源为旅游产业，运用市场手段实现产业植入、产品变现。

（二）临安村落景区市场化运营的主要做法

美丽乡村建设是由政府"一包到底"，还是引入市场投资？村落景区运营由政府运营，还是交给市场运营？那么，村落景区到底由谁来运营呢？这是临安碰到的首要问题。

2018 年以来，浙江省委、省政府部署实施"资金进乡村、科技进乡村、青年回农村、乡贤回农村"行动。经营村庄，"两进两回"，临安找到了破解美丽乡村"两难困境"的金钥匙。

2017 年以来，临安以改革的思路寻求破解乡村运营难题的出路，在全省率先开展村落景区市场化运营，通过面向社会招引运营商，将村落资源与专业的运营团队开展合作，从整村旅游运营的角度出发，让专业的人来经营村庄，实现乡村与市场的结合，将村落景区的资源优势、生态优势转化为经济优势、发展优势，让美丽村庄化身美丽经济。通过三年时间的实践探索，走出了一条通过"运营引领的村落景区化模式"助推农旅、文旅融合发展、促进乡村振兴的新路径，取得了明显的成效。

临安的主要做法是：

1. 建立招商项目库

首先，临安区文旅局总结提炼了 16 项村落景区资源调查内容，委托第三方专业机构对 14 个村落景区的资源情况进行调查，建立了村落景区运营招商项目库。项目库资料针对乡村旅游运营需求，切合乡村实际，为有意向的运营商快速了解村庄"家底"和特色提供了便利。

2. 招引运营商

2017 年 5 月 5 日，临安区文旅局召开首场村落景区招引运营商会议，有 20 多家旅游和文创类企业参加。三年来，通过举办招商会、网络宣传招徕、实地考察、以商引商等形式，全区现有 14 个村落景区签约运营商，以商招商 51 家企业，落户项目 53 个，总投资达 5.2 亿元。

招引运营商是一个双向选择的过程，运营商要考察村落景区的环境、区位、通达性，自然资源和文化资源禀赋，可利用的建筑存量和村干部的综合素质等。我们要求运营商具备四个基本条件：一是具备策划和文创能力；二是具备集聚资源能力；三是具备市场运作能力；四是兼具乡村情怀和工匠精神。

3. 组建运营公司

一是运营商与村委会双方达成合作意向后，运营商需提交运营方案并交区文旅局聘请的专家组审核通过。

二是村委会需经村民大会同意后，方可与运营商签订运营合作协议。镇政府与区文旅局作为见证方监督协议执行。签约运营时间可长可短，一般在 10 ～ 30 年。

三是签约后，运营商与村委会共同组建运营公司。村委会以村集体的游客中心、停车场、文化礼堂等设施的使用权入股，约占 10% ～ 20%；运营商以货币资金入股，注册资金不少于 50 万元，日常运营费用由运营商承担。在整个运营过程中，政府和村委会不投资一分钱。

四是运营商要组建专门的运营团队，在村里有日常办公场所，至少有一名工作人员驻村开展工作。如运营工作无实质进展，双方可协商解除协议，运营商退出运营。如2018 年 7 月白水涧村与杭州一公司签约，但一直无法启动，双方协商解除协议。

2017 年 8 月 9 日，临安旅游集散中心与杨溪村正式签约，成为第一家村落景区运营商。

4. 建立运营工作推进机制

一是每月召开一次运营工作例会。及时通报交流运营工作进展情况，了解存在的问题和需要协调解决的困难，商讨解决办法。

二是不定期召开运营沙龙会。运营商和专家分享研讨运营中的好思路、好做法、好经验，取长补短，拓展思路。

三是实行专家问诊制度。临安区文旅局聘请了 12 位有实践经验的业内专家组成专家顾问组，为临安村落景区运营提供专业咨询。专家顾问每月 1 ~ 2 次要深入村落景区了解运营情况，"把脉问诊"，纠偏支招，为运营商解决困惑。

四是组建村落景区营销中心。2020 年 7 月，在临安区文旅局的倡导下，7 家运营商自愿组建了临安村落景区营销中心。营销中心以"抱团作战"式对外宣传营销，推广临安村落景区品牌；发挥各家村落景区运营商的优势，协调组织村落景区文旅产品的策划与整合营销，达到合作共赢。

2020 年 10 月 19 日，由临安村落景区宣传营销中心自主举办的首届"七彩金秋"临安乡村来嬉节启动，七个村落景区利用创意视频，整体推广临安村落景区秋季产品，展现临安金秋的多彩风景和丰富的乡村体验。

五是宣传造势，营造氛围。邀请中央及地方媒体来临安采访报道村落景区市场化运营模式与探索实践，引起各级领导和社会关注。临安区文旅局还通过编发运营工作简报，通报运营工作动态，反映工作进展情况，相互交流信息与上传下达。今年 5 月，又创立了"临安乡村旅游运营"专属微信公众号，有"运营资讯""临安乡村"和"官方商城"三个板块。共编发运营动态、调研文章、媒体报道等推文 20 余篇，介绍村落景区、文创伴手礼和乡村家宴，上线售卖村落景区美食与土特产品 20 余种。

六是实施运营绩效考核。2018 年 6 月，临安出台了《临安区村落景区运营考核办法》，对运营公司实行三年制动态考核。该《办法》规定了对运营公司考核的必备条件、考核内容、考核流程和兑现资金补助的办法等。考核内容涉及定位与策划、机构与机制、业态与产品、特色与融合、管理与培训、营销与绩效、服务与评价等，共 7 大项 36 小项。每年委托第三方专业机构对各运营公司进行考核评估，考核合格的根据得分情况给予 20 万 ~ 100 万元的资金补助。

七是文旅融合。临安区文旅局不定期组织本地农民画画家深入到村落景区采风创作，运营商将画家们创作的作品应用于乡村民宿、乡村景观节点、旅游业态和伴手礼开发中。让临安农民画与文旅市场结合，艺术赋能村落景区运营。

5. 实施专业化运营

运营商进驻村落景区后，根据村落特色整村运营乡村旅游。

一是组建团队。招聘策划、文案、活动组织、项目建设、营销宣传、综合管理等人才。

二是资源调查。运营商对村落景区的基本村情、可利用土地、闲置房屋、自然风光、文化遗存、民风民俗民艺、农业资源、乡村美食、周边特色资源、村民参与乡村旅游意向和在外青年与乡贤情况等进行详细的摸底调研。

三是主题定位。运营商根据村庄的"家底"和特色，策划有鲜明个性的村落景区旅游主题和明确市场定位等。

　　四是营造旅游氛围。运营商采用"添油加醋""锦上添花"的方式，利用乡土材质打造符合村落气质的景观小品，成为游客的打卡点。

　　五是招引投资。运营商在村落景区运营中自身不做大的投资，而是精准高效招引各类投资商集聚到村落，投资建设经营"小而美"的业态和产品项目。

　　六是打造旅游业态。两年来，通过运营落地的业态有：民宿、采摘园、雕塑馆、木艺坊、酿酒坊、啤酒吧、美术馆、乡村酒吧、麻酥糖馆、草鞋馆、年糕坊等。

　　七是包装旅游线路。运营商围绕村落旅游主题，把打造的业态和体验活动、景观点等串成40多条旅游线路产品，推向目标市场。

　　八是市场营销。贯穿整个运营过程，包括创建村落运营微信公众号、整合新媒体宣传、分阶段策划民俗文化类旅游活动等。

　　九是加强社会合作。运营商借助外力，与乡贤组织、网络营销机构、抖音团队、企业协会、社区组织、大学培训机构等加强合作。

　　十是加强管理服务。包括游客进村的秩序、安全、服务等保障，村落环境整洁，生态和传统文化，民俗保护等。

（三）临安村落景区市场化运营的主要成效

1. 村落景区实现从注重基础建设向注重业态和产品的转变

　　可持续是美丽乡村面临的难题。通过运营商的进入，旅游业态和产品的打造成为重点，这是一个质的改变，乡村发展成为良性持续，乡村活力开始激发。月亮桥村是3A级村落景区，多年来陆续投入约3000万元，村落是美丽了，但旅游始终没有起来。依托天目山景区，月亮桥村只是见证了大批匆匆过客，老百姓没有得实惠，村委会也是负债累累、步履维艰。2017年10月引进运营商后，运营商收购村民闲置房11幢，对外招引投资商，民宿、木艺坊、雕塑馆、美术馆、玫瑰庄园、四季果园、天河酒坊等一批业态相继落地，一批有思想的青年团队也随之而来，玫瑰精油、玫瑰酱、天目茶盏等一批文创伴手礼被推向市场。2019年，共接待游客9.79万人次，总收入达到1536.14万元。杨溪村充分挖掘孝子祠、忠臣韩世宗墓、五圣桥、郎氏宗祠、文化礼堂等忠孝文化资源，2019年吸引游客2万多人次，创造经济收入70万元。基础设施建设让村庄美起来，业态和产品让村庄繁荣起来。

2. 村落景区实现从闲置资源、资产向文创旅游产品的转变

　　运营商进入村落景区市场化运营，首要任务就是策划有鲜明个性的旅游主题和明确市场定位等。临安的村落景区都有自己的主题风格，如"龙门秘境""天目月乡""忠孝文化"等。乡村旅游设施建设、景观节点、旅游产品、业态打造以及市场营销都要统一到主题风格中。规避了美丽乡村建设中出现的同质化弊端，呈现出各具特色的独特

魅力。

运营商进入村落景区运营后，村民也自发参与到旅游的发展中，他们欣喜地发现：被弃之角落的老物件竟然成了宝贝！村里被当作废物的老砖老瓦老木料变成了稀罕品！田地里的普通特产被做成了精美的旅游商品！高虹镇龙门秘境村落景区一直藏在深闺。该村落景区的运营商娄敏是乡贤，从小在大山村的外婆家长大，创业成功后一直想为外婆家的乡亲办点实事。两年来，她收购或租赁了石门老供销社、石门敬老院、石门老街若干民居、龙上村木粉厂、大山村古梯田、金菊坞菊花基地、狮子山攀岩等，全部用于打造农旅、文旅结合的乡村旅游产品和体验项目。

三年来，全区通过村落景区运营盘活利用闲置房屋 77 处、2.96 万平方米，租赁利用闲置土地 3500 亩，落地文旅业态 60 家，总投资达 1.84 亿元。

临安乡村旅游运营在盘活闲置资源、资产的同时，促进了乡村文化肌理保护和传统文化传承利用，衍生出一系列乡村旅游新业态、新产品。如龙门秘境的"菊花宴"、湍口村落景区的非遗"烫画"体验项目、相见村落景区开发的"相见手作体验游"等，颇受游客青睐。临安在乡村运营中恢复传统手工艺 34 种，挖掘乡村美食"一桌菜"10 套，创意包装农产品伴手礼 34 种，推出非遗体验项目 23 项，非遗乡俗已成为游客来临安村落景区休闲体验的兴趣热点。

3. 村落景区村集体和村民从低收入向高收益转变

月亮桥村，原集体收入年仅 5 万元，引入运营商后，2018 年村集体获得 400 万元收入，且今后每年能保证有 30 万元的收入。杨溪村，村集体收入 2017 年 15 万元，2018 年 20 万元，2019 年 30 万元。今年该村 7 幢老房子被江苏一公司租用开发，目前 400 万元已到账。龙门秘境村落景区的石门村、龙上村、大山村，2018 年分别获得收益 10 万元、17.5 万元和 20 万元。2019 年三个村获益 71.7 万元。同时，运营带动农民直接成为受益者。农民的闲置房被租用，而且房租每年水涨船高；农民参与旅游经营，或开民宿或开商店，不会经营的村民发挥各自特长，为民宿供应农家食材、民俗用品和特产。大山村村民童银忠靠酿酒为生，乡村运营公司统一包装他家的酒后，年收入达 18 万元。石门村村民蔡木兰之前无收入来源，在"龙门客栈"民宿工作后年收入达 5 万元。三年来，实行市场化运营的 15 个行政村集体累计增收 3552 万元，村民收入人均增加 2400 元。

4. 村落景区运营从单一行政力量向多元市场化力量转变

在临安，一些村并不被看好可以做旅游，大家习惯以自然风景来判断是否可以搞旅游。但运营商进入后，提出旅游发展思路，并率先把旅游启动起来，运营商积极为村委会出点子、做参谋、当助手。有了专业做旅游的团队，这给了村委会很大的信心，村干部主动积极参与到环境整治、村民关系协调、旅游活动协助等工作，村集体组织的战斗力、凝聚力、向心力增强。发展氛围起来了，有的"农二代"知识青年开始返乡创业。在一些村落景区，农家乐提升版和民宿小集群初步形成，在政府的支持下，农家乐民宿业主自愿组建互助合作组，形成了资源共享、活动共办、市场共推的氛围。政府、村委会、运营商、农民等多层关系，构建了以内生动力为主的乡村振兴模式。而维系乡村可持续发展的关键是市场力量，最重要的是解决了"乡村产业需要市场化运营，运营的主体是谁"的关键问题。

5. 美丽乡村有了美丽经济转化的内生动力

临安村落景区市场化运营推行后，一批"农二代"知识青年和乡贤企业家开始返乡创业兴业，一批村民在家门口实现了就业。先期运营的 7 个村落景区共吸引返乡青年 105 人，各类手工匠人参与业态运营 96 个，增加村民就业岗位 203 个。乡村旅游市场化运营让乡村有了发展的内生动力，带来了乡村文明之风，使乡村充满了活力。

（四）临安村落景区市场化运营模式特征

临安在推进村落景区运营实践中，坚持以发展"美丽经济"为目标，以运营商为经营主体，以乡村旅游为切入点，以整村运营为抓手，充分发挥市场的主导作用，通过政府的推进工作机制引导和保障，实现多方共赢和赋能乡村振兴，形成了一套临安独有的模式。

在临安村落景区市场化运营模式中，政府、运营商、投资商、村集体、村民、专家等各就各位，找到了自身的"角色定位"。

政府部门是"跑龙套"：改变过去从规划设计、项目施工到村庄整洁等"大包大揽"的做法，改为承担引导和规范职能。

乡村运营商是主角：承担参与村落景区发展规划、项目投资、招商投资、产品开发、旅游营销、日常运营、综合管理等职能，并扮演"第二村委会"角色，参与村庄发展议事会议。

投资商是配角，按照村落景区主题和风格开展项目投资，只对自己投资的项目负责。村委会是股东，代表村集体与运营商签订合同，以集体资产入股。村委会在运营工作业务上不干涉、不参与经营管理，主要协助并保障运营商在村落顺利开展运营工作。

村民是主人，作为农民可出售农产品获益，作为投资者可投身乡村民宿、伴手礼、采摘园等获益，作为劳动者可在家门口就业。

专家是师爷，旅游部门特聘乡村旅游专家团队，定期对运营商进行指导和交流，为运营商提出对策建议。

实践表明，临安村落景区运营模式与其他乡村的做法有明显不同的特征。

1. 市场化

临安村落景区运营模式从一开始就坚持市场化。

一是运营主体市场化。运营商作为独立的市场主体，负责村落景区的旅游运营；政府承担引导和规范职能；村委会是运营公司股东，在运营业务上不干涉、不参与，主要协助并保障运营商在村落顺利开展运营工作。

二是运营行为市场化。运营商按照自身的一套盈利模式和运作体系运营，不是承接政府的外包项目，运营的诸多内容都是借市场手段打造，而非依靠政府的力量。

2. 运营前置

临安在村落景区建设中强调运营前置。在村落景区建设前期即引入运营思路，在村落景区建设规划评审时，邀请运营专家和运营商代表参加评审会，从运营角度提出意见。建设初期即着手招引运营商提前介入，以运营目标引导村落景区建设。

3. 奖励后置

临安区政府对村落景区运营实行的是考核奖励制。运营商经过一年的运营，经第三方机构考核后，根据结果向区政府兑现奖励，而不是政府先拿钱给运营商的项目外包制。运营商必须具有业态落地能力、产品整合能力和市场开拓能力，要有自己的盈利模式。如果运营绩效不佳，运营商就可能拿不到政府奖励资金甚至"被出局"。

4. 全域推进

2017年以来，临安在全区打造的28个村落景区全面推行市场化运营工作，区文旅部门和镇村采取多种形式面向社会招引乡村旅游运营商，尚未列入村落景区创建计划的村落，只要运营商和村委会达成合作意向，同样列入运营考核。

5. 系统化

临安在推进村落景区运营工作实践中注重系统化。从各方角色定位，兼顾运营商、村集体和村民利益，运营商准入退出，运营商与村集体合作模式，运营方向与要素把控，运营工作动态管理，专家问诊咨询制度，运营绩效评估和配套激励政策等，形成了一个完整的闭环。使政府"有形之手"与市场"无形之手"巧妙结合，各司其职。政府部门的工作做到引导不包办，到位不越位，帮忙不添乱。

运营商在运营工作中坚持整村运营理念和系统化思维，发挥旅游业关联度大、黏合性强的特点，注重乡村旅游与农林牧副渔业以及生态、文化的融合发展；注重与村民、乡贤、返乡青年结成产业链条，实现利益共享、合作共赢。

6. 多方聚力

一是政府及相关部门协调配合，政策、资金等向村落景区倾斜，规划建设、项目施工等征求运营商意见，力求符合乡村旅游运营方向，避免重复建设或建非所用。

二是村级组织做好运营工作的协调保障，帮助解决运营商在村里遇到的一些困难，宣传动员村民支持参与乡村旅游运营工作。

三是运营商借助外力，与乡贤组织、网络营销机构、抖音团队、企业协会、社区组织、大学培训机构等加强合作，拓展乡村运营渠道。

十六、浙江临安："村落景区运营"激活乡村振兴内生动力

——《中国旅游报》2021年3月30日

2017年初，浙江省杭州市临安区首次提出"村落景区"概念，之后进一步提出"村落景区运营"概念，引入市场化运营团队，进行整村性、系统性、多维度的运营，通过乡村文化和旅游产业的植入，激活了乡村振兴的内生动力。3年多来，这一运营模式在摸索中不断完善。浙江省委书记袁家军在评价临安的"村落景区运营"时说，临安经营村庄的理念和引入市场主体发展村落景区的探索，是推动"两进两回"的有益探索，值得充分肯定。

招引村落景区运营师

从"村落景区"到"村落景区运营"，临安区文化和广电旅游体育局副局长陈伟洪的思考是：景区是市场化运作方式，通过乡村景区化运营，以旅游产业发展带动乡村特色产业体系构建、村民经济增收、乡村生态环境提升。他认为："不要纠结'景区'这个名称，这里说的'景区'是景区化的运营方式，重要的是'运营'，把村落作为一个市场化主体，用市场化的思维和手段去经营乡村、运营村落，打造乡村文化旅游产品。"

乡村运营师是乡村运营的主力军，是让村庄活起来、产业旺起来、村民富起来的专业团队。2017年5月，临安区文化和旅游局召开首场村落景区招引运营商会议。招引运营商是一个双向选择的过程，运营商要考察村落景区的环境、区位、通达性以及自然资源和文化资源禀赋、可利用的建筑存量和村干部的综合素质等。"我更愿意称他们为村落景区运营师，而不是运营商。"陈伟洪说。在他看来，运营整个村落，不仅需要团队具有专业的运营、策划能力和引进外部资源的能力，还需要有乡村情怀和工匠精神。

为什么目前会有很多文化旅游运营商愿意来临安进行整村运营？我想是因为看到了当地的诚意，这里是区、乡镇（街道）、村三级联动的工作机制。"万丈文旅集团副总裁兼COO王科翔说。村委会经村民大会同意后，与运营商签订运营合作协议，镇政府与区文化和旅游局作为见证方监督协议执行。签约运营时间可长可短，一般在10～30年。

实践中，运营工作机制有条不紊地进行，每月召开一次运营工作例会，及时通报交流运营工作进展情况；不定期召开运营沙龙会，分享运营中的好经验，取长补短；实行专家问诊制度，临安区文化和旅游局聘请了多位有实践经验的业内专家组成专家顾问组，为临安村落景区运营提供专业咨询，"把脉问诊"。另外，临安区政府对村落景区运营实行的是考核奖励制。运营商经过一年的运营，经第三方机构考核后，根据结果向区政府兑现奖励，而不是政府先拿钱给运营商进行项目外包。

传播内容、整合营销是运营的重点。2020 年 7 月，在临安区文化和旅游局的倡导下，多个运营团队自愿组建了临安村落景区营销中心。发挥各家村落景区运营商的优势，协调组织村落景区文旅产品的策划与整合营销，特色民宿、文创伴手礼、乡村家宴、美食与土特产品都得到了集中展示。

营造景区化运营生态

"我们要对游客的需求很敏感，知道什么能吸引游客。"临安区湍口温泉村落景区的乡村运营师章晓云说，"做好村落景区旅游，就是要让游客能够真正地走进来，有东西可看；坐下来，有朋友圈可晒；住下来，有美食可品；能够有东西带得回去，并记住这座小镇"。

温泉是湍口镇的核心吸引物，但之前淡、旺季的区分较明显。自从 2019 年 9 月运营商的入驻运营，湍口温泉村落景区开始发力"四季旅游"。

近两年来，湍口温泉村落景区相继完成了中高端民宿、非遗烫画体验馆、阿公石磨豆腐坊、洪岭馒头馆、湍口十三味民俗餐厅等一系列产品的落地，并策划推出小镇吉祥物红毛狮子衍生的文创产品以及洪岭红茶、雪山大米、三联索面、洪岭馒头、昌化豆腐干等农特产伴手礼，并深入挖掘湍口美食文化，通过营销手段推向市场。如今，整个湍口温泉村落形成了可体验、可品鉴、可回味的景区化运营生态。

王科翔最近忙着将孝村村民自己做的清明果进行包装，清明果的绿意盎然搭配上朵朵桃花，相映成趣。接下来，他还想着拍一个类似"李子柒"的短视频，将当地的挖笋过程、特殊的保鲜方式记录下来，突出它的原生性，意在引发城里人对乡村的向往。另外，"趣乐园"这一文化旅游产品是面向亲子客群打造的，突出田间地头的野趣。

主题节庆也是村落景区运营中的重要内容。既展示文化又聚拢人气，将非物质文化遗产展示、农作体验、农产品直播售卖融合，展现出乡村无穷的生命力和创造力。

促进多方互利共赢

"以共创、共融、共生、共享为运营理念，实现区域产业共创、经济共融、业态共生、资源共享；以'公司＋村＋合作社'为运营核心架构，实现公司与村民共赢。"这是王科翔对村落运营顶层设计的理解，其中，产业植入是重点。

村落运营，在地性与共生性非常重要，一定要让村民得到实实在在的收获，运营商与村委会共同组建运营公司，运营效益好的村子，村民年底会有股金分红，同时，村民的闲置房屋可用于民宿经营，还有家门口的就业机会。通过构建利益共同体进行"融入式运营"，村落运营才能可持续。

运营师进入村落景区运营后，村民也自发参与到旅游的发展中。他们欣喜地发现，蒙了灰尘的老物件、老砖老瓦老木料变成了宝贝，田地里的农特产可以做成精美的旅游商品。村落景区运营带来了村民观念的改变，陈伟洪提及："之前一些村民还是持观望态度，但是在运营过程中，他们看到了希望，也慢慢懂得了村落文化、村落资源的价值，反过来会更加爱护自己的村落。"

2018年以来，浙江省委、省政府部署实施"资金进乡村、科技进乡村、青年回农村、乡贤回农村"行动。在王科翔看来，"村落运营的逻辑是景区化和产业化。在这个过程中不断强化绿水青山的转化能力。"临安的实践，正在让乡村资源成为可消费的旅游产品，"未来村落的理想类型是社区化的村落"。

"不能说我们已经成功了，目前还是在摸索完善的过程中，但乡村运营可以激发乡村的内生动力，是一种探索乡村振兴的路径。"陈伟洪总结道。

十七、激活乡村"沉睡"资源　助力共同富裕

——《中国旅游报》2021年10月5日

发展乡村旅游助推乡村振兴。在乡村旅游市场规模不断扩大的同时，也存在一些问题，包括乡村旅游投资主要依靠财政投入、"千村一面"、乡村产业造血功能弱等。杭州市临安区青山湖街道另辟蹊径，将乡村运营作为发展乡村旅游的抓手，面向全国招引热爱乡村、会策划、懂旅游营销的乡村运营师扎根乡村，村集体、村民与之展开合作，激活乡村"沉睡"资源，将乡村资源优势、生态优势转化为经济优势、发展优势。这也是浙江高质量发展建设共同富裕示范区的积极探索和生动实践。

乡村运营　奖励后置

一半城市，一半乡村，杭州市临安区青山湖街道是一个独特的存在。街道临近杭州市区，这里有青山湖科技城，是杭州城西科创大走廊的重要节点，通16号线地铁。整洁的厂房、楼盘、商场，现代消费主义场景一应俱全。往东十多分钟车程之后，就进入了原来的横畈镇，这里青山万丈、流水潺潺，一派朴素的乡村模样。2011年，原横畈镇合并入青山湖街道。从此，科技与田园，共存于青山湖街道。

用当地人的话来说，这十年来，青山湖街道的发展是"一切为了科技城，为了科技城的一切"。而现在到了转变的时刻。

"在乡村振兴的大背景下，青山湖街道希望通过科技城的发展带动乡村的发展，让东部山区的乡村成为青山湖科技城的后花园。科技城的工作人员来自五湖四海，他们希望这里不仅是工作地，也是休闲生活的家园。"青山湖街道人大工委主任顾晓芬说，2020年年底，青山湖街道的6个村子面向全国招引乡村运营师，通过乡村运营，发展乡村旅游，实现乡村振兴，在城乡互动的过程中实现"家园的共享"。

临安山区地貌丰富，超过四分之三的土地被森林覆盖，竹林遍布，生态是临安乡村的最大优势和价值所在。临安区文化和广电旅游体育局副局长陈伟洪说："在深入实施乡村振兴战略时，临安遇到了乡村旅游投资主要依靠财政投入、"千村一面"、乡村旅游

产业造血功能弱、专业化运营缺乏等问题。在这样的背景下，临安需要探索出一条通过激活市场力量造血乡村、赋能乡村的新道路。"

临安区提出的"乡村运营"，在实践过程中最重要、最有特色的一点是"奖励后置"。"政府不会大包大揽运营费用，乡村运营团队来这里，一开始是没有收入的。"陈伟洪说。他去全国很多乡村考察过，在他看来，乡村运营奖励后置才能够真正让乡村运营可持续健康发展，而不是说政府先出钱请人来代运营，这样无法真正激发出乡村振兴的内生动力。

乡村运营师和乡村之间是双向选择的过程。陈伟洪认为："没有一定乡村情怀的人，是不会来的。"他形容这个过程就是"相亲"，双方都要满意，乡村运营师有两个月的试运营期，两个月后，需要通过试运营考核，之后村集体与运营师签订正式的运营合同。

然后又是一年的考核期，通过评分考核，临安区政府会给达到考核指标的乡村运营师 20 万～100 万元不等的奖励。而青山湖街道会给出相同的奖励，这也是这些年青山湖科技城发展带来的实力和底气。比如，经过一年运营考核，如果一个乡村运营师得到临安区政府的 20 万奖励，青山湖街道会另外再出 20 万奖励给到运营师。

同时，青山湖街道召集 14 名机关干部和 26 名村干部组成专员服务队，发挥"人头熟""情况清""特色晓"的作用，和乡村运营团队一起，深度挖掘乡村特色资源。

现实维度 创新场景

乡村运营的可持续发展离不开资源、业态、产品、市场、经济收入这几个现实维度。如何梳理、撬动乡村资源、布局业态、寻找投资、创新旅游消费场景是乡村运营师需要认真考虑和实践的课题。

目前青山湖街道 6 个村子签约的 6 位运营师多是在杭州或外地打拼的专业人士，陆续都已驻村办公。朱村运营师程鑫磊之前在杭州运营"村社通"，这是将原产地物产和城市社区居民对接的渠道。选择来朱村运营乡村，是因为他觉得"要为城市人群寻找一个心灵栖息地"。

程鑫磊是一个行动力很强的人，村里的一个荒坡已经铺好了草皮，路基周围种上了各种颜色的月季花，山林里放养了很多鸡。他认为城里人在闲暇时间来这里抓鸡、挖笋会是非常难忘的旅游体验。另外，朱村的旱地竹龙也是可以进行研学旅行和特色体验的非遗资源。

郎家村运营师陈兵是资深旅游业人士，熟悉大众旅游渠道，和长三角一带的旅行社打过很多交道，"当前的大众旅游正向有品质有内涵的休闲度假旅游转变，运营乡村，做有品质的乡村旅游才会拥有广阔的天地，我自己在这个过程中也会实现个人价值"。

最近几个月，陈兵摸清了郎家村的资源：村门口的白河可以做成景观带并带动夜间消费；村集体的 500 亩稻田可以做成有层次的田园综合体项目，他设想孩子们在其中劳作并接触、认识自然的场景应该十分美好；村里有横畈豆腐干的非遗工坊，还有一个直播基地，将来可以对接村里的农副产品销售，打造田间地头的农家网红。

天目山脚下的洪村历史文化底蕴深厚，山上有古寺，山下有古塔。村里有一条始建于唐代的上香古道——径山古道，从古道徒步上"江南五大禅院之首"的径山禅寺只需要半小时，是杭州最美森林古道之一。元代的普庆寺古塔历经千年，依然矗立于村口溪旁，2013 年被列为国家级历史保护文物。

在洪村运营师老白（化名）看来，茂密的竹林、曲径通幽的古道、村里废弃的炒茶厂厂房都是优质的乡村旅游资源。运营了几个月后，老白已经拉来一个投资商，在古道起点附近打造一个自驾车露营地，施工正在进行，目前已经有了雏形。

老白之前在莫干山等地运作过精品民宿，来到洪村的本意也是寻找一块合适的地方开发民宿，结果和村支部书记蒋贤福十分投缘，便"入了乡村运营师的坑"，现在已经成为洪村"新村民"。他将村里一处破败的农房改造成了现代风格的民宿，"希望这样的改造能产生引领作用，让村民意识到，自己闲置的房子可以改造成具有现代美学的居所"。

物质富裕 精神充实

白水涧村在一条沟谷之中，曲径通幽，别有洞天。赵春晓是白水涧村乡村运营师，他准备在自己租的工作室外面挂个牌子，名字想好了，就叫"乡村大脑"——为乡村运营提供智慧解决方案。

如果用平常的眼光来看，白水涧村进行乡村运营的空间有限：村里的白水涧景区被私人承包开发，村里没有闲置房屋，森林也是在保护区内，不能开发利用。

但赵春晓并不这么看，来到白水涧村的这段日子，他每天都会写运营日报，8 月 20 日的日报是这么写的：什么是有效的乡村运营？是业态布局？是招商？从资源调查开始，从客观条件开始，从民生实际开始，重视儿童、老人、妇女，重视每一个村民，重视每一个致力于乡村振兴的伟大实践者。

白水涧村有数量不少的"新村民"，主要是来自城市的退休职工，很多人拥有一技之长。赵春晓在走访调查中发现，不仅是村民对乡村振兴非常期待，新村民也一样希望在这个过程中出一份力。"我认为，不仅森林、闲置的房屋是乡村旅游资源，无形的精神内容也是宝贵的乡村资源。"

于是，赵春晓筹划组织了一次针对村里孩子的暑期书法课，由新村民免费授课。"虽然是小活动，但效果很好，家长很高兴，之前孩子们上兴趣班都要去镇上。新村民觉得付出很有价值，也很高兴。"在赵春晓看来，所谓的城乡互动，就是在这样的活动中拉近了彼此的距离，也为村民发展乡村旅游做了一次精神动员。

乡村运营、共同富裕，并不仅仅是物质上的丰裕，也是精神上的充实。

青南村紧挨着青山湖街道，这里的乡村运营师是浙悦文旅的几个"95后"年轻人。在临安乡村运营顾问杨笠看来，"这些年轻人带来了不一样的思路和做法"，新修的一处白色木屋是运营工作室，挂上"赤鲸平常料理"的牌子，很有青春的风格。村里原本有几个废弃的矿坑，有着一湾碧绿的水面，"这就是'青南马尔代夫'啊！""95后"运营师纤纤说。

矿坑生态修复已初步完成，青南村计划和杭州当地一个研学品牌合作打造一个亲子营地。最近，他们计划在矿坑附近做一个摄影展，内容就是反映本土乡村生活的细节，到时候邀请当地村民前来欣赏体验，发现身边的美好。

因为临近青山湖科技城，青南村大部分年轻人白天都在科技城上班，晚上回到村里。运营团队觉得这些年轻人也是非常宝贵的财富，组织了"青南村青年乡贤会"，请他们为自己村里的运营发展出谋划策，村里的年轻人都积极踊跃，引入各种资源。

每个村资源不同，运营手法也不同，但是出发点和落脚点是一致的，通过对乡村的经营，激发乡村自身内在动力，在这个过程中，乡村振兴、探索共同富裕的路径逐渐清晰、落地。

十八、"临安模式"促进乡村振兴新路径

——新华网 2021 年 11 月 2 日

乡村振兴战略是党的十九大提出的重大战略，各地都在寻找实现乡村振兴切实有效的手段。从全国来看，乡村发展现状、背景、环境、条件参差不一，乡村振兴尤其需要因地制宜，如何找到一条"可复制、可推广"的有效路径？浙江省杭州市临安区给出了自己的答案。

2017 年 5 月，临安在浙江省率先开展村落景区市场化运营，通过面向社会吸引运营商，由专业人员经营村庄，实现乡村与市场的结合，将村落景区的资源优势、生态优势转化为经济优势、发展优势，让美丽村庄化身美丽经济。通过四年多的实践探索，走出了一条通过"运营引领的村落景区化模式"助推农旅、文旅融合发展、促进乡村振兴的新路径。

"政府有为、市场有效"打造乡村振兴闭环

在探索村落景区市场化运营的实践过程中，临安区文旅局充分发挥政府行政管理能力，在运营商准入退出、运营商与村集体合作模式、运营方向与要素把控、运营工作动态管理、专家问诊制度、运营绩效评估和配套激励政策等方面，形成了一条"闭环"的工作路径，同时也激发了市场"无形之手"的重要作用。

临安区文旅局总结提炼了 16 项村落景区资源调查内容，委托第三方专业机构对村落景区的资源情况进行调查，建立了村落景区运营招商项目库；招引、培育乡村运营商，通过发动圈层资源和社会公开招募的方式招引乡村运营商，培育树立"运营"理念，培养"整村性、系统化、多维度"的乡村运营思维。

同时，临安区文旅局在指导、规范乡村运营工作中，不断探索实践，建立起标准和健全的乡村运营工作规范，为运营工作做好服务保障，多元赋能为运营商提供智力支持。为了确保招选到合适的运营商，区文旅局推出了阶梯式考核制度。临安区遵照"市场有效"的特色做法，以市场化运营商作为经营村庄的主体，充分发挥市场力量，是临安乡村运营的特色做法。运营商进驻村落景区后，组建专业运营团队，实施专业化市场运营。

多维度运营实践融合规范乡村振兴运营新模式

临安在推进乡村运营实践中，坚持以发展"美丽经济"、实现"共同富裕"为目标，以运营商为经营主体，以乡村旅游为切入点，以整村运营为抓手，充分发挥市场的主导

作用，通过纯市场化运营，运营前置，轻资产运营，整村性、系统化、多维度、多方聚力，奖励后置等多种运营方式融合，形成了一套独有的"临安模式"。

找准发力点激活村庄的文化实力和内生动力

通过乡村运营，临安找到了实现乡村振兴的发力点，坚持以市场化手段经营村庄，撬动"两进两回"，实现了从"美丽资源"到"美丽产业"的转变，实现了村集体和村民从低收入向高收益转变，实现了乡村振兴从单一行政力量向多元市场化力量转变，激活了乡村振兴的"文化实力"和"内生动力"。

作为较早开展乡村市场化运营的地区，临安以改革的思路寻求破解乡村运营难题的出路，"临安模式"的最大意义在于：坚持政府有为、市场有效、村民受益，形成了一个乡村振兴的共同机制。充分发挥政府作用，有效激发市场力量，走出了新时代乡村振兴的新路子。

十九、解码浙江之乡村运营看临安

——中国小康网 2021 年 11 月 30 日

作为全国最早开展乡村市场化运营的地区，浙江省杭州市临安区以改革的思路寻求破解乡村运营难题的出路：坚持政府有为、市场有效、村民共富，推动形成乡村振兴的"共同体"。

11 月 24—25 日，《小康》杂志社、《中国改革报》、《中国旅游报》、《中国产经新闻》、中国网、浙江电视台、《杭州日报》等中央及省市媒体记者等聚焦临安，实地走访、深度报道乡村运营给临安乡村带来的显著变化。

解码浙江之乡村运营看临安

中国小康网　2021-12-01 10:57

中国小康网 11 月 30 日讯 记者周传人 作为全国最早开展乡村市场化运营的地区，浙江省杭州市临安区以改革的思路寻求破解乡村运营难题的出路：坚持政府有为、市场有效、村民共富，推动形成乡村振兴的"共同体"。

11 月 24 至 25 日，《小康》杂志社、中国改革报、中国旅游报、中国产经新闻报、中国网、浙江电视台、杭州日报等中央及省市媒体记者等聚焦临安，实地走访、深度报道乡村运营给临安乡村带来的显著变化。

变化一：无中生有

闲置柴房变身为乡村会客厅、废弃矿山窑洞改造为网红餐厅、指南村稻田迸发出交响乐，"龙门秘境"、石门老街登上央视舞台……2017 年 5 月以来，临安创造性开展"村落景区市场化运营"，将政府的"有形之手"与市场的"无形之手"结合起来，探索出一条从建设美丽乡村到实现美丽经济的转化路径，有效激活了乡村振兴的内生动力。

变化一：无中生有

闲置柴房变身为乡村会客厅，废弃矿山窑洞改造为网红餐厅，指南村稻田迸发出交响乐，龙门秘境、石门老街登上央视舞台……2017 年 5 月以来，临安创造性开展村落景区市场化运营，将政府的"有形之手"与市场的"无形之手"结合起来，探索出一条从建设美丽乡村到实现美丽经济的转化路径，有效激活了乡村振兴的内生动力。

在乡村运营的潮流下，一位位乡村运营师来到临安，挖掘出乡村发展的无限可能，青山湖街道的诸多村落，正是乡村运营"无中生有"之代表。

在青山湖街道的洪村村，《小康》·中国小康网记者现场参观乡村会客厅等业态项目，品尝具有洪村乡土风味的"洪运家宴"。

洪村乡村会客厅，这里开窗见山、开门入院，白墙灰瓦简洁清爽，里面设施设备一应俱全。曾经的农户闲置柴房，摇身一变成为"森活家"。乡村运营师功不可没，"这里的空间是多变的，可以是微民宿，也可以是公司头脑风暴室、共享办公室，我们的目的是打造乡村美学的一个样板，让更多的人来体验，让附近的村民也看到闲置资源可以得到更好的发挥和利用。"洪村乡村运营师老白说。

游客来了，乡味也得跟上。洪村村运营师谷增辉介绍，他们通过策划为洪村村打造了"洪运家宴"美食品牌，在村民家的美丽庭院中，为游客提供可口的美食，有效盘活了村里赋闲的厨娘、闲置的庭院等资源，为村民提供多个增收渠道。

此外，与"洪运家宴"相配套的"洪运农场"亦在策划中，未来洪村村将成为一个综合型的"未来乡村"。

如今，青山湖街道已经引入7家专业运营团队，各个运营团队立足特色，各显本领，梳理资源，以市场化的视角"无中生有"，通盘谋划和推进乡村产业发展。

变化二：有中生奇

结束洪村之行，记者前往天目山镇月亮桥村、太湖源镇指南村、高虹镇龙门秘境和板桥镇上田村探寻临安乡村运营更多变化，感受天目山南麓"月亮工坊"重金属与怀旧复古风碰撞的别致诗意；徜徉于龙门秘境一方个人的自在天地；品读一条由上田村历史人文古迹和现代法治教育串联而成的文化游廊……

在"华东最美古村落""杭州赏秋第一村"之称的指南村，慕名打卡的游客总会发出感慨："银杏够黄，枫叶够红，一到秋季人挤人。"但在过去相当长一段时间内，指南村只有红叶这一个核心旅游产品，一年四季只旺一季。

"指南村具有优质的生态资源，与太湖源景区同属太湖源镇，地理位置上相距较近，如果村里的业态做起来并与太湖源景区协同发展，能和景区形成互补，有效扩充景区的容量。"指南村第三任村庄运营师周静秋说。2020年10月，临安太湖源生态旅游有限公司接下了指南村的运营项目，与太湖源景区共同打造大太湖源旅游板块。

初到指南村，周静秋和她的12人运营团队针对指南村"业态布局窄、景区互动少"的薄弱环节进行重点突破。一手引项目，结合指南村的优势资源，通过投资、招商等形式，陆续布局了网红打卡点"幻影指南·天空之境"、滑雪场、露营基地、油菜花基地、写生基地、研学基地等项目；一手办活动，依据指南村的民俗文化和四季自然景观，先后策划举办了"中国红叶节""油菜花节""指南山年俗节""农耕节"等系列活动，为游客打造春季踏春赏油菜花，夏季避暑体验农事活动，秋季打卡指南红叶，冬季滑雪感受民俗的独特四季旅游体验。

就这样，慢慢地把游客"留"住，带动了村里的餐饮、住宿等一系列的产业链发展，红叶指南实现了由"一季红"向"四季红"的蜕变。通过"乡村运营"，指南村慢慢地从一个网红村"升级"为一个村落景区，村里的人均年收入实现了从2010年的1万多元到2021年预计超5万元的跨越，村民们也从运营之初的观望态度转变为如今的主动参与。

2020年，指南村接待游客近80万人次，旺季时单日接待游客可达万余人，看到村里人气越来越旺，村民们纷纷新建、改造起了农家乐，今年6月，为规范管理农家乐，实现产业的高质量发展，指南村成立农家乐协会，全村83家农家乐全部加入。

变化三：临安经验更"出圈"

经过四年多时间的探索和实践，乡村运营"临安模式"名动全国，往来参观取经者络绎不绝。截至 2021 年 9 月底，临安有运营商在运营的村落景区共 20 家，实现旅游收入 4.2 亿元，村民收入增加 257 万元，村集体收入增加 4708 万元。

11 月 25 日上午，为深入沟通交流临安乡村运营的相关经验和成果，现场走访调研完毕，临安区文旅局在上田村组织召开"乡村运营看临安"媒体座谈会。会上，临安区文旅局副局长陈伟洪从乡村运营主管、主推部门的视角，详细向记者们介绍了近年来临安乡村运营模式的"前世今生"、实践价值、主要成绩、曲折困惑。

会上还发布了由临安区文旅局主持起草的全国首部村落景区市场化运营地方标准《乡村运营（村庄经营）导则》，进一步展现出临安乡村运营探索已走在全国前列的气象。

优质内容需要深度传播。为顺应新老媒体融合发展趋势，进一步借力具有"蝶变效应"的新媒体力量，凝聚各界对临安乡村运营模式的更深共识，活动期间，临安区文旅局特别发起并成立了"临安乡村运营新媒体联盟"，以组成联盟的形式，聚集一批关注临安乡村运营发展动态的媒体人力量，让更多笔头、镜头对准临安乡村运营，全面撬动临安乡村运营模式传播的载体创新、形式创新、内容创新。

"乡村的振兴和发展需要产业，运营的目的就是为乡村植入能持续造血的产业。临安模式的重要特点是市场化和轻资产运营，政府向市场招引运营商，符合条件的运营商入驻后实行轻资产运营，运营商可以根据村落业态打造的需要对外招引更专业的运营商和有实力的投资商。党委政府期望通过乡村运营实现村集体和村民收入的增加、乡村文化的成功挖掘、闲置资源的盘活、'两进两回'的实现、村民观念理念的转变等方面成果。未来，希望推动乡村运营的临安模式更加'出圈'，得到更多方面的认同和研讨，更好地为全国以乡村振兴推动共同富裕提供经验。"陈伟洪如是说。

二十、临安乡村运营模式如何运行？

——《中国县域经济报》2021 年 12 月 22 日

"临安乡村运营"的这把火，确实是烧起来了。浙江省杭州市临安区乡村运营模式惊艳亮相不久前举办的全国乡村旅游工作现场会，主流权威媒体的持续关注，各地政府的借鉴推广，令致力于激活乡村发展内生动力的临安乡村运营模式走进人们的视野中。

乡村运营到底运营哪些内容？（解读临安乡村运营模式如何运行）临安乡村运营模式究竟是什么？它何以在全国第一个被称为模式？这个模式是否真的能帮助临安完成乡村振兴？能否给其他地方乡村振兴以有益借鉴甚至直接复制？带着种种疑问，记者通过调查采访，比较系统全面地挖掘"临安模式"背后的成因和特点，还"临安乡村运营"一个"知其所以然"。

它是一个主动作为、系统谋划，直击乡村发展痛点的模式

临安区地处浙西山区，多年来各级政府加大乡村建设投入力度，100 多个"美丽乡村"陆续落成，2017 年，临安顺势提出"村落景区"概念，计划在美丽乡村中"择优录取"，打造一批精品村落景区。

然而，原临安市旅游局在指导村落景区发展中发现，当时临安的美丽乡村普遍存在"有面子无里子，有输血无造血，有想法无办法"的问题，精品村落景区的打造如果演变为单纯的硬件建设，无益于解决现有发展痛点，毕竟乡村变美丽并不难，难的是"美丽变成钱"。临安当地领导干部一致认为，摆脱美丽乡村发展困境必须借助市场化运营的力量，激活乡村的造血功能。

2017 年 5 月，临安市旅游局召开首场村落景区招引运营商会议，面向社会公开招募市场化运营商。意向企业经过充分的调研与沟通，2017 年首批 8 个运营商与 8 个村落景区签订了运营协议，乡村与市场通过"自由恋爱"，自由自愿地从增进了解的"相亲"走到签约"结亲"。

临安文旅部门四年多来始终坚守方向，砥砺前行，令临安乡村运营创造出"19 个运营村实现旅游收入 4.2 亿元、村集体收入增加 4708 万元、村民收入增加 257 万元、业态落地 98 个、就业岗位增加 1200 多个"的量化成绩，而且撬动了村民思想意识的深层转变，临安也因此入围了杭州市争当浙江高质量发展建设共同富裕示范区城市范例首批试点名单。

2021 年，临安乡村运营再次迎来阶段性"高潮"，在青山湖街道以集群化方式全面

推进，青山湖街道年工业总产值超过 500 亿元。但与活跃的城镇经济相比，青山湖街道美丽经济的发展却稍显平庸，转化是痛点。为持续发力乡村振兴，2021 年 3 月，在临安区文旅局的见证下，青山湖街道首批六个村与乡村运营商签订框架协议，启动乡村运营。

政府主动作为、运营商系统性布局是临安乡村运营区别于其他乡村做法的明显特征。临安乡村运营不仅解决了"怎么干"的问题，还明确了各方职责，重点解决了"谁来干"的问题。对于运营商、村干部、村民来说，运营模式的正确导向和实践取得的真实成果，都令他们越发坚信临安模式的生命力。

它是一个发轫于市场，真正以市场化手段激活乡村发展的模式

说起有"华东最美古村落"之称的指南村，慕名打卡的游客总会不约而同发出形象而生动的感慨："银杏够黄，枫叶够红，一到秋季人挤人。"但在过去相当长一段时间内，当地村民普遍存在"一季吃饱饿三季"的忧虑。

没有产业，就引不来，也留不下游客。2020 年 10 月成为指南村运营商之后，临安太湖源生态旅游有限公司总经理周静秋和她的 12 人运营团队开始驻村办公，基于多年从事旅游行业的市场洞察以及驻村后市场调研所得到的信息，周静秋团队紧紧把牢市场导向，针对年轻游客群体的喜好和消费习惯，充分挖掘村内的文化资源，打造四季旅游体验线路，持续壮大指南村的旅游产业。

乡村振兴，需要通过运营打造乡村产业，带动村民共同致富。周静秋以指南村春节家家户户都要吃的传统小吃麻糍为切入口，发动村民经营可供游客体验的打麻糍项目，以体验促销售。如今，麻糍在指南村已成为一个产业，经营户几乎每天都打麻糍，年近六旬的村民程林妹经营的"林妹妹麻糍"日销售额最多时能超过 6000 元，一年营收近70 万元。红叶指南实现了由"一季红"向"四季红"的蜕变，村里的人均年收入实现了从 2010 年的 1 万多元到 2021 年预计超 5 万元的跨越。

洪村运营商在临安区文旅部门专门指导下，通过摸底调查、动员引导、举办厨艺大赛，组建了一支二十余人的"乡村厨娘"队伍，推出了"洪运家宴"一桌菜。当上厨娘后，原本赋闲在家以打麻将消磨时光的农村妇女有了事做、有了钱赚，麻将不打了，改为钻研菜谱，村风民风也得到了改善。

"运营和建设发轫于市场，运营的诸多内容都是借市场手段打造，而非依靠政府的力量，在其中，运营商起决定作用。"临安区文旅局副局长陈伟洪表示。纵览临安乡村运营的种种实操案例，尽管运营的手法不尽相同，但坚持发挥市场主体力量的总原则始终不变。临安在这场乡村创新实践中，始终遵循服务游客的市场导向，以旅游产业为切入口，通盘布局谋划，盘活整村产业，让乡村运营以"有根之木、有源之水"的姿态，

凝聚起运营商、村干部、村民、返乡青年等各方力量，催生出乡村振兴的"化学反应"。

它是一个"政府有为"激励"市场有效"的模式

临安在探索乡村运营的过程中，临安区文旅局充分发挥政府"有形之手"的力量。为招引到合适的运营商，临安区文旅局通过发动圈层资源与向社会公开招募的方式，先后推出 3 批村落景区，广泛招选运营商，并带领意向企业实地查看，走访村落。

为形成统一标准指引乡村运营工作，临安区文旅局先后出台《临安乡村运营（试运营期）工作要求》《临安乡村运营工作流程》等工作规范；指导镇街出台业态补助实施细则、乡村运营工作机制；2021 年 6 月 7 日，出台了首个乡村运营地方标准——临安《乡村运营（村庄经营）导则》。

有意说明的是，临安乡村运营统一的标准，更多是指向必要的运营规范，不是造就"千村一面"的具体建设标准。对乡村发展个性的尊重和推崇，一直是临安区文旅局推动乡村运营实践的一大原则。通过运用考核手段对乡村运营商进行激励与管理，制定了一套乡村运营工作考核办法。前不久，临安区文旅局公布了 2019、2020 年度村落景区运营考核结果，各有 5 家运营单位通过考核。其中，运营成效突出的运营单位获得了最高 80 万元的奖励。目的就是以政府少量资金为引导，让运营企业通过市场手段撬动乡村发展，实现"星火燎原"的效果。

经过几年实践，临安区文旅局也发现，"规范引导"也好，"因材辅导"也好，再多的困难，也没能动摇他们对这套模式的坚持。

"乡村振兴本来就是个百年大计，欲速则不达。"临安区文旅局局长何军梁表示。尽管有个别声音认为，文旅部门并不是乡村振兴的主要对口部门，是否值得长期费神费力尚待讨论。但何军梁认为，乡村振兴是实现共同富裕的一大必然路径，是一场超越部门利益、关乎国计民生的伟大事业，在高举生态文明大旗的新时代探索乡村运营发展，文旅行业和文旅人既有职责义务，也有足够的信心、决心和耐心。

二十一、运营商来到浙江临安 用市场化手段"雕琢"美丽乡村

——《中国旅游报》2022 年 1 月 13 日

近年来，创新乡村运营模式后的浙江省杭州市临安区各乡村迎来了翻天覆地的"蝶变"：一大批年轻人在乡村施展才华，一个个项目落户青山绿水间，一批批游客住进村居农家……

政府主动作为、运营商系统性布局是临安乡村运营的明显特征。临安乡村运营瞄准乡村发展痛点、聚焦美丽资源的转化文章，不仅解决了"怎么干"的问题，还明确了各方职责，重点解决了"谁来干"的问题。

直击乡村发展痛点

2017 年，临安开启以市场化运营撬动乡村振兴的探索实践，计划在美丽乡村中"择优录取"，打造一批精品村落景区。

"相比为乡村招引项目投资商的普遍做法，我们聚焦于运营环节，以运营能力为首要衡量标准，向市场招募具备策划和文创能力、集资源能力、市场运作能力，兼具乡村情怀和工匠精神的运营商，且不对运营商的资产和投资能力设置门槛。"临安区文化和广电旅游体育局相关负责人表示。经过充分的调研与沟通，2017 年，首批 8 个运营商与 8 个村落景区签订了运营协议。

运营商驻村的首要任务，是对村落进行调查"摸底"，了解村落特色，明确乡村旅游的主题和市场定位，并形成一套系统的运营方案。以实用性的整村运营方案为指引，运营商需要在市场营销、招引投资、营造旅游氛围、打造旅游业态、包装旅游线路、加强社会合作、加强管理服务等方面持续作为，用市场化手段"雕琢"美丽乡村。

一段时间之后，参与运营的村落呈现喜人变化，交出了"19 个运营村实现旅游收入 4.2 亿元、村集体收入增加 4708 万元、村民收入增加 257 万元、业态落地 98 个、就业岗位增加 1200 多个"的答卷，临安因此入围杭州市争当浙江高质量发展建设共同富裕示范区城市范例首批试点名单。

2021 年，临安乡村运营再次迎来阶段性"高潮"，在青山湖街道以集群化方式全面推进。通过运营，毫无产业基础的几个村迅速发展起乡村旅游，并初步释放出运营红

利。如青南村组建了100多人的青年微信群，为村里凝聚起回乡开办民宿、回乡投资新业态的青年乡贤力量；洪村挖掘利用村集体闲置房屋、村民闲置房，打造"径山驿"膳食馆、乡村会客厅等业态，为村集体、村民增收开辟新渠道；朱村立足农耕文化、竹林特色，打造出系列农事体验型旅游产品，广泛吸引游客的同时带动村里的农产品销售。

以市场化手段运作

2020年10月成为运营商之后，临安太湖源生态旅游有限公司总经理周静秋和她的12人运营团队开始驻村办公。他们紧紧把牢市场导向，针对年轻客群的喜好和消费习惯，一方面通过以商招商等形式，布局"幻影指南·天空之境"等项目；另一方面策划举办"指南红叶节"等系列活动，打造四季旅游线路，持续壮大指南村旅游产业。

"为带动村民共同致富，我们还以指南村春节家家户户都要吃的传统小吃麻糍为切入口，发动村民经营可供游客体验的打麻糍项目，以体验促销售。"周静秋说，年近六旬的村民程林妹经营的"林妹妹麻糍"，日销售额最高时超过6000元，一年营收近70万元。

如今，指南村实现了由"一季红"向"四季红"的蜕变。

在洪村，运营商在临安区文化和广电旅游体育局的指导下，组建了一支20余人的"乡村厨娘"队伍，推出了"洪运家宴"一桌菜，不仅为村民就业创收提供了渠道，还盘活了美丽庭院和农村闲置人力等资源。

龙门秘境村落景区的运营商则从农产品伴手礼入手，打造"龙门秘境"特色农产品品牌，推出了主打产品"龙门秘酱"，开通了线上商城，打开了电商渠道，提高了当地制酱家庭的收入。

"运营和建设发轫于市场，运营的诸多内容都是借市场手段完成的，而非依靠政府部门的力量。在其中，运营商起到了决定性作用。"临安区文化和广电旅游体育局副局长陈伟洪表示，临安在这场乡村创新实践中，让乡村运营以"有根之木、有源之水"的姿态，凝聚起运营商、村干部、村民、返乡知识青年等多方力量，催生出乡村振兴的"化学反应"。

聚焦可持续发展

临安的乡村运营，遵循"倚重市场的力量、摆脱行政的思维"的原则，但又并非"不管不问、放任放纵的市场化"。在探索乡村运营的过程中，临安区文化和广电旅游体育局充分发挥政府"有形之手"的力量，通过招引、培育、引导、赋能、规范、考核等方式，形成了一条独特的工作路径。

为招引到合适的运营商，当地通过发动圈层资源和社会公开招募等方式，先后推出3批村落景区，广泛招选运营商，并带领意向企业实地查看，走访村落。同时，还建立了临安村落景区运营招商项目库，为有意向的运营商快速了解村庄"家底"和特色提供便利。

为形成统一标准指引乡村运营工作，临安区文化和广电旅游体育局先后出台了《临安乡村运营（试运营期）工作要求》《临安乡村运营工作流程》等规范；指导镇街出台业态补助实施细则、乡村运营工作机制；2021 年 6 月 7 日，临安区文化和广电旅游体育局还出台了乡村运营地方标准——临安《乡村运营（村庄经营）导则》。

为了尊重不同乡村的"发展个性"，当地还专门组建了村落景区运营专家组，整合各高校、文化和旅游企业、专家学者等专业力量，定期召开"临安乡村运营十人谈"沙龙会等活动；创新实施专家"问诊"制度，及时解决运营难题，并开具"问诊单"；对运营商和村委干部进行针对性辅导，辅导内容细化到如何打造一桌菜、如何布置景观小品、如何办好微信公众号等，为乡村运营提供智力支持。

除此之外，临安区文化和广电旅游体育局还运用考核手段对乡村运营商进行激励与管理，制定了一套乡村运营工作考核办法。

临安区文化和广电旅游体育局局长何军梁表示，乡村振兴是实现共同富裕的必然路径。文旅人既要有担当、尽职责，又要有足够的信心、决心和耐心。

二十二、乡村运营师在杭州临安：
成功不在引进项目多少　带动村民共富是关键

——中国新闻网 2022 年 5 月 11 日

中国新闻网 | 浙江
www.zj.chinanews.com
2024年1月29日 星期一　杭州 4~12℃

首页 | 中新社记者看浙江 要闻 统战 区县 | 名记者名栏目 中新访谈 | 中
文旅 文一君 | 财经 浙商 咫尺财经 | 教育 育人记 | 中新策划 专题 | 图

乡村运营师在杭州临安：成功不在引进项目多少 带动村民
共富是关键

2022-05-11 23:20:22　来源：中新网浙江

"来临安，做乡村运营师！"2020 年，浙江省杭州市临安区青山湖街道"乡村运营师"开启全面招募。据悉，当前青山湖街道共运营村落 7 个，其中有 4 个村与运营团队签订正式合作协议并注册运营公司。

两年已至，成果几何？5 月 10 日，记者进行了现场探访。

从杭州余杭区未来科技城驱车半个小时，就能到达临安区青山湖街道的洪村。山上有古寺，山下有古塔，洪村坐落于径山南麓，旅游资源丰富。但因交通不便，游客极少。

如何让这个"名不见经传"的小村庄热闹起来，让村民富起来？这是洪村村书记蒋贤福一直在思考的问题。2021 年 3 月，杭州森活文化旅游发展有限公司与洪村签订框架协议，成为该村运营商。

"乡村运营不仅是乡村旅游，更是乡村振兴的一个有效路径。"在临安区文旅局副局长陈伟洪看来，一支优秀的乡村运营师队伍要有优质文旅资源导入乡村，能组建平台将乡村资源盘活。同时，还要有乡村理想和工匠精神，能深耕乡村。

这也是杭州森活文化旅游发展有限公司相关负责人谷增辉的理念。他说，运营商不是投资商，引进多少项目不是衡量他们是否成功的标准。"如何将整村资源盘活，带动村干部改变思想、调动村民的积极性才是关键。"

带着这样的想法，谷增辉提出了"洪运家宴"，这也是他们在村里打造的首个业态。

"洪村非常原生态，离科技城也不远，所以我们计划把这里打造成为科创企业提供乡村休闲、商务团建等综合服务的一个目的地。"谷增辉说，从"吃"入手，能调动村民积极性，也能让村民致富。

如今在村里，每走几步就能看到村民在家门口挂着的"××家宴"招牌。端上桌的大多是农家菜，生意好的时候，一天能接三四桌的单。

除了家宴，谷增辉团队还策划了"跟着往圣先贤的足迹上径山"等主题内容，着力打造"耘野洪村"农产品品牌等。而农产品品牌的打造，成了洪村的另一个"致富密码"。

"我们进驻到农村后，给洪村的稻米'讲'径山寺的故事，用'径山禅米'品牌为它赋能。"谷增辉说。

蒋贤福提供了一个数据：参与分红形式的 54 户洪村农户，除了能拿到 500 元每亩的固定租金，还能分到 1022 元每亩的年底分红，即卖"径山禅米"的收益。

据悉，洪村目前建成径山驿养生膳食馆、森活家民宿、白水溪大香市、农文旅直播电商基地等业态 16 个，发展农家乐 18 处，民宿 5 家。蒋贤福表示，通过乡村运营，目前已实现农村剩余劳动力家门口就业 110 余人，完成各类农副产品销售 230 余万元，实现经济增加值 150 万元。

不止洪村，原本布满石灰矿坑的青南村，在运营商的帮助下，也成为大热的露营地。

沿着村道逶迤前行，山势渐高。不远处，一个乌黑的矿坑和两口高耸的石灰窑猛地扑入眼帘。矿坑前方，草坪碧绿如毡，几处帐篷远近高低，闲适安营在草坪上。伫立草坪，举目俯览，青山四合，阡陌纵横，溪田锦绣，清风徐来。

之前，青南村是青山湖街道远近闻名的"石灰村"。凭借紧邻公路和盛产石灰岩的优势，青南村家家户户都当"矿工"。村里还办起了石灰厂，6 个采石矿坑整日叮叮哐哐，12 座石灰窑烟熏火燎，再加上工程车往来不息，一时间，青山失青，草木蒙尘，青南村成了过往者蹙眉捂鼻的"灰"南村。

2021 年，曾是某国驻沪总领事助理的唐叶超挥别繁华大都市，只身走进青南村，自荐成为乡村运营师。

"村里的几处矿坑和石灰窑都非常有腔调，我们想把露营、民宿、精品酒店、咖啡、酒吧植入进去，打造矿坑露营基地或窑洞轻音乐咖啡（酒店）。石灰窑内，我们考虑建设螺旋状楼梯，里面可以藏酒，游客也可以爬上旋梯到窑内体验……"唐叶超说。

被唐叶超的激情和创意所感染的，还有青南村的网红蔡雪皎。一年前，蔡雪皎辞掉了在某疗养院当护士的"铁饭碗"，成为活跃于各大网络平台上的服装穿搭博主。当听说有乡村运营团队入驻家乡打造露营基地，她觉得简直与自己的想法"一拍即合"。

去年 3 月，带着民宿梦，蔡雪皎回到青南村，在宅基地上建起了新房。"民宿共有 5 间客房，屋后还带了一个 300 多平方米的院子，游客可以在此喝下午茶，也可以到矿坑露营，拍照打卡……民宿计划于 6 月初试营业。"

陈伟洪表示，以市场化思维运营乡村，才能更好地将绿水青山转变成金山银山。

二十三、浙江省杭州市临安区"天目村落"全球招募乡村运营师

——《人民日报》(海外版)2022年5月19日

日前,浙江省杭州市临安区文化和广电旅游体育局举办2022"天目村落"运营招商新闻发布会,於潜镇光明村、太阳镇上庄村、潜川镇青山殿村等11个村面向全球招募乡村运营师。

近年来,临安区提出以村落景区为主抓手推进全域景区化,通过"八线十景"建设,对自然禀赋较好、历史文化深厚、有一定旅游基础的村庄进行整合,推出"天目村落"。2021年,作为全国首个村落景区公共品牌,杭州临安"天目村落"品牌正式发布。

临安区文化和广电旅游体育局创新提出市场化运作的形式,引进乡村运营师,让乡村业态"活"起来。为精准招商,临安区文化和广电旅游体育局对村落景区的可利用资源进行摸底调研,形成村落

景区运营招商项目库,并通过举办招商会、新闻发布会等形式招引村落运营商。既择优引进,也按规退出。2021年,《临安村庄经营导则》《临安区村落景区运营考核办法》发布,完善村庄经营考核办法。每年委托第三方专业机构对各运营商进行考核评估,考核合格按分数高低给予10万元至70万元不等的资金补助,考核不合格的运营商则直接退出。

"村落运营"既需要运营师们全身心投入,驻扎乡村;也需要创新思维模式,通过市场策划,挖掘乡村文化、盘活乡村资源、搭建招商平台,探索乡村振兴、产业兴旺的新路径。该乡村运营模式运行以来,已有20个村落与运营商签约"结对",项目总投资达5.2亿元。

临安区文化和广电旅游体育局局长何军梁表示,临安创新村落市场化运营模式,激活了美丽乡村的内生动力,乡村产业得到巨大发展,村集体和村民收入显著增加,传统文化得到保护和传承。同时,以村落市场化运营为载体,外来资本、先进技术、乡贤、返乡创业者积极参与村庄经营,投资发展乡村经济,带动农民就业致富。一批服务型、公益性、互助性社会组织和志愿者慕名走进临安乡村,为村民提供精准服务。近几年,临安村落景区共吸引返乡青年800余人,各类手工匠人参与的业态和产品落地200多

个，为本地村民增加就业岗位 1200 余个，实现旅游收入 4.9 亿元，村民人均收入增加 1.2 万元，村集体收入增加 8930 万元。

在市场化运营的催化下，更多的化学反应正在乡村产生。在美丽资源和特色产业的吸引下，一批"新农人""新农创""新农主"纷至沓来，积极为乡村出点子、做参谋、当助手，为乡村治理提供新思路，也带来了乡村文明之风，让乡村充满活力。

临安"天目村落"模式以独特的乡村运营模式，推动着中国乡村文旅品牌化的进程，为浙江"资金进乡村、科技进乡村、青年回农村、乡贤回农村"提供了临安样本。从美丽生态到美丽经济，再到美好生活，临安加快构建"一廊三圈十八景"全域景区格局，提升"天目村落"品牌，描绘一幅农村发展、产业增收、农民幸福的乡村振兴、走向共同富裕的新画卷。

二十四、浙江临安乡村运营做对了什么：激发乡村
内生动力方能持久

—— 中国新闻网 2022 年 6 月 3 日

业态产品如何盈利？运营商和村委会、村民的关系如何协调处理？这是乡村运营面临的难题。在浙江杭州临安，这些难题正在被逐渐攻克。

6 月 1 日至 2 日，临安"天目村落"品牌推广暨乡村运营专家调研在杭州举行。来自浙江省人民政府咨询委员会、浙江高校的相关专家走访"洪村觅径""龙门秘境""於潜朱湾"等村落景区进行实地调研。

专家表示，临安乡村运营形成了模式，而且其创新价值、改革价值、推广

浙江临安乡村运营做对了什么：激发乡村内生动力方能持久

中国新闻网　2022-06-03 12:45

价值都已经显现得十分明显。只有激发乡村内生动力，乡村运营才能持久。

乡村运营，顾名思义，即对乡村进行市场化运营，通过与爱乡村、会策划、懂营销的乡村运营师团队开展合作，将乡村资源优势、生态优势转化为经济优势、发展优势。

2017 年 4 月，杭州临安创造性地提出"村落景区"概念，并开始招募乡村运营师。5 年多的时间，一个个项目落户青山绿水间，一批批游客住进村居农家，临安乡村迎来蝶变。

山上有古寺，山下有古塔，临安洪村坐落于径山阳坡，有一条北上径山寺的古道。千百年来，苏东坡、李清照、王阳明等先贤都曾通过这一古道，寻访径山。

开展运营之前，洪村的农户以种植水稻为生，产生的经济价值很有限，水稻种植户主要依靠政府种粮补贴平衡收支。

如何让这个"名不见经传"的小村庄热闹起来，让村民富起来？

2021 年 3 月，杭州森活文化旅游发展有限公司与洪村签订框架协议，成为该村运营商。讲好洪村径山阳坡的故事，成为当地运营的关键。为此，运营团队依据"跟着往圣先贤的足迹上径山"这一定位，讲径山阳坡的故事，针对科技企业群体，推出了团建项目。

在浙江省乡村振兴研究院首席专家吴伟光看来，临安乡村旅游起步早、创新多，已

经走在中国前列。但在未来发展过程中仍需要处理好三重关系，即城市与乡村、政府与市场、短期与长期的关系。

他表示，"城市上班族面临亚健康的困扰，相比在健身房打卡，在山清水秀之地锻炼更具有吸引力"。乡村旅游要充分依托乡村生态资源、生态产品与农耕文化优势特色，满足城市居民个性化、高品质的需求，打造特色化的旅游产品与服务。"洋要洋到家，土要土得掉渣"，只有反差巨大，才能吸引城市游客。

此外，该团队还着力打造"耘野洪村"农产品品牌，用"径山禅米"这一品牌为村里的稻米赋能。洪村村书记蒋贤福提供了一个数据：参与分红形式的 54 户洪村农户，除了能拿到 500 元每亩固定租金，还能分到 1022 元每亩的年底分红，即卖"径山禅米"的收益。

此外，洪村还建成径山驿养生膳食馆、森活家民宿等业态 16 个，发展农家乐 18 处，民宿 5 家。通过运营，该村已完成各类农副产品销售 230 余万元，实现经济增加值 150 万元。

这一运营模式，得到了浙江省人民政府咨询委员会乡村振兴部部长陈荣高的点赞，认为洪村已经逐渐摆脱"依靠政府补贴推进乡村振兴"模式。

他说，很多乡村只是推出了项目，但没有运营，但洪村将项目和运营进行了有机结合。但他也提到，不是所有的乡村都适合开发旅游产品，一味跟风开发，只会适得其反。

陈荣高担忧的，正是临安的朱湾村极力避免的。在临安区文旅局副局长陈伟洪的口中，这是个"三无"村庄：没有景区，没有农家乐，村集体也没有收入，一穷二白。

这样的村庄，如何运营？今年 3 月，朱湾村和九耕未来乡村运营管理公司"牵手成功"。运营商进入后，引进了科技公司，双方明确以於术产业为基础，打造於术五星生态农场，推动农文旅深度融合。

於术是主产于於潜地区天目山一带的中药材，素有"北参南术"之称。明清时期被列为贡品，因产地气候原因导致产量稀少。而朱湾村的地理位置和气候，十分适合种植於术。

通过於术规模化种植，有效解决了朱湾村剩余劳动力的就业问题。今后，该村还将建立於术研学基地、於术康养中心等，为村民增收致富奠定产业基础。

虽然项目仍在起步阶段，但在清华大学区域发展研究院院长助理江振林看来，这一模式值得借鉴。他表示，乡村运营的关键，在于厘清运营商和村委会、村民的关系。"要让运营商做运营的事情，而不是成为投资商。"

他表示，朱湾村的运营商起到了招商引资、资源整合的作用，让薄弱的村集体，通过乡村运营的加持和外部资源的助力，找到了"三农"高质量发展和共同富裕基本单元乡村振兴的抓手。

通过两天时间的调研，浙江工商大学旅游学院教授管婧婧表示，乡村运营并不是千篇一律，而是要因地制宜。她对临安的"龙门秘境"印象深刻。

龙门秘境村落景区由临安高虹镇的石门村、龙门村、大山村三个行政村组合而成。如今，"龙门秘境"通过运营已成为临安乡村旅游的一块"金字招牌"。

管婧婧认为，在乡村，谁来运营非常重要。"龙门秘境"通过石门村老街、古居、垄上行民宿集群、攀岩小镇、大山梯田等多处网红打卡点，有效聚集了资源，带动村民致富，输出了"龙门经验"。但"龙门秘境"体量太大、投入多，若想长效运营，还需改革，丰富业态，为更多乡村的运营"探路"。

临安区文旅局副局长陈伟洪表示，希望以此次调研为契机，总结临安一批不同模式的乡村运营案例和典范，向全中国展现临安"美丽生态、美丽经济、美好生活"的"三美融合"场景，推广临安经验，为乡村可持续发展、实现共同富裕贡献临安力量，为中国乡村运营发展提供参考和借鉴。

二十五、浙江临安：蹚出美丽乡村的运营新路

——《经济日报》2022 年 6 月 12 日

近日，杭州市临安区面向全球发出邀请，为新一批 11 个自然禀赋较好、历史文化深厚、有一定旅游基础的美丽乡村招募"乡村运营师"。

临安是浙江省全域旅游示范区、全国首批生态文明建设示范区。2017 年，临安首开先河引进"乡村运营师"，开启"村落景区市场化运营"新模式。5 年来，临安创建了中国首个村落景区公共品牌"天目村落"，已有 20 个村落与运营商签约"结对"，项目总投资达 5.2 亿元，实现旅游收入 4.9 亿元，走出了一条乡村运营引领村落农文旅融合发展、实现共同富裕的新路。

专业的人来经营村庄

乡村运营，就是把乡村作为一个市场化主体进行计划、组织、实施和经营。

早在 2006 年，浙江就提出"要把整治村庄和经营村庄结合起来"。

村庄经营，谁来干？怎么干？干什么？

浙江是美丽乡村建设起步较早的省份，通过实施"千村示范、万村整治"工程，大批村庄早已变身为美丽的景区。

然而，"美丽乡村"以政府投入为主，项目大都集中在基础设施、村容村貌和生产生活条件的改善，功能设施的建设普遍"标准化"，缺乏鲜明的市场定位和文化个性。

临安西部山区的石门村、大山村和龙上村，三村相邻，在美丽乡村的建设浪潮中，被首批合并规划为"龙门秘境"景区。短短数月，通过环境整治、房屋外立面改造、旅游集散中心建设，村庄面貌焕然一新。然而，景区造好了，乡村变美了，人气却不旺。

与"龙门秘境"处境相似，临安另一个 3A 级村落景区月亮桥村也"同病相怜"，多年来陆续投入约 3000 万元，老村子变成了新样子，村落是美丽了，可旅游还是热不起来。依托天目山景区，月亮桥村只是见证了大批匆匆过客，老百姓并没有得到实惠，村集体也是负债累累、步履维艰。

临安乡村遇到的"美丽尴尬"并非个例，反映出美丽乡村建设的某些共性问题：一是"虽美丽无特色"，乡村旅游设施雷同、"千村一面"；二是"有输血无造血"，缺乏产业植入；三是"有想法无办法"，政府把基础设施交给村委会运营，村委会却无力维持，游客中心等公共服务设施形同虚设。

如何利用美丽乡村的建设成果，让景区村庄成为游客休闲目的地、乡村资源成为可消费的旅游产品？临安区委、区政府意识到，乡村建设不能依赖政府无限投入；乡村经营也不能仅仅依靠村干部和村民，必须把专业的事交给专业的人。未来的乡村建设应该以村集体经营为主导，核心是激活乡村资源、让政府投资发挥乘数效应。

2017 年 5 月，临安率先跨出第一步，在全省开展"村落景区市场化运营"。面向社会招运营商，让专业的人从整村旅游运营的角度出发经营村庄。当地 13 个村落景区，在政府统一部署下，组建起 13 个村级运营平台。其中 11 个引进了社会资本，与村集体合作成立了运营公司。

"运营商的责任就是把村子运营好，其他的事不用管。"一直跟踪村落景区市场化进程的临安区文旅局副局长陈伟洪说，运营商与村委会双方达成合作意向后，需提交运营方案交区文旅局专家审核通过。村委会则需经村民大会同意后，方可与运营商签订运营合作协议。签约运营时间可长可短，一般在 10 年至 30 年。

签约后，运营商与村委会共同组建运营公司。村委会以村集体的游客中心、停车场、文化礼堂等设施的使用权入股，约占 10% 至 20%；运营商以货币资金入股，注册资金不少于 50 万元，日常运营费用由运营商承担。在整个运营过程中，政府和村委会不投资一分钱。

临安区区长杨泽伟告诉记者，乡村变美，难的不是建设，而是运营。从"建设"转向"运营"，核心是分工合作的城乡合伙人机制。政府、乡村运营师、村集体，三者重构了乡村发展的新生态：政府做规划、做环境，村集体和村民做主人，运营商做项目、做运营，利用美丽乡村的建设成果将乡村资源变现。

截至目前，通过乡村运营，临安 16 个村落景区共完成落户项目 70 个，总投资达 5.2 亿元，吸引返乡青年 130 余人，各类手工匠人参与业态运营 183 人，增加村民就业岗位 200 余个。实现旅游收入 1.05 亿元，村集体增收 4086 万元，村民人均收入增加 1.2 万元。

运营商进驻村落景区，当务之急是根据村落特色确定主题定位，通过专业市场化运营植入业态、培育产业，打造村庄"自我造血"功能。

唐晓丹是太阳镇双庙村的运营师。在常人看来，双庙村并无优势，交通不便、山水寻常。但在她眼里，全村大山谷套小山谷的地理特征、村口那片绵延数公里的杉树林，还有村民淳朴的民风民俗，都是最稀罕的"卖点"：只要把双庙村打造成有美感的乡村生活空间，就不愁没有客人来。

唐晓丹为双庙村量身打造了一条长 4 公里的路线，山谷与水库串联起来，豆腐坊、酒坊、油坊开了出来，乡村集市、音乐节、酿酒节热闹了起来。

种田能手罗秀珠没想到，自己种的米经过唐晓丹的设计包装，能卖出 10 元一斤。做木工的罗师傅也没想到，自己做的木秋千、竹平台，能得到那么多城里客人的喜爱。

"每个乡村都有自己的设计元素、环境艺术，关键是要发现差异和个性，不能简单地把城里的业态搬到乡下。"唐晓丹说。

清凉峰下的杨溪村，"忠孝文化"远近闻名。孝子陈斗龙、忠臣韩世忠，是村里最亮的"资源"。但长期以来，找不到一个适合市场化运作的业态。

2017 年 8 月，临安旅游集散中心有限公司总经理章晓云看中了这一资源。她与杨溪村签约，成为临安第一家村落景区运营商。

起初，她在孝子祠里开设"忠孝学堂"，上午让学生们听课，下午体验乡村风光。合作的方式很简单：10 块钱的"人头费"抽成。

有了运营商，"忠孝学堂"随之升级，双方组建杨溪忠孝文化旅游公司，村里占股40%。同时，加入文旅体验项目，比如做麻酥糖、编草鞋、农耕体验等，原本半天的旅游延长到 1 天甚至 2 天。

以体验基地为例：村里把一家一户的土地流转过来，再争取一点上级资金，建设成为可以提供户外运动、餐饮的场地，再租给运营公司，租金 2 万元一年。

别看场地不大，盈利点却不少：一辆小火车，150 元一趟，一天下来能赚两三千元；土灶头，以当地菜为主，游客和学子可亲手烹饪，公司提供原材料，一桌三五百元不等；旁边一排小吃摊位，村民可出摊，卖不掉的产品由运营公司包销。这些乡村业态不仅提升了课堂之外的体验感，还吸引了乡贤返乡就业创业。

年度考核中，杨溪村集体经济翻番，农民收入提升 20% 以上。据了解，临安乡村近几年通过运营落地的业态已经不下十几种：民宿、采摘园、雕塑馆、木艺坊、酿酒坊……运营商围绕村落旅游主题，把打造的业态和体验活动、景观点串成 40 多条旅游线路产品，推向目标市场。

"这些运营商大都轻资产，主要是招引各类投资商集聚到村落，包装新项目、投资新业态，但有时候也要自己投资。"陈伟洪说，运营商和投资商合二为一的，往往成功率最高，也最受村里欢迎。

石门村的乡村运营师娄敏入村后发现村里已经"空心"，依靠现有农家乐大规模吸引游客很难，必须充分盘活山水资源才能形成完整产业链。

单点改造见效慢、招商引资也没那么快，娄敏干脆既做运营师，也当投资商。一手管理投资项目，一手统筹景区整体运营活动。

几年来，娄敏收购、租赁了村里的供销社、敬老院、木粉厂、古梯田、攀岩项目等，打造了高山蔬菜基地、菊花蔬果基地、中草药基地、梯田果木花海乐园，开办了垄上行等 5 家高端民宿，改造升级了 5 家农家乐，还落地了酿酒坊、豆腐坊、年糕坊、茶馆、民俗体验馆等休闲文旅业态。

"前前后后已经投进去了 3000 多万元，想尽办法让资源活起来。"娄敏说，为了这份乡村事业，只能一路向前，没有退路了。

制度设计形成良性闭环

与乡村旅游、乡村振兴的示范案例不同的是，临安更多的是以整村运营为抓手，在制度设计上形成一个完整"闭环"。

在主体模式的设计上，运营商必须具有业态落地能力、产品整合能力和市场开拓能力，要有自己的盈利模式。如果运营绩效不佳，运营商就可能拿不到政府奖励资金甚至"被出局"。此外，运营商招进来以后，必须在当地注册公司，跟村集体形成合作关系，确保运营商扎在乡村，全身心地投入，而不是蜻蜓点水、走马观花。

在运营机制的设计上奖励后置。首先，在村落景区建设前期即引入运营思路，以运营目标引导村落景区建设；其次，对运营商实行考核奖励机制，运营商经过 1 年的运营，经第三方机构考核后，根据结果兑现奖励，而不是政府先拿钱给运营商。

在政府推动模式设计上，临安有一套完整的评价考核体系，如何与村民产生关联、怎样带动整村发展及考核得分的权重比例都经过细致设计。细则如同指挥棒，让运营商不跑偏。

据此设计，政府不再大包大揽，只需做好乡村运营的引导、规范、服务和赋能工作。兼顾运营商、村集体和村民利益的运营商准入退出制度、运营商与村集体合作模式、运营方向与要素把控、运营工作动态管理、专家问诊咨询制度及运营绩效评估和配套激励政策等，形成一个完整的闭环。

为引导乡村运营工作，临安先后出台"乡村运营工作要求""乡村运营工作流程"，指导镇街出台业态补助实施细则、乡村运营工作机制；2021 年，还出台了全国首个乡村运营地方标准——临安《乡村运营（村庄经营）导则》，更多指向必要的运营规范，而不是造就"千村一面"的具体建设标准。

择优引入之外，临安还制定了一套退出机制，于 2021 年发布了《村庄经营导则》，制定了《村落景区运营考核办法》，完善村庄经营考核办法。每年委托第三方专业机构对各运营商进行考核评估，考核合格按分数高低给予 10 万元至 70 万元不等的资金补助，考核不合格的运营商则直接退出。

此外，各镇街对乡村运营业态项目补助资金的补助范围和对象、补助标准、申报和审核程序等也做了具体要求。比如，乡村旅游住宿业态最高不超过 20 万元，乡村休闲体验业态、乡村旅游餐饮业态、传统民俗与手工艺业态最高不超过 10 万元。

这种由政府主导，引导、服务、赋能、规范、考核等机制形成一个完整闭环的模式，正是临安乡村运营的魅力所在。通过乡村运营将村民动员起来，真正形成了乡村发展的内生动力。

二十六、杭州临安乡村何以"出圈"？

——中国新闻网 2022 年 6 月 30 日

中国新闻网 中新网
WWW.CHINANEWS.COM

首页 → 财经中心 → 健康生活　　　　　　　　　　　　字号：　大　中

杭州临安乡村何以"出圈"？

2022年06月30日 19:31　来源：　中国新闻网　　💬参与互动

"最美村落""神仙风景"，在各大社交平台，浙江杭州临安的"红叶指南""龙门秘境"等村落景区不仅出片，更"出圈"。

6 月 30 日，临安"天目村落"品牌推广暨长三角乡村运营论坛在杭州举行，"绿水青山变金山银山"的临安乡村案例，成为与会专家讨论的焦点。

浙江省人民政府咨询委员会乡村振兴部部长陈荣高认为，临安乡村已逐渐摆脱"依靠政府补贴推进乡村振兴"模式。其乡村运营的创新价值、改革价值、推广价值都已经显现得十分明显。

临安乡村何以"出圈"？在很多人看来，就四个字：乡村运营。

此前，临安创造性地提出"村落景区"概念，并开始招募乡村运营师。近年来，临安已有 17 个村落与运营商签约"结对"，项目总投资达 5.5 亿元，实现旅游收入 4.9 亿元，村民人均收入增加 1.2 万元，村集体收入增加 8930 万元。

但对于临安区文化和广电旅游体育局副局长陈伟洪而言，"村落景区"这四个字只是"表面"，更深层次的原因在于其独有的乡村运营"临安模式"：市场有效与政府有为。

近年来，中国的乡村旅游蓬勃发展，但发展的阵痛也随之而来。不具备"造血"功能、"千村一面"、缺乏专业化管理和运营等问题，成为制约乡村发展的重要因素。

如何让美丽乡村转化为美丽经济，需要"文化赋能，旅游激活"，核心在于乡村运营。

陈伟洪认为，乡村运营若仅依靠政府的资金、政策让乡村富起来，那么该模式的复制则具有局限性。只有靠市场的手段，才具有推广意义。

"我们让运营商与村委会'相亲'，彼此中意才能领'结婚证'。"陈伟洪说，前期政府的角色更像媒人，职能是引导运营方向、建立工作规范，而非"大包大揽"。

签约后，运营商与村委会共同组建运营公司。村委会一般以资源入股，占股20%，日常运营费用则由运营商承担。这也意味着，运营商刚进村时需"自带干粮"，政府和村委会不投资一分钱，也没有补贴。

同时，临安还规定，运营满一年，达到考评标准后，政府才会视考核情况发放10万元至70万元不等的奖励。考核不过关，就走人。

而考核标准有99条，其中最重要的是业态的布局、资源的整合。

条件这么苛刻，会有人来吗？面对这一问题，陈伟洪回答："有，但很难找。第一年下来，就走了两个团队。我们要让运营商'跳起来摘桃子'，而不是给固定工资每天点卯。而且，找的运营商，一定是要有情怀、爱乡村的。"

他说，"情怀"二字，看似很空，但对于乡村运营来说非常实在。若运营商单纯逐利，将发展建立在破坏生态环境和侵害村民利益基础上，乡村运营就无法开展。

所以，在招引运营商时，临安鼓励轻资产投入，用一个支点撬动整个乡村。以商引商，是临安乡村运营的特色。

临安洪村坐落于径山阳坡，有一条北上径山寺的古道，文化资源丰富，但此前在乡村旅游的地图上，查无此村。

在成为洪村的运营商前，老白与合伙人有着多年专业设计、运营乡村民宿经验。进入村庄后，他们改民房为会客厅，讲好径山阳坡的故事，还用"径山禅米"这一品牌为村里的稻米赋能，建成径山驿养生膳食馆、森活家民宿等业态16个。

洪村村书记蒋贤福说，因为运营商的加入，洪村的价值正在被"看见"。"很多人都有租村里闲置房屋的意向，电话都被打爆。"

这是老白团队和蒋贤福的共识，盘活村落房屋、土地、山林、农副产品等资源，经全新整合，建立渠道，推向市场，提高附加值，提升村民收入。

这也是陈伟洪眼中的乡村运营，即把乡村存量资源利用市场化手段进行整村性、系统化、多维度运营，而非只投入业态、举办活动。"运营商不仅是投资商，他们得自己找饭吃。"

记者走访临安乡村发现，运营商也有多种不同的"打开方式"。不像洪村，朱湾村是个"三无"村庄：没有景区，没有农家乐，村集体也没有收入，一穷二白。

运营商进入后，为村里引进了科技公司，双方明确以当地的特色产业——於术产业为基础，打造於术五星生态农场，推动农文旅深度融合。

指南村是个风景优美的村庄，村民早已吃上了"旅游饭"。在运营商周静秋入驻指南村前，这里来过两批运营商，但无一例外，一年左右就走了。有的只是简单管理村里的停车场，收收费，有的项目落不了地。

旅游资源完备、体量小，该怎么运营？周静秋瞄准其"业态布局窄、景区互动少"等弊端，带领团队一手引项目，一手办活动。陆续布局了红叶节、露营节、油菜花节、麻糍节等活动，并依托当地民俗文化，为游客打造春季踏春赏油菜花，夏季避暑体验农事活动，秋季打卡指南红叶，冬季滑雪感受民俗的独特四季旅游体验。就这样，村民的收入提高到原来的五倍。

龙门秘境村落景区，由三个行政村组合而成，体量非常大，也不属于轻资产投入，但其还是凭运营成为乡村旅游的一块"金字招牌"。

在陈伟洪看来，"龙门秘境"成功秘诀之一，是专人做专事。运营商娄敏的团队近百人，新媒体、策划、设计人才，应有尽有，每年"龙门秘境"举办的固定活动就有20多场。

陈伟洪说，乡村运营是件极复杂的事，不是一个人在战斗，是一个团队在协作。再加上运营前置的"临安模式"，运营商运营起来也就得心应手。

但无论如何，他认为乡村运营需要激发的是农村内生动力。如今，他也看到了临安乡村的改变：越来越多乡村赋闲的人和在外的知识青年以及乡贤回到了家乡，成为乡村发展最有原创力和持续性的有生力量。如杭州青南村第一家民宿，就是由返乡青年开的，村里的露营基地是乡贤投资建设的。

"只有内生动力与外力协同、紧密结合，乡村才能长久红火下去。"陈伟洪说。

二十七、如何看懂"乡村厨娘会"的内在逻辑和价值?

——浙江文化旅游之声 2022 年 11 月 28 日

品牌观察｜如何看懂"乡村厨娘会"的内在逻辑和价值?

浙江文化旅游之声　2022-11-28 16:30 北京

这两年来，杭州市临安区在试水以乡村运营引领乡村旅游变革发展的过程中，探索出一种在村组建"乡村厨娘会"的做法。然而，与外界对临安乡村运营整体概念和模式频频聚焦不同的是，许多慕名而往的人们，对诞生于其间的"乡村厨娘会"这一具体举措的关注和认识，还远远不够。

从笔者实地调查研究的视角来看，忽视或轻视，都不是对临安乡村厨娘会这一新事物应有的态度。因为它不仅是客观存在，且一直处于壮大向好的态势。据最新的统计，经过几年引导培育，目前，临安全区已有洪村、朱湾村、暖泉村等8个村落，分别组建起8支、累计80余人的乡村厨娘会队伍。

　　这两年来，杭州市临安区在试水以乡村运营引领乡村旅游变革发展的过程中，探索出一种在村组建"乡村厨娘会"的做法。然而，与外界对临安乡村运营整体概念和模式频频聚焦不同的是，许多慕名而往的人们，对诞生于其间的"乡村厨娘会"这一具体举措的关注和认识，还远远不够。

　　从笔者实地调查研究的视角来看，忽视或轻视，都不是对临安乡村厨娘会这一新事物应有的态度。因为它不仅是客观存在，且一直呈壮大向好的态势。据最新的统计，经过几年引导培育，目前，临安全区已有洪村村、朱湾村、暖泉村等 8 个村落，分别组建起 8 支、累计 80 余人的乡村厨娘会队伍。

　　这些手艺娴熟、素质过硬的厨娘，均为本村本土的家庭主妇，身处浙江省会下辖区的美丽乡村，他们大多家庭条件不错，无大忧虑，除了农忙季节，很多闲暇时间里，她们就跳跳广场舞、打打麻将等。变身乡村厨娘会成员的她们，正常的旅游季都会实时在线，系上围裙，戴上统一的花布头巾，为八方游客烹饪各具地方特色的"一桌菜"。哪怕有的村一桌菜报价达到 1888 元，市场上依然有众多客人心甘情愿预订、买单，尽显临安山乡美食的揽客魅力。

　　生活在市场经济发达地区的辖内，并不等于以居家为主的乡村主妇们都拥有自觉的市场经济意识。据悉，在临安文旅部门指导一些驻村乡村运营商组建厨娘会队伍时，有些厨艺好的家庭主妇一开始并没有太大兴趣，直到看到身边有亲朋好友因为当厨娘增收才跟着行动。在临安文旅部门看来，只要政府主动作为，合理引导，乡村主妇拥有一技之长，就能够与临安的区位优势、长三角地区的经济发展优势成功对接。而只有当村落的主人翁村民们积极参与，乡村振兴才有真正的内生动力。

鉴此理念，在引导一些有条件的村落组建厨娘会队伍之后，临安文旅部门坚持"扶上马再送一程"，不仅坚持定期为厨娘会提供文旅专家诊断、媒体和游客代表体验建言、旅游服务专业培训等服务，同时也组织村委和乡村运营商联动，强化对用餐环境、食品卫生和安全、食材渠道进行监督管理，确保各村厨娘会队伍"一桌菜"的服务既保持乡土味，又充满人文情，真正打造招牌、品牌。

对于这样一项明显具有创新味道的工作举措，作为政府部门，自然已多次在各种文稿材料之中给出了自己的总结、定义和阐释，尽力准备将其形成一种越来越成熟和完整的机制或模式，也有部分文旅行业专家对临安乡村厨娘会的做法给予了关注。但笔者总体感觉，临安组建乡村厨娘会内在逻辑和价值的挖掘和剖析、分享与传播，都尚未达到它应有的段位。窃以为，要真正看懂弄通、悟深学透临安"乡村厨娘会"，首先必须想清楚三大问题。

第一，乡村最宝贵的是什么？有人会说，是环境、空气、食材等，不错，我们的乡村，尤其是远离城市喧嚣的乡村，环境、空气和食材具有明显的比较优势，而乡村美食，其实可看成各种乡村优势催生的"化合物"，既含优良生态之天地灵气精华，又聚农家种养烹饪之乡土本色，就地取材，样式各异，一般在城市大酒店、大餐厅根本吃不到，不仅是一种基本的营养补给，还是一种蕴含乡土文化的精神慰藉，哺育亿万农家儿女，成为游子们一生魂牵梦萦的牵挂和惦念，可以说是乡村最宝贵、最具特色的资源，是一种具有窗口意义和纽带价值的资源。

第二，乡村振兴到底依靠谁？国家力推的乡村振兴战略，包含产业振兴、人才振兴、文化振兴、生态振兴、组织振兴。这是一个非常系统的伟大工程，也是一次我国继续工业革命、互联网革命之后的重大发展机遇，方方面面的部门、机构、企业、协会现今都在聚焦和投身。但路走得远了容易忘记始点、偏离航向，从当前不少地方的乡村振兴实践来看，都或多或少存在忽视农民利益的问题。准确地讲，谁都不是乡村振兴的"救世主"，无法凭一己之力搞定一切。不管以何种形式和载体开展乡村振兴，国家的意图和这件事本身的规律都要求，必须坚持农民为主体，紧密团结和依靠广大群众，充分调动他们的积极性、主动性和自觉性。唯此，乡村振兴才能真正形成"一池春水"。

第三，现代文旅消费者最需要什么？无论时代怎么变化，追逐诗与远方的文旅消费者的所需，无非就是"吃住行游购娱"这六要素，其中"吃"居首位。在现在这个最不缺吃喝的年代，很多游客尤其是年轻游客群体，都以"吃货"自嘲自居，亦充分反映人们在旅途中对美食不可动摇的在意。而对很多选择乡村旅游、休闲、旅居、养生的人来说，一碗乡土小食，消费的不仅是物质，更是乡愁和乡情。正因为如此，近些年来，"延长游客逗留时间"的行话，才变成了许多地方"留住客人的胃"的号召。也就是说，不管是过去、现在还是将来，"吃"都将是文旅消费者基础又核心的一大诉求，它不仅关系游客实时的饱腹需要，甚至也直接关系游客后续的"用脚投票"。

综合这些站位和角度，再看临安乡村厨娘会，不难察觉，它表面上似乎只是一批厨娘的创业增收，为乡村运营增添一种产品业态。实质上，依据乡村自治社会文化和实际样本的示范效应，随着知名度的形成和提高，临安乡村客流量和"一桌菜"订单的增多，不仅能吸引更多有条件的家庭主妇加盟厨娘队伍，同时由于食材需求上升，还能推动农民按需安排家里的粮食、蔬菜、水果、家禽等种养，构建协作关系，撬动农文旅产业深度交融发展，提高整村发展效益和质量。

所谓"人皆有惰性""人闲是非多"，再高一个层面，让更多农村家庭主妇不用外出就有事做、有活干、有收入，不仅可以逐渐改变村民的"小富即安"的观念，增强他们充分利用既有资源去参与市场的经济意识，还可以有效减少打牌赌博、邻里矛盾等问题，形成"待客有道"的乡风文明，以"乡村产业振兴"撬动乡村人才、文化、生态、组织同步振兴，形成"一招落子、满盘皆活"的大好局面。

乡村振兴也好，乡村运营也罢，总而言之，党委政府既不能"抓小放大"，也不能"眉毛胡子一把抓"。对于广大文旅工作者来说，有些"乡事"必然力有不逮，我们能做的，可能往往就是根据当地实际情况找到精准的文旅切口，找准某一个文旅关联点，然后精准发力，步步为营，步步深挖，这样，方能真正形成有生命力、值得解剖学习的工作创新。很显然，从目前临安乡村厨娘会的形势来看，临安文旅部门已经做到了。

乡村美食是推动乡村旅游经济发展的重要因素，同时也是乡村文化的组成部分，是乡村历史和风俗的见证。通过乡村厨娘，提高就业以及周边的人员业态升级，实现乡村振兴与发展。农文旅活动，还是蓬勃发展的运动产业，我们的目标就是引入人流，带来效益，带动村民共同富裕。为激活"沉睡"资源，努力盘活村内闲置资产，实现未来乡村多功能特色发展。

二十八、乡村运营启新程

——《人民日报》海外版 2023 年 1 月 18 日

12 旅游天地

人民日报

2023年1月18日 星期三

癸卯兔年的钟声即将敲响。岁末年初，我们回首过往，为未来积蓄力量。过去的一年，中国旅游业在疫情反复中始终保持韧劲，不断摸索新方向。如今，复苏的曙光已在眼前。新的一年，中国旅游业将有哪些发展新趋势，面临哪些新挑战？我们邀请5位"旅游人"，谈谈他们的新年旅游愿望——

2023，中国旅游拥抱"美好年"

跑好复苏"接力赛"
庄卓然

期待能"说走就走"
周易水

打造美丽宜游城
钟星春

讲述好红色故事
李海清

乡村运营启新程
陈伟洪

近年来，"乡村运营"已成为乡村发展中的一个热词。浙江省杭州市临安区是乡村运营概念的提出者和实践者。临安乡村运营探索构建了可复制、可推广的模式，成为乡村振兴和共同富裕的有效路径。全国多地学习临安乡村运营模式，2022年，到临安龙门秘境、红叶指南、天目月乡、径山阳坡等村落景区考察学习乡村运营的团队和机构共3000批次左右。

临安乡村运营模式何以会有如此大的影响和魅力？我想主要是因为抓住了关键几"招"。

市场化手段是第一"招"。临安招引市场化团队驻村开展专业化运营，运营团队与村集体经济组织签约成立公司，共同构建新型农村集体经济组织平台，以市场力量聚合城乡各类资源和力量，做大蛋糕，实现多方共赢。此外，乡村运营的诸多内容都借助市场手段打造，而非像过去单纯依靠政府投入建设。

第二，临安的乡村运营采取整村性、系统化、多维度的方式，把整个村落视作一个大的旅游产品，村庄各产业、业态、农民等之间形成系统化、多维度的关联，达到整村发展和共同富裕。运营商以轻资产化方式，强化文创、旅游、科技、数字化等手段，通过以商招商，招引更多"小而美"的业态和产品进驻，市场风险较小。同时，通过激发内生动力和外力协同，让乡村的沉睡资源蝶变成产品，提升乡村价值。

第三，在临安乡村运营模式中，政府主导构建运营体系闭环，按照"运营前置、奖励后置"的原则，乡村运营商准入、试运营考核退出、专家"问诊把脉"、年度考核奖励、不合格退出等，均由政府组织进行，以确保运营各方遵循规则。

以上几"招"，大大激活了乡村动力。

如何实现乡村振兴造血式发展？绿水青山转变为金山银山的通道还有哪些？新的一年到来，如何不断提升和完善临安乡村运营模式，我们深感重任在肩，既充满挑战，也满怀信心！2023年，我们将积极打造民宿小集群，打响"天目村落"品牌，加强优秀乡村运营师培育，大力推进青年乡贤力量集聚。我们相信，2023年，乡村运营将开启新的征程！

（文／陈伟洪）

二十九、乡村旅游，如何差异化发展

——央广网 2023 年 5 月 3 日

破解旅游产业发展密码 | 乡村旅游,如何差异化发展

- 业态类型很难避免同质化,关键就是产品做的深度或者文化主题可能有所不同,要从文化这个角度来做出差异性,立足于本地的历史文化、非遗、文创、名人、传说、节庆等等,从文化主题上做出差异性。
- 第二个其实就是从服务上做出差异性。"临安区文化和广电旅游体育局副局长陈伟宏也表示,临安探索实践的乡村市场化运营模式,就是要让专业的人干... 更多 ›

CNR 央广网 ✓

今年五一假期旅游行业订单量激增，旅游市场复苏趋势显著。随着需求的释放，各地旅游业也需要探索一条提质增效、转型升级的新路径。中国之声推出一线调研"破解旅游产业发展密码"，解析旅游行业的新特点、新方式、新变化。

5 月 1 日，浙江杭州市临安区昌化镇白牛村，一群来自城里的孩子，在当地艺术培训机构的组织下，正在村里的昌化溪畔集结。他们把这次出游叫作"春日捕捉计划"。

带队老师说："小学、幼儿园（的学生）都有，有学生将近 100 名。画画，让他们自己设计风筝、包包等。"

一到节假日，类似这样的集体户外活动，就会让白牛村变得热闹起来。

白牛村乡村运营师柯春镇说："五一假期，他们是在这边做活动的，我们就把场地出租给他们。现在晚上我们推出的有小火锅，还有一些烧烤，我们这边算是以亲子出游和团建为主。"

白牛村距离杭州主城区只有一个多小时车程，是全国首批淘宝村，也是农村电商发展的样板村。近年来，当地正在依托电商聚集起来的人气，打造农村电商和休闲旅游相结合的电商特色小镇。

而主导白牛村乡村旅游的，不是当地政府，也不是村委会，而是一支叫星玥文旅的乡村运营团队。"95 后"柯春镇就是星玥文旅的一名运营师。他告诉记者，他们接手白牛村的乡村旅游运营以后，首先要做的就是摸清"家底"，找到自身特色。

柯春镇表示："我们要摸排资源，就是村里有哪些资源，这是我们第一步做的。第二个就是定一个村落主题。我们来之后就提出，电商白牛 + 文旅白牛，我们想打造的是一个国际化的白牛。因为电商，（这里）有很多的外国人。"

牛文化博物馆、千年古樟树、白牛老桥、记忆稻田、古渡码头……在专业运营团队的打造下，村子里精致的打卡点也多了起来。

柯春镇说:"千年樟树,听村民介绍应该是 800 多年,这棵树也比较有故事,因为它算是本地的一棵福树……"

有了美景,还要有美食。小酒馆、牛肉馆、龙虾馆、日料店……大山深处的白牛村,随着运营团队的精耕细作,乡村旅游的业态越来越丰富。但要把游客留住,民宿的数量和质量也要及时跟上。

白牛村村支书金土根说:"有地方吃,有地方住,有地方玩,我们这几年要大力支持老百姓把民宿做起来,我们现在来的人特别多,原来一年就有五六万人,今年来的人更多,得能留住人。"

2017 年,杭州临安引进"乡村运营师",开启"村落景区市场化运营"新模式。目前已引入市场化运营团队 21 支,对 20 多个村落开展乡村运营。所谓乡村运营,是指乡村运营商通过整村性、系统化、多维度的运营方式,对乡村内外部资源要素进行整合、配置和经营,并用市场化手段将村落打造成旅游产品推向目标市场。

临安区文化和广电旅游体育局副局长陈伟洪说:"把村庄作为一个旅游产品来打造,引进市场化的运营团队,打造整个村的景区,基础配套设施的投入还是政府在投,他们来做运营的环节,整个临安转到了一个以产业的植入、以业态产品打造为主的乡村运营时代。"

乡村运营团队和村落景区是双向选择,自愿"结亲",双方签约组建合资公司。村委会以村集体的游客中心、停车场、文化礼堂等设施的使用权入股,占 10% ～ 20%;运营商以货币资金入股,日常运营费用由运营商承担。在整个运营过程中,政府和村委会不投资一分钱。

陈伟洪介绍:"运营商引进来之后,一年通过考核,我们政府根据他的成果大小,奖励给他 10 万元到 70 万元。退出的也有,我们这几年也退出了好多,就是运营不起来。我们最起码要有三四个业态,一些其他的工作都做起来了,可以给他通过(考核)。"

乡村运营的关键在于厘清运营商和村委会、村民的关系。经过这几年探索,临安区打造的村落景区乡村运营模式仍在不断发展完善中。但有一点是很多运营商的共识,那就是深耕村庄的独特历史和文化,才能形成村落景区的核心竞争力。

位于临安区高虹镇的龙门秘境村落景区,由高虹镇的石门、龙上、大山三个行政村组成。通过多年运营,"龙门秘境"已成为临安乡村旅游的一块"金字招牌"。"龙门秘境"乡村运营师娄敏说,深挖地域文化,乡村旅游才会差异化发展。

娄敏表示:"把当地特色,现有的资源怎么样给它综合利用起来,我们就想把这边农村菜的吃法和烧法挖掘出来。我们石门村有 10 位乡村匠人,我要把这些慢慢恢复,既要恢复这种体验,又要把它的历史故事传承下去。现在乡村缺少年轻人,让他们能够喜欢上我们的乡村,干净整齐是一个要素,但是内容更重要。"

通过挖掘当地独特的自然和历史文化资源，乡村运营团队策划打造了石门老街、攀岩小镇、龙潭运动拓展基地、星空之城草山岗等景点，建有森林小木屋、龙门客栈等多家中高端民宿，还挖掘出多种当地特色小吃，星空之城露营大会等一系列品牌节庆活动也得到广泛传播。娄敏说，随着"龙门秘境"村落景区的发展，越来越多的返乡青年回村创业。

娄敏说："2019年的时候应该有80多个人回来。把我们临安这些乡村里的特色都挖掘出来，游客来的话就有事情做，有能够来体验的（项目）。村集体（经济）从2016年的收入薄弱到现在都有八九十万甚至一百多万的村集体收入。"

近年来，随着乡村旅游的火爆，不少地方政府投入巨资倾心打造，试图通过乡村旅游带动乡村振兴。但业内人士表示，从现有案例来看，成功案例不多，片面景观化反而给村集体带来负担。此外，乡村旅游"千村一面"，同质化现象严重。

中国旅游协会休闲度假分会会长魏小安认为："现在基本上叫作同质化竞争，所有的村子都是这一套，同质化必然引发低水平的价格竞争。所以每个村要把每个村的传统优势挖掘出来，形成自己的文化特色。"

业内人士指出，有产品没市场、有供给没口碑的现象不乏其例，有的地方甚至不考虑环境承载力和游客承载量地无序发展。浙江旅游科学研究院执行院长张晓峰表示，旅游的本质在于体验，只有深挖独特的村庄文化，才能做出乡村旅游的差异化。

张晓峰介绍："业态类型很难避免同质化，关键就是产品做的深度或者文化主题可能有所不同，要从文化这个角度来做出差异性，立足于本地的历史文化、非遗、文创、名人、传说、节庆等，从文化主题上做出差异性；另外就是从服务上做出差异性。"

临安区文化和广电旅游体育局副局长陈伟洪也表示，临安探索实践的乡村市场化运营模式，就是要让专业的人干专业的事，政府只需要做好政策引导和顶层设计，经过市场充分竞争的乡村运营，或将促进乡村旅游差异化发展。

陈伟洪说："我们是一个整村的系统化的运营，比如说有了10家民宿之后，我们的运营商他就要动脑筋，如何打造一个新的业态去配套。因为运营商来自市场，每个运营团队各有优势，他们做的产品各有特色，各有不同侧重点，也就避免了"千村一面"和产品业态同质化的情况。"

三十、还原农家底色 打出五星特色

农家乐微改造精提升铺就乡村振兴"共富路"

——《中国旅游报》2023 年 5 月 17 日

春夏之交，草木盛开，繁花似锦，点缀山峦；农场里蔬果飘香，围栏中家禽欢叫；袅袅炊烟徐徐升起，农家小院菜香四溢；木质外立面和内里，搭配农家器具、农家画等作为装饰，尽显农家氛围……充满烟火气的农家生活，"土味十足"的农家打扮成为当地发展乡村旅游的一大亮点，游客络绎不绝。

近年来，作为杭州市临安区发展农家乐的代表村落，五星村的农家乐在临安区文化和广电旅游体育局指导下进行微改造、精提升，取得了良好成效。如今的五星村农家乐更有农家味，城里人在这里过足了"乡村瘾"，村民也在家门口实现了增收致富，生活越过越有滋味。

1. 勤劳致富 初代农家乐打开家门口"致富门"

五星村位于浙江省杭州市临安区龙岗镇，由原来的上坪村、下坪村、三坳村 3 个自然村合并而成。五星村拥有独特的山区环境、生态资源和地理优势，百公里内有浙西大峡谷、大明山、天目山、太湖源等旅游景点。高山云雾茶、山核桃、竹筒饭、铜锅饭等多样本地风味美食令人回味无穷。丰富的山水资源和浓厚的历史底蕴造就了厚重鲜明的人文积淀，为当地旅游发展打下良好的基础。

21 世纪初期，一些勤劳肯干的五星村村民利用天然的生态环境和优美的自然风光，开办了别具一格的农家乐，打开了家门口的增收"致富门"。

蒲扇居经营者王妃君和丈夫是五星村经营农家乐的先行者。早在 2002 年，王妃君夫妇还住在老式的土木结构房里时，就看准村子附近白马崖景区的旅游优势，将家里 4 个房间收拾出来用作招待客人，每人每天 50 元，包中餐，还送一只鸡。"那时候乡村条件还很简陋，上厕所要去村里的茅厕。我们只好给住店的客人每人发一只塑料马桶。尽管如此，客人们都能接受，那几年生意出乎意料的火爆。"

枫香小院主人徐国辉回忆，五星村是临安区发展农家乐较早的一个村落，在本村及附近村落游玩的游客大都会选择在此食宿，"但当时村里旅游业态少、农家乐缺少些农味，游客体验感一般，游客们对住宿条件和环境的要求也在逐年提高。这一系列的原因导致农家乐入住率越来越低。户主们为了留住老顾客、保住客流量，将客房定价在人均100多元。量少价低，一年下来的总收入并不可观。"

为了提升食宿环境，个别农家乐户主自发进行改造提升。在装修风格上，他们选择向城里靠齐，建筑材料也选用了城里流行且耐磨、防水、不褪色的实用产品，不锈钢门、铝合金窗、钢筋架子、水泥台面等组合成为装修标配。"房屋换新了，但原本充满了乡土风味的农家失去了本味，变得千篇一律。而作为经营性场所，家具摆设、客房服务等方面都不规范，存在一定的安全隐患。"徐国辉说，"整改还远远不够"。

近年来，在国家乡村振兴战略的指引下，临安区文化和广电旅游体育局相关工作人员走进乡村、走入农户家中，深入了解农户们经营农家乐的痛点、难点。通过报名筛选的方式，在五星村、东坑村和武山村各选出三户农家乐进行改造，推动农家乐转型升级、提升乡村旅游产品业态，打造农家乐提升示范样板。最终，五星村的"蒲扇居""万民山庄"和"枫香小院"三户农家乐入选，正式加入政府指导、农户配合的农家乐改造提升之路。但与以往不同的是，这次"改造"并非小打小闹，而是一次切切实实动真格的专项行动。

2. 政府指导　助力农家乐实现华丽转身

农家乐改造提升工作启动后，临安文旅部门陆续举办了首届农家乐提升改造设计创意大赛、农家乐提升工作推进会和农家乐提升工作纠偏会等，招引乡村旅游发展、农家乐打造、民宿运营等方面的专家，由临安区文化和广电旅游局副局长陈伟洪带头，组建农家乐提升整改专家小组，针对农家乐提升工作中存在的问题，制定整改方案，落实整改纠偏工作。随后，陈伟洪与农家乐提升整改专家小组两位专家施敏、钱昌欣一行来到五星村，对五星村三户农家乐进行提升工作。经过调研和思考，专家小组决定从农民最不擅长也最容易忽略的装修设计环节切入，围绕乡村风味、农家味道、民间业态三方面，具体围绕"农家小院乡土材料的应用""外立面视觉效果及特色标识""书香文化空间"等"九个一"内容提出整改方案，做出既能还原乡村底色又能凸显五星特色的农家乐升级版。此外，临安区文化和广电旅游体育局还给予相应补贴，按要求完成装修的农户，可享受装修费用30%的财政补贴，特别出彩或困难的项目，还可单独申请资金补助，大大提高了农户们提升改造的动力与信心。为了尽早完成改造工作，让农家乐早日对外营业，专家小组坚持每周进村工作2到3天，顶着烈日高温在三户农家间穿梭考察记录，不仅整理出含80多个项目的整改清单，还对每个项目都列出了施工进度、建设材料的要求，细化到改造过程中的一砖一瓦，落实到方方面面。"为了防止工人看不懂个别设计图纸，我们常会与工人当面进行技术交底，指导工人试做一部分后再离开。此外，还建立了专门的微信群，确保实时沟通施工信息。"施敏说。但对于专家小组"土到极致"的改造要求，在改造初期，农户们的思想始终扭转不过来，"好好的新房子要挂上旧旧的老物件，还要额外花费大价钱将瓷砖换成木头，铝合金门窗外钉上木头做装饰，这不是多此一举嘛。"为了做好引导工作，陈伟洪召集农户们开短会，耐心向他们阐述"为什么要做这件事""怎样改进完善才能更好地做成这件事""如果真的完不成会有什么后果"等问题。渐渐地，大家理解并认可了他们的苦心，开始全力配合改造工作。经过近一年的时间，农家乐整改升级中的硬件建设基本完成。农家乐提升整改专家小组带头人陈伟洪是土生土长的临安人，长期分管乡村旅游方面的工作，每年有将近三分之二的时间在乡村工作和调研，对于临安乡村及乡村旅游发展有深入了解和独特见解。在他看来，农家乐升级的灵魂，还是在于对本地文化的挖掘、特色业态的打造，以及推动软件上的升级。地道美食、传统技艺、历史文化底蕴等都是乡村特色的秘籍所在。例如，做好一锅铜锅饭，复原好一个豆腐作坊，这些"土味"深挖呈现，就是当地乡村的最大特色和亮点，是世世代代人沉淀的乡愁。

基于此，在此次改造提升的"九个一"方案中，专家小组还提出了"火桶、泥钵头头等民俗用品应用""豆腐手工作坊三户联手打造共享常态化运营""小菜园的美化，通过篱笆等细节做成体验区""晒秋""围绕森林氧吧主题设观景点""一桌菜的打造，其中铜锅饭和竹筒鸡作为体验项目"等具体要求。随着改造提升工作完成，"枫香小院""蒲扇居""万民山庄"三户农家乐焕然一新。枫香小院改造后，单间改造成套间亲子房；小餐厅改造成书房，节假日，孩子们就在这做作业；负一层做手工豆腐作坊，给三户农家共享。蒲扇居主人在专家指导下，就地取材，以竹木为主要原料布置庭院；庭院观景台的栏杆与地板用防腐木包裹好；可体验的铜锅饭成了来此居住游客的"心头好"。万民山庄庭院四周摆放花槽花架，院子里圈起小菜园，种植花草蔬菜；停车场附近放上星空望远镜，成为游客的观星场地；增加土烧酒陈列架，架子上陈列着临安各地乡村酿酒师自酿土烧酒，酒坛贴上酒名称、产地和酿酒师名字。

升级改造后的三户农家乐迎回了老客，迎来了新客，广获住户好评，成为各大OTA平台上的高分店铺。游客们都说，住在这里像是回到了小时候的农村，感觉既舒适又亲切。"改造以后，房间定价翻了番。虽然价格提高了，但是入住率却在持续增加，节假日和周末更是供不应求。这说明在政府指导下，升级改造很成功。"王妃君说。

3. 抱团聚力　合力铺就乡村振兴"共富路"

农家乐改造提升工作完成后不久，临安区文化和广电旅游体育局组织召开五星村民宿小集群互助合作组成立会，号召改造后的三户农家乐与村内另外三户农家乐合力抱团，组成民宿小集群互助合作组，实行客源互推、资源共享。会上，农家乐户主们还自发分享近几年来房屋改造和农家乐运营经验，并约定每月 25 日召开例会，交流经营心得。农家乐改造提升工作不仅让房屋庭院焕然一新，更改变了村民们的思想和格局。他们开始自发关注本村和周边村庄农家乐的发展情况，积极报名参加政府组织的农家乐民宿赴外考察交流活动，分析考察对象的优缺点，并根据自家定位进行相应的改造提升；看到想来了解农家乐经营的村民，他们便带到家中参观，从房屋结构再到装修材料，不吝分享；遇到一些要求特殊的游客，他们还会根据游客的需求引荐更匹配的农家乐，为的就是给游客留下最好的食宿体验……

近两年，农家乐户主们根据住客需求进行新一轮升级改造，有的将多余的空地改造成了戏水池，夏天时，游客可以玩耍嬉戏；有的将院子里的桌椅全部换新，与房子整体风格更搭配；还有的增加了组合滑梯、摇摇乐、绳网攀爬等亲子互动设备，为住客带来更多游玩体验。村里的其他村民也享受到了开办农家乐带来的福利，他们将自家的土鸡蛋、有机蔬菜等优质农副产品和手工制品卖给住客，既增加了家庭收入，又丰富了旅游业态。如今，走进五星村，游客们能直观地感受到，路面更宽敞干净，公共设施更安全完善，屋内屋外更整洁有序，村子的整体风貌焕然一新，村民的生活也更上一层楼。

三十一、激发内在活力　远游脚步回归　为乡村蝶变注入新鲜活力

——央视网 2023 年 5 月 31 日

　　浙江是中国美丽乡村首创地。"千村示范、万村整治"工程经过 20 年的扎实推进，深刻改变了乡村面貌。然而，美丽乡村如何实现美丽经济，让乡村繁荣兴旺起来，是浙江各地正在破解的问题。在杭州临安区就出现了"乡村运营师"这样的新鲜事。

　　这场相亲大会是专门为乡村和运营师之间牵线搭桥的。招亲通告在临安乡村运营公众号上一发布，很快 20 多家公司如约而至，跟临安 18 个村的负责人面对面互相介绍，表达合作意愿。

　　运营团队来自各行各业，旅游、文化、影视、电商，各种公司都对乡村运营师这个概念感兴趣，想在这个领域一试身手。然而，在主办方临安文旅局的陈伟洪看来，很多人并没有真正理解乡村运营师的责任。

为什么要在乡村引入运营师？外来的和尚真的能念好乡村本地经吗？

　　20 年来，浙江推行"千村示范、万村整治"工程，完善基础设施建设，推动乡村整洁宜居，绘就了一幅美丽乡村的动人画卷。近年来，"千万工程"目标不断迭代，提出了"千村向未来、万村奔共富"的更高的发展目标。然而村集体经济不足，乡村产业单一、空心化等问题依然制约着美丽乡村变为美丽经济。

　　为了激活村庄，临安区提出"村落景区化"，尝试为村庄引入外部投资，打造旅游资源。但是，在现实操作中，很多村庄出现了矛盾。

　　投资商进入乡村打造旅游项目，往往只着眼于通过单体项目赚钱，而不考虑能给村庄带来什么效益。因此，投资商和当地村民经常发生矛盾、产生冲突，甚至经营了几年的项目黄了，投资商转头走了，留给村里一片废墟。

　　如何让美丽乡村焕发活力，实现共同富裕？临安区下决心要发展壮大集体经济，利用美丽乡村的资源优势搞经营，让村民真正受益。为此，临安区给集体经济薄弱村每村发放 100 万元补贴，作为启动资金。

拿着 100 万元资金，洪村想改造村里的老屋发展民宿，成为村里增收的一个事业。可是房子改造好了却发现经营一家民宿可没那么简单，不但需要专业的经验还需要投入大量的精力。

如何利用专业的人干专业的事，让美丽乡村变为美丽事业，临安区政府一直在思考可行的办法。

激发村庄内在活力　实现共同富裕

乡村运营师还是一个新生事物，这几年临安区的一些村庄也出现了运营师退出的情况。既要实现乡村共富的目标，又要尊重市场规律长效发展，乡村运营的探索依然在继续。

杭州临安区聘请的第三方考核团来到洪村，对乡村运营师老白进行年度考核。

老白以前在乡村经营民宿生意。2020 年，临安区青山湖街道向全球发布招聘乡村运营师的通告，他带着团队前来应聘。

乡村运营师概念从 2017 年提出，5 年来一直在艰难探索，也有不少运营师坚持不下来。

记者在白牛村看到，上一位在村里发展电商产业的运营师已经撤离，留下的电商大楼空空荡荡。陈伟洪告诉我们，乡村运营师门槛很高，第一，必须坚持整村运营的思路，让全村的老百姓都受益。第二，政府没有先期投入资金，而是要靠运营师用自己的智慧盘活村里的资源，创造盈利点。

这份 99 条的考核细则给运营团队提出了明确的工作要求，既是一份试卷，更像一份指南。

根据考核细则的要求，紧紧抓住整村运营的目标，乡村运营师老白进村做的第一件事就是摸家底。

经过对村里山水林田以及人力物力的详细调查，根据村庄离科创城比较近的区位优势，老白团队给洪村发展定位为企业团建、高端会议和时尚消费。而这样的定位与村里原先想开发民宿的定位有所不同。

这两年，老白利用自己的商业运营经验和人脉资源召集了更多专业人士加入洪村建设。利用村里闲置多年的磨坊、渣土堆、村小，为洪村打造起了养生馆、文创中心、星空营地、咖啡驿站等项目。他还将村里赋闲在家的妇女和老年人都动员起来，一起打造了"一桌农家饭"，让山林美味成为洪村亮点。运营团队出智慧、村集体出资源、村民们出力，三方资源都调动起来激发了村庄的内在活力。

村庄的利益得到了保护，那么，运营团队如何能实现自身的利益？临安区实行的是奖励制度。在最初三年，政府以年终奖励的方式给予运营团队资金扶持。在这之后，运营团队就需要建立起自己的盈利模式。

如今，临安二十几个村庄都引入了乡村运营师的模式。每个村的资源不同，运营团队的特长不同，发展的方向也不一样。

年轻人回归　为乡村赋能

乡村运营师因地制宜、各显神通，让村庄焕发了活力。而运营师在乡村打造的各种时尚新业态，也吸引了越来越多的年轻人回归创业。

在相亲大会上，返乡创业青年小胡表达了自己应聘乡村运营师的强烈意愿。在众多应聘者中，小胡也是陈伟洪格外关注的一个。

在陈伟洪看来，优秀运营师最重要的品质就是对乡村事业的热爱。

返乡创业的年轻人是乡村未来发展的希望。吸引更多年轻人回归乡村也是乡村运营的重要目标。在99条考核细则里就专门列出了要求运营师组建青年乡贤会、建立微信沟通群，号召年轻人为村庄发展献计献策。

很多乡村运营师已经意识到了乡村未来发展的趋势，引入的露营、攀岩等各种高端业态，让年轻人看到了和城市一样时尚充满活力的乡村。还有的乡村运营师在规划中就专门给年轻人留下返乡创业的空间，像洪村打造的咖啡屋和文创中心可以请年轻人回来拎包创业。如今洪村已经有20多个年轻人回到家乡，和老白一起经营项目。

乡村运营师作为一个新兴的职业也吸引了很多有能力年轻人，他们投入自己的热情和才华为乡村赋能。

在浙江调研，一路上都是美丽的风光和整洁的村落，而这里的人们还在为实现更美好的乡村生活孜孜追求。乡村运营师的探索推动了城乡融合发展，通过引入外脑激发内生动力，让美丽乡村繁荣兴旺起来。既现代时尚又淳朴自然，这样的乡村令人眷恋，让远游的脚步回归，为乡村蝶变注入新鲜活力。

三十二、临安临目村变"客流"为"客留"

——《杭州日报》2023年7月5日

在刚刚过去的6月，临安区太湖源镇临目村发生了一件"怪事"——本是传统旅游淡季，临目村却"涌入"许多"生面孔"。与往年来临目村避暑的团队游客不同，这批"生面孔"都是第一次来临目村的江浙沪自驾游散客。他们不求价格低，但求品质高。有人图环境好，一来就想住上三五天；有人好吃农家菜，要求分量少、品类多。大家喜好不一、需求不同，这对在村子里接待惯了统一标准、低价出游的团队旅客的农家乐、民宿老板们来说既是挑战，也是机遇。

借助"联姻"让乡村文旅产业转型升级

暑假未至，6月原本是旅游淡季，临目村客从何来？

临目村位于太湖源镇域以北，周边有神龙川、太湖源和红叶指南景区，民宿农家乐是当地老百姓主要的经济收入来源，也是全村的主导产业，现有农家乐85户，其中精品民宿5家。作为早期发展生态旅游的村庄，该村近些年面临游客老龄化、引流困难、消费模式单一等问题，同时也存在旅游项目过于传统、缺乏新意，文化挖掘深度不够，品牌影响力相对较弱的现象。

"以前村里农家乐、民宿客源多来自旅行社的团队游客，价格低、利润薄，因此农家乐、民宿的服务质量也始终提不上来。"在临目村党总支书记夏华山心中，这一直是阻碍村子文旅产业发展的"痛点"。

为此，5月末，临目村和杭州众神影视文化有限公司（以下简称"众神影视"）签订了乡村运营合作协议，两家单位正式"联姻"。前期，众神影视对临目村的现状和需求进行了摸底调研，量身定制了符合临目村的发展方案。一场促进临目村农家乐、民宿转型升级的变革正在上演。

方案确定后，众神影视与村里不同档次的10家农家乐、民宿分别签约进行试运营。首先解决客源问题。众神影视先在临目村成立了"神龙川仙缘小镇民宿农家乐联盟"，这10家农家乐、民宿就是首批联盟成员。借助众神影视的渠道优势，整个六月这几家农家乐、民宿客流不断。

低价优势一去不回，如何抓住机遇以质取胜？

提升服务质量、打造精制菜品、添置绿植美化环境……临目村大自然山庄农家乐是联盟成员之一，老板沈丽丽刚带着员工从上海学习归来，又开始操心起了庭院翻修、客房用品更换等一系列事情。

"我们的生意从来没有像今年那么好过！"沈丽丽曾从事酒店管理工作，后又在村里经营了18年的农家乐。眼看着客流增多、客群丰富，为适应这一市场变化，在众神影视的帮助下，沈丽丽率先做出改变。

"以前接待团队游客在菜品方面我们提供的是十菜一汤，菜品少但分量大。现在接待自驾游的散客，我们专门研发了新菜，分量减少一些、可选择性增多，摆盘精致、口味更佳。"沈丽丽介绍，通过菜品和服务质量的提升，原本100元/人的消费标准也提高到130元/人左右。价格提升的同时品质服务也得到了保障，反倒收获了入住旅客的一致称赞。6月16日当天，大自然山庄来了40多辆私家车，将所有房间都"包圆"了。

让村民实现从"口袋富"到"精神富"

"众神影视为我们带来了新的客源，也为我们提供了转变经营模式的思路。我们要想留住这批顾客，最关键的就是要以服务和品质打动人。"接下来，沈丽丽还计划将客房里的电视都更换为更大尺寸的，再对庭院景观重新设计一番，将曾经接待老龄化团队游的农家乐逐渐打造成适应年轻化自驾游旅客需求的精致景观民宿。

试运营一个月以来，临目村首先参与尝试的10家农家乐、民宿累计接待3000余人次入住。相较往年六月，增加了好几倍。

"刚开始尝试的时候大家服务质量跟不上，难免会有抱怨、投诉，但随着客流量持续增长，付出有了回报，不仅利润增加了，顾客的良好反馈也成了鼓励大家前进的动力。"众神影视负责人吴燕春介绍，众神影视将持续对临目村农家乐各个可放大、可优化的点面进行全方位提升，联动地方经济、人才输出、特产输出、文化创新各个模块，将临目村打造成具有规模性、前瞻性、样板性的美丽乡村。

今年下半年，众神影视还计划将村子的文化礼堂打造成民国风的乡村会客厅，把咖啡馆、茶馆、特产销售点统统搬进会客厅，让旅客来到临目村有得住、有得吃、有得逛，还有得买。同时，也鼓励村民在村里销售农特产品，丰富旅游业态、实现村民增收。

有了运营商的加入，临目村今后的发展方向愈发明确了，这也更有助于提升村庄品质和村民整体素质，让村民实现从"口袋富"到"精神富"的重大转变。

三十三、临安乡村厨娘会，让乡村"闲人"有了用武之地

——《江南游报》2023 年 8 月 24 日

乡村运营什么是关键？是业态打造？是文化保护？对，但不能忽视村民才是村落的主人，他们是"闲置的资源"，空有手艺无法转为实际效益；他们处于弱势，运营商往往忽视他们或者不知道如何激发他们的作用。而恰恰他们才是一个村落生动的灵魂。

要如何激发一个村落的内生动力？成立"乡村厨娘会"，是临安区文化和广电旅游体育局支出的一个好招，将赋闲在家的乡村厨娘发动起来，通过"一桌菜"业态，将手艺变成收益，让厨娘成为"业主"，以乡村美食为市场吸引力、流量导入口，以点带动乡村文旅产业发展，盘活整村经济。这也是临安以特有、独创的乡村运营模式，以领头雁姿态助力浙江打造高质量发展建设共同富裕示范区的创举。

（一）五年磨一剑，首创"乡村厨娘会"

探索创新，挖掘乡村美食

如何在村落中组建"乡村厨娘会"，打造"一桌菜"业态？临安区文化和广电旅游体育局可谓煞费苦心。早在 2018 年 6 月，为抓好党的十九大提出的"乡村振兴"战略，举办首届"十大临安旅游村宴"，将乡间美食产业与村落景区市场化运营以及乡村旅游有机结合，推出十大旅游村宴。2019 年，继续举办第二届"临安旅游十大乡村家宴"，将乡村的"老气"与"土气"汇聚在一道道乡村美食当中，成为游客可感知、可品尝、可消费、可留心的旅游产品。

打造闭环，组建乡村厨娘会

在运营过程中，临安区文化和广电旅游体育局发现要真正激活乡村内生动力，实现有效共富的途径，要将村民培育成"业主"。为此临安区文化和广电旅游体育局摸索形成了闭环工作机制，运营商组织有意愿的乡村厨娘，成立"乡村厨娘会"，制定运行机制并开展工作，每月轮流到一户厨娘家进行 1～2 次碰头会，互相交流学习。厨娘们尽

量穿着统一围裙，尽量统一着装。2020 年 4 月，在临安区文化和广电旅游体育局指导下，临安第一个"乡村厨娘会"在湍口暖泉村落景区成立，以"湍口十三味"打造具有乡土特色的"一桌菜"业态。目前洪村、朱湾村等 8 个村落，有 80 余位手艺娴熟、素质过硬的乡村厨娘会队伍组建了 8 支厨娘队伍。她们已成为临安乡村旅游内生动力的重要组成部分，在实现业态丰富性，游客体验度上起到优化作用，对其他村民创业发展起到示范引领作用。

规范指导，创建厨娘特色品牌

乡村运营作为新生事物，不同于酒店、景区有着完整的运营流程和做法。临安区文化和广电旅游体育局在招引运营商后积极赋能，制作《临安乡村运营"一桌菜"指导规范》，指导运营商从"是否具备一定的乡村土菜厨艺水平""是否愿意加入本村厨娘队伍"等两大项 10 小项进行详细的摸底调查，并对菜式与食材中的菜名、烧法、味道、食材、小吃 6 个方面和庭院与配套中的院子、墙面、卫生、用品 4 个方面进行详细规范。2021 年具有临安乡土味、人文情的"一桌菜"整村性特色品牌应运而生。

（二）运营中赋能，精心培育"一桌菜"

"把脉问诊"，赋能乡村厨娘会

乡村厨娘会的组建和"一桌菜"的打造，并不是成立就行，临安区文化和广电旅游体育局从如何烧好"一桌菜"到独立经营旅游产品体系的打造进行全面指导，对全区 19 家运营商开出近 30 张组建"乡村厨娘会"、打造"一桌菜"等问诊单，并多次"上门辅导"。2021 年 5 月 8 日，临安区文化和广电旅游体育局及专家组为洪村运营商开出打造"洪运家宴"及具体做法的问诊单。8 月 2 日晚，临安区文化和广电旅游体育局赴洪村，在村民家中与 10 余位乡村厨娘进行座谈交流。12 月 6 日晚，临安区文化和广电旅游体育局再次召集运营商、村干部，以及凤啸岭自然村的 8 户有意愿开办民宿、农家乐的村民，就民宿、农家乐"一桌菜"业态的落地进行进一步动员和指导。

宣传造势，营造旅游氛围

酒香也怕巷子深，为了鼓舞乡村厨娘的干劲，做好"一桌菜"产品，临安区文化和广电旅游体育局与街道联合，帮助运营商与科技城企业建立结对联盟，对接客源。另外通过活动造势、新媒体宣传等手段，进行宣传推广。2021 年 5 月 18 日，在临安区文化和广电旅游体育局指导下，洪村举办了第一届乡村厨娘厨艺大赛。以赛事促进厨娘的积极性，厨娘们挖掘村内传统美食，并用土法烧制菜肴，同时为做得好的厨娘们颁奖，激发厨娘动力。2021 年 10 月 26 日，"洪运家宴"正式开张，这一次迎来了 40 人的"大部队"，筹备已久的厨娘们展示了相当的热情，凌晨 5 点就开始准备食材，9 点到庭院准备布置场地，让游客感受到淳朴的"乡土气息"，获得游客的一致好评。

政策保障，做好品质服务

从"一个厨娘"到"一支厨娘队伍"，以"一桌菜"为切入口，就实现了农、文、旅多产业的关联与融合。其中离不开政府的指导、赋能、保障等，在临安区文化和广电旅游体育局的建议和帮助下，青山湖街道出台扶持政策，对庭院改造、景观小品、文创产品等进行资金补助。同时，为了确保"一桌菜"业主常态化持续经营，村委会对一年时间内能正常营业且没有投诉的业主进行奖励。运营商和村委会也要求成立监督指导小组，监督服务品质，指导服务细节。要求运营商明确成员名单及工作机制，邀请烧得好的民间师傅为厨娘进行指导，组织厨娘到做得好的地方进行参观学习。

（三）乡村运营中，乡村厨娘会初见成效

乡村厨娘会实现"资源变产品"

通过乡村厨娘会，村民房屋、庭院、农特产品、传统物件等乡村"闲置资源"在"一桌菜"的打造过程中物尽其用，得到了有效盘活和利用，实现了"资源变产品"。青山湖街道洪村 67 岁的汪霞雯，最近内心的喜悦不禁跃上眉梢。据她介绍，自己身体不好，平时种种菜、养养鸡，但是自从去年村里来了"乡村运营师"，把自己家原本放农具、堆柴火的杂物间租了 20 年，原本破败的柴房变身为温馨的乡村会客厅——森活家。每年除了有 7 千元的租金收入，每月做保洁也有 800 元的收入。

乡村厨娘会激活"闲人变业主"

乡村厨娘会在运营中更重要的是，激活了乡村"闲置的人"，每天闲唠家常的妇女、打牌的村民，都参与到打造"一桌菜"，参与到乡村运营中来。在洪村，经过运营师的激励，乡村厨娘们也在各展"神通"。70 多岁的周杏花，开始种植高山蔬菜；65 岁的王宝凤，开始养鸡、养鹅；50 多岁的王雅琴则在自家冰箱常年储存艾草，为客人提供现做的青粿。

乡村厨娘会带动"乡村同致富"

乡村厨娘成为"一桌菜"的业主，而相邻村民也可以打造"小菜园"，签订协议提供食材。不会做民宿的村民在乡村都能够各尽所长，细化分工、共同致富。在朱湾村，运营商帮助村民打造 5 家各有特色的"乡亲宴"。"我们家因为没有住宿，专门来吃'乡亲宴'的安徽、衢州客人，我都介绍到其他村民家。"李萍介绍道。汪阿姨则邀请烧菜好吃的村民到自家厨房为游客奉上一桌风味十足的"乡亲宴"。在指南村，丽景苑民宿更是聘请 3 位厨娘帮忙烧制"指南十八碗"，1888 元一桌的菜肴不仅需要提前预订，单月销售额最高更是近 4 万元，带来良好的收益。

三十四、中央广播电视总台经济之声"共同富裕中国行"系列述评文章

——央广网 2023 年 8 月 27 日—9 月 3 日

中央广播电视总台经济之声"共同富裕中国行"聚焦"乡村运营师"实践样本，推出系列述评，述评就以下 7 个话题展开。

述评 1

振兴乡村要有"运营思维"而不是简单"砸钱上项目"

财政资金是振兴乡村的重要资金来源，怎样把宝贵的财政资金"用在刀刃"上？关键是要有"运营思维"。"共同富裕中国行"记者在浙江杭州临安区采访时了解到，他们向各地广发"英雄帖"，招聘乡村运营师，整村运营村里各种资源。

投资乡村的运营思维首先是从"无"到"有"的思路变化。以往，投资乡村更多是修路搭桥搞基建，这些项目有利于补齐农业农村基础设施短板，但是短板补起来后，村里产业如何发展，村民如何增收致富，一些地方往往考虑不周。而临安的整村运营则是一开始就考虑资源变现问题。乡村运营师门槛很高：第一是必须尽可能让全村村民都受益；第二是用自己的智慧盘活乡村资源，创造盈利点。

临安区龙门秘境乡村运营师娄敏说："如果没有运营的话，村子还是那个村子，还是没有给老百姓和村集体带来收入。因为什么？没有人来把资金引进来和把这些文化挖掘出来。政府的建设需要我们运营师来把它经营好，才能够把资源变成资金。"

投资乡村的运营思维也是从"少"到"多"的数量变化。随着乡村振兴持续推进，很多地方开始搞富民工程，在农村引入民宿、采摘、漂流等新业态。但"上面千把锤，下面一根钉"，基层干部精力有限，投入农村的项目很多比较单一，有的地方出现了简单模仿复制、照搬照抄的现象，由此导致"千村一面"。而临安区通过探索乡村运营师整

村运营，由点到面丰富乡村业态。比如，洪村乡村运营师用村里闲置多年的磨坊、渣土堆等，打造起了养生馆、文创中心、星空营地、咖啡驿站等项目。

临安区文旅局副局长陈伟洪说："单独引进项目，我们把这个项目做好了，它可能也会带动村里其他一些产业或者乡村的发展，但它是被动的。其实整村运营是把乡村的各产业、各业态、各产品形成了一个相互关联的有机系统。"

杭州临安区乡村运营师罗星玥把新业态引入白牛村。

投资乡村的运营思维还是从"短期"到"长期"的时间变化。政府投资乡村，既需要短期投入的"爆发力"，也需要长期跟踪的"定力"和"耐力"，但一些基层政府有心无力。

陈伟洪说："有时候政府的力还发不出来，或者说发力只是一时的。一个活动举办好了，我的精力可能不会持续去推动它，这样的话需要一个市场的力量来整合推动这些事情。"

而运营思维则是把"短跑"变成"长跑"，借助市场的力量，持续跟踪项目和产业发展。临安区的乡村运营师要接受政府的严格考核，年度考核指标近百项，不合格就拿不全政府的奖金。中央财经大学共同富裕调研组专家童健认为，这样的运营思维也是对财政资金负责。

童健说："一方面，财政支出之后，我从收益效率端去做一些评价，不是单纯从支出端评价。另一方面，也需要政府进一步去学习，融入整个运营过程当中，用这种运营思维去看待资金如何去发挥它的财政杠杆作用。"

运营思维是因地制宜的发展思维，政府和市场的作用都得到凸显。政府的目标是共同富裕，而乡村运营师追求自身利润，两者结合，可以形成有为政府、有效市场。

述评 2

乡村运营要放手让专业的人干专业的事

在杭州临安区的整村运营模式中，乡村运营师享有高度自主权，从产品包装，到产业定位，再到业态布局，很大程度上都能自己说了算。也就是说，在乡村振兴这块"画板"上，运营师可以挥毫泼墨、自如挥洒。高度自主权从何而来？临安区文旅局副局长陈伟洪说，这是因为当地政府部门和乡村运营师已经"约法三章"。

陈伟洪说："在产业方面，提供一些产品，打造一些业态，完全是运营商自由发挥，我们不会干涉。而且我们也在运营的协议里面写明，村委会也不得干涉，不得干涉运营商要做什么，具体要干什么。"

乡村运营要放手让专业人干专业事，在市场竞争中亮出自己的真本事。所谓真本事，首先是赋值能力，就是提高农副产品的附加值。

陈伟洪说："运营商为什么能够在村庄实现盈利？首先，运营商是高人一筹的专业团队。普通老百姓把一麻袋番薯可能就简单地挖出来，放到市场去贱卖掉。作为运营商来讲，一个番薯他可能就把它卖出了一袋番薯的价格。"

当然"把一个番薯卖出一袋番薯的价格"只是一个比喻，提高农副产品的附加值不是虚报价格、虚假宣传，而是通过创新种植、加工、营销方式，全方位提升产品品质和知名度。临安龙门秘境景区在高山上种植了几百亩菊花，围绕这些菊花，乡村运营师娄敏引入了脱水烘干加工技术，制作了菊花礼盒，打造了品牌形象，还定期举办菊花文化节。

娄敏说："我们的菊花现在已经是一个品牌了，（附近）其他地方要做乡村伴手礼的话，基本上是（用我们的）蜜酱和菊花，它是搭配着在送的。"

经过娄敏的运作，村里的菊花从按斤卖变成了按朵卖，价值大幅提升。陈伟洪用这个案例，总结了乡村运营师的必备素养。

陈伟洪说："我们讲运营，重在运营师在策划、在文创、在营销、在宣传造势这些方面的巧妙运作能力，放大乡村价值的能力。"

乡村运营还要打造乡村产业，有"平地起高楼"的能力。放眼全国，不少村庄是既没有旅游资源，也没有旅游业态和旅游景区的"三无村"。这样的村庄怎么发展产业？浙江另一位乡村运营师陈卓出奇制胜，把星空作为资源，结合星星元素建设了文化艺术交流馆、书屋、茶室、露营地，每年吸引近3万名游客来"看星星"，形成了稳定的旅游业态。这种"无中生有"的能力，让陈卓成了当地村民眼中的"神笔马良"。

乡村发展仅仅靠打造一个产业远远不够。在临安，乡村运营师还要融会贯通，打造产业生态。陈伟洪说："比如我们引进了一个民宿，运营商可能就会考虑通过民宿这个产品，把民宿的客人导入采摘业态上面，或者研学游或者乡村的其他体验上面，使得我们这些产品之间都形成一个关联、一个有机的系统，这个是运营师要去做的。"

此外，乡村运营还要有吸引投资的能力。在临安区，乡村运营师很多是带资入场，自己本来就是投资商。但是政府并不鼓励运营师上重资产、搞大投资，原因很简单——如果运营师的注意力都集中在大项目上，哪里还有精力搞整村运营？同时，让乡村运营师对外招商，还能搭建新的盈利模式，分散经营风险。陈伟洪认为这是"一石二鸟"。

陈伟洪说："乡村运营师还通过招引投资商，把村庄运营起来，打造起来。只有各类投资商进来了，我们的村庄才会实现产业的发展。原来可能我们是单一引进一两个投资商，这样风险都会加大。现在我们把风险分散到各类"小而美"的投资商的身上，风险就减少了。"

述评 3

乡村运营要"动脑筋让别人干"，形成"利益共同体"

在杭州临安区的整村运营实践中，乡村运营师往往既是投资人，又是招商人。其中，投资是以轻资产项目为主，招商则是挖掘、打包整村资源，作为"支点"，持续引入社会资本。临安区文旅局副局长陈伟洪说，总的来看，乡村运营师投得少，招得多，是"动脑筋让别人干"。

陈伟洪说："社会资本不断把社会的一些资源引到乡村来，而且是通过运营的方式，不是以引进一两个项目这样一种方式，我们是不断地引进一些业态、产品的经营户到村里来，通过一些运作的方式做起来。"

"动脑筋让别人干"不能随意开"空头支票"，更不能瞎指挥，乱布局。要在深入了解村情的基础上，系统谋划产业布局和招商引资方向。在临安区，乡村运营师来到村子，第一件事就是聊天串门。洪村乡村运营师老白花了三个月时间，跑了300多户人家，才敲定了村子的发展方向。企业团建、高端会议、时尚消费，这些定位看起来似乎和村子"八竿子打不着"，实际则是结合村庄优势打造的有机体系。陈伟洪说："运营角色的发挥肯定要考虑到整村怎么去运营，整村怎么建立产业体系，建成有机的体系，去解决村庄的主题怎么确定、市场怎么定位这些问题。"

"动脑筋让别人干"也不是强行摊派、生拉硬拽，而是想好点子，探好路子，用市场前景、利润空间把别人吸引过来。在临安区，白牛村乡村运营师罗星玥打造了小酒馆、啤酒节，招来了乐队、机车队、直播团队，打开了合作的"大门"。

龙门秘境乡村运营师娄敏谋划了攀岩业态，有人就配套建设了民宿、攀岩场馆，开展攀岩培训、研学、夏令营，每年吸引几万人来攀岩。

在中央财经大学共同富裕调研组专家童健看来，这种市场化的方式，让乡村产业发展更加可持续。"比如说我来消费或者玩了一个游乐项目，但他们没有配套的东西，我可能来一会儿就走了。他有住的，还会有吃的，还会有别的，晚上可能还会有酒吧、咖啡屋跟大家去做一些交流，整个业态慢慢就通过这种方式发展起来了。这其实是符合共同富裕的方向的，否则留不住人，就留不住业态，就留不住经营主体。"童健说。

自己搭台，让别人唱戏。这种模式要持续运转下去，乡村运营师不能光作嫁衣，也要有自己的盈利模式。怎么盈利？临安区对乡村运营师实行奖励制度。最初三年，政府以年终奖励的方式给予运营团队资金扶持。在这之后，运营团队就需要建立起自己的盈利模式。陈伟洪建议，可以从招商引资入手，通过股份运作，打通商业模式。

陈伟洪说："运营商利用在村庄的一些资源优势，也可以为投资商做背书，那么这样的话，他可以在投资的业态、产品里面也占一定的股份，这样也是他实现自身盈利的一个渠道。"

乡村运营师持有投资商的股份，双方成为绑定关系，一荣俱荣，一损俱损，这种关系称得上"利益共同体"。童健认为，"动脑筋让别人干"，形成"利益共同体"，能把投资乡村的风险尽可能降到最低。

童健说："是投资商角色的时候，每个人是管自己的那一摊收益的，整村运营之后就解决了这个问题，就是让运营商愿意去做其他团队的组建，去形成这样的一个'利益共同体'，共同去为村庄服务。"

述评4

乡村运营不是"大拆大建"，要有"村景融合"思维

在浙江省杭州市临安区，当地对乡村运营师有一个专门要求，就是不准大拆大建，随意"挖山砍树"。怎么保证乡村运营师能够按要求做？临安区文旅局副局长陈伟洪说，他们把这个要求纳入了运营师的考核体系。

陈伟洪说："我们甚至写到我们的规则里面了，你要运营的村庄，或者做美丽乡村的这些村子，要避免大拆大建。我们要保留村庄的一些原生态的东西、村庄的一些肌理，这是非常重要的。"

一方面，是用规则划出红线；另一方面，乡村运营师的特点也决定了他们不能大拆大建。在临安，乡村运营师大部分都是轻资产运作，主要精力花在运营上，没有资金和精力大拆大建。

需要指出的是，很多村庄现有的设施不能满足乡村振兴各种业态发展的需求，不少村庄的环境脏乱差，一些房屋破损。如果不大拆大建，怎么提升村庄的品质？怎么承载各种产业，满足发展需求？临安区乡村运营的做法是：微改造、精提升。

陈伟洪说："因为乡村有它一直以来的发展历程，形成了乡村原有的肌理，这个其实恰恰是城里人所向往的，也是我们的乡愁所在。那么我们采用微改造、精提升，可能一个房子是破损的，只是通过微改造的手法，把它做美好的呈现、提升。"

微改造就是不能过度人为造景，不能建设大广场、大公园，不能破坏乡村布局和风貌。精提升就是因地制宜，根据每个乡村的特点，建设能够突出村庄自然生态、文化历史的特色景观，体现"小而精、小而美"。在中央财经大学共同富裕调研组专家童健看来，这是一种"村景融合"思维。

童健说："村景融合其实就是把乡村的产业、村落之间的空间，还有乡村的景观，构建成一个有机的融合体，相互支撑地去发展，不能够作为一个独立的个体去看。"

在临安区的乡村运营实践中，村景融合随处可见。有的村子有连片的稻田，乡村运营师就稍加改造，把稻田打造成可以打卡的"绿色广场"。有的村子有视野开阔的空间，乡村运营师就将其打造成乡村露营地。临安区龙门秘境的攀岩设施就是乡村运营师娄敏

团队用村景融合的理念打造的。

娄敏说："不是说我 1000 万要建个什么东西，而是说我这个村有什么东西，比如说我有攀岩的（资源），我的目标群体肯定是攀岩的爱好者。我为了服务好攀岩爱好者，我再来建设其他东西。"

微改造、精提升，村景融合，为乡村振兴中的景观改造和建设提供了借鉴。不少人之前认为，乡村振兴应该复制城市的发展模式，上大项目，搞大建设。实际上，这样不光会导致同质化现象，也可能会破坏乡村生态环境。农村就应该有田园风光、乡土气息，就应该有农村的样儿，才能留得住乡愁，留得住人。娄敏说："我觉得农村应该像农村，你试想城里人来干什么？城里人希望到农村，农村提供的是一种生活方式，让他们来体验。"

述评 5

乡村运营不是"风口上的生意"，要与村民"同心共富"

在杭州临安区，乡村运营模式要求运营师与村委会建立良好的工作机制，双方每个月都要碰头交流，这个要求也纳入了运营师的工作规范。为什么这么做？临安区文旅局副局长陈伟洪说："如果运营商进驻到村里，一些决策没有达成共识，村委会干村委会的，运营商干运营商的，可能会有更多的矛盾和问题出来，也不利于我们村庄的整个产业的发展。"

乡村振兴和乡村运营需要持续投入，久久为功，这一点也决定了运营师不能"关起门来搞建设"，而是要真正融入农村。正如中央财经大学共同富裕调研组专家童健所说："乡村运营不是一个'风口上的生意'，它是一个需要持续运营的生意，很可能会投入两到三年还是见不到收益，在第四、第五年才能见到收益。"

乡村运营是长久生意，也是共富生意，要带动全体村民增加收入，提高大家的获得感，运营师才能获得自身的发展。一些人来农村投资，只顾自己赚钱，不考虑乡亲，因此受到排挤和抵制，一两年甚至短短几个月就灰溜溜走人。而在临安区，乡村运营师 99 个考核指标中，最重要的就是运营师引进的业态、打造的产品跟村集体有没有关系，跟村民有没有关系。陈伟洪说："运营师到乡村来投资的话，如果不带动老百姓致富、村集体壮大，那么在村集体的眼里，你这家运营商也就是可有可无的，你这是自己赚钱，你自己发财致富。"

与村民"同心共富"，乡村运营师要有追求盈利的"动力"，也要有高人一筹的"脑力"和"劳力"，要想方设法丰富乡村业态和产品，盘活乡村资源，吸纳村民就业，提高农产品附加值。龙门秘境乡村运营师娄敏围绕村庄自然风光、历史文化、风土人情，写故事、做产品、拍视频，带火了当地旅游业，大量村民开起了面馆、饭店、民宿，有的暑期两个月净利润就高达五六万元。

娄敏说："这些留在乡村的人员晒晒太阳聊聊天，这样是没有任何收入的，但现在我们把闲置的房都利用起来了，闲置的山林都用起来了。只要勤快，种个菜，挖个笋，采个茶，都能够卖出去了。"

村民和乡村运营师有不同的利益诉求，也有利益的交汇点。只有聚焦共同利益，拧成一股绳，才能跑出共同富裕"加速度"。在临安区，白牛村乡村运营师罗星玥给村民带来了四个变化：产业在山上、生活在村庄、致富在网上、创业在家中。对于运营师和村民的关系，她深有体会。

罗星玥说："我们要做乡村运营，那就一定要和我们的村民待在一起，了解他们的生活，跟他们融在一起，我们的工作才能做好。"

述评 6

乡村振兴不只是"让空心村有人气"，更要激发青年"乡村梦"

与不少地方一样，杭州临安区的村庄以前人口也大量流出。龙门秘境景区所在的三个村落原来的人口有 3000 多人，后来一度只剩下几百人。乡村运营师进驻后，龙门秘境旅游业态兴起，大量游客涌入，吃饭、住宿等刚性消费需求带动外出人员回流，"空心村"重新热闹起来。据不完全统计，已经有四五百名外出打工人员回到这个村落工作、创业。

乡村运营不只是"让空心村有人气"，更要让村子有活力。年轻人精力旺盛、思维活跃，敢想敢干，是乡村振兴的生力军。乡村运营需要有为的年轻人，也要想方设法留住年轻人。怎么留住年轻人？一个方法是尽量满足他们的需求。

龙门秘境打造了森林木屋、围炉煮茶、星空帐篷、丛林穿越、攀岩、露营等一批游玩项目，深受年轻人喜爱，还提供茶饮、咖啡、甜品、奶茶、精酿啤酒等，照顾到年轻人的生活习惯。目前，龙门秘境已经有近 70 名本地年轻人回流，还有一批外地年轻人前来工作。在中央财经大学共同富裕调研组专家童健看来，这是一种趋势性回流。

童健说："有一部分人愿意在这个地方，因为在这个地方可以享受到比城市更好的环境，又以极低的成本获得跟城市相同的收入回报，而且没有压力，这个时候慢慢回流会越来越多。"

很多年轻人带着创业激情回农村，要给他们施展的舞台，激发他们的"乡村梦"。在临安区，乡村运营师会通过前期调查，掌握外流年轻人的情况，在社交媒体上建群，及时发布村子发展情况。青年返乡期间，运营师会组织大家座谈。临安区文旅局副局长陈伟洪说："因为年轻人总有一些交流沟通，那么年轻人看我们年轻的团队也在这里创业了，都可以作为他们的后盾支撑，所以他们回来也更大胆。我们通过这样一种方式，吸引年轻人回来创业就更具可能性。"

青年返乡创业，难点是怎么跟乡村运营相结合，不偏离村子发展的主线。临安区的做法是鼓励返乡青年加入乡村运营团队，持有股份。

陈伟洪说："这样的话，其实是让乡村运营这个事业能够走得更远，能够更健康持续，因为是本村青年回来了。"

述评 7

乡村运营是"摸着石头过河"，在试错中改进提升

杭州临安区开创乡村运营模式以来，全国不少地方正在考察、学习和借鉴这个模式。需要指出的是，乡村运营是新事物，并没有成熟的模板和完美的方案，而且在临安的探索中，也存在一些矛盾和困难。

首先，乡村运营师存在盈利难的问题。目前，在临安区已经签约的 26 个乡村运营团队中，能够实现盈利的并不多。究其原因，一方面是农村产业需要慢慢培育，从投资到收益需要经过较长时间。另一方面，乡村运营是多点投资，整村运营，盈利难度比运营单个项目大得多。临安区文旅局副局长陈伟洪说："要实现一些经济价值，运营团队的难度还是很大的。比如在一个酒店，在一个民宿运营，更容易实现经济回报，要在乡村这么开放式的区域实现盈利，难点、阻碍、困难都很大。"

其次，在乡村运营模式中，运营商与村集体的矛盾也不可忽视。乡村运营师进驻乡村后，虽然可以自行规划全村产业发展路径，但股权分配、用地、动用集体资产等，都要和村集体协商一致才行。多名乡村运营师坦言，在这个过程中曾与村里发生过矛盾，而这样的矛盾如果长期不能解决，运营师和村集体有了隔阂，可能会遭遇不信任、不配合等问题。陈伟洪说："肯定要产生一些矛盾和问题，这是不可避免的。一个村庄太复杂了，即使是一个村委会班子里面，也会有矛盾和问题，关键是怎么来看待它（矛盾和问题）。"

乡村运营模式还面临人才短缺难题。在临安区，目前已经有 10 个运营师团队退出。有的运营师一看困难重重，短期盈利无望，两三个月就主动退出了。有的运营师则是因为没有通过年度考核，被动退出。可以说，运营师既要有运营乡村的能力，又要有扎根乡村的情怀。但是现实中这样的人并不多，政府部门在签约时没有筛选的余地。

陈伟洪说："在现实当中，我们还缺乏这样的供给市场，就是乡村运营商团队和运营师人才这么一个供给市场目前还没形成。"

此外，在乡村运营模式中，财政资金的作用也有待进一步理顺。临安区乡村运营目前主推"运营前置、建设后行"的思路，运营商先布局，地方政府再根据布局建设基础设施。与传统模式相比，政府的投入更精准，实用性更强。不过，目前这种投入仍然只

限于基建。中央财经大学共同富裕调研组专家童健认为，财政资金的使用可以在做好监管的基础上更加灵活，特别要在运营师最需要的领域提供支持。

童健说："是否可以偏向不投硬的东西，往软的经营层面投？比如说构建一些新媒体的渠道、在营销端的投资。对于运营商来说，他们更需要政府支持这样的投资。"

对于这些矛盾、困难、问题，乡村运营模式还得继续"摸着石头过河"，在探索中寻找路径，在试错中改进提升。但可以肯定的是，随着乡村振兴持续推进，越来越多的资源将注入农村，城乡联系将更加紧密。乡村运营未来的收益空间和想象空间值得期待！

三十五、以乡村运营推动乡村文旅高质量发展

——《中国旅游报》2023 年 9 月 14 日

　　杭州市临安区地处浙江西北部天目山区，有着"九山半水半分田"的地貌特征。这里物产人文资源富足，有传承了上千年的吴越文化、钱王文化，有天目笋干、天目青顶等原生态农产品。千百年来，这里的大部分村庄都保留着原始的乡土气息和田园风貌，具有发展乡村旅游的坚实基础。

　　多年来，临安持续探索生态富民的新路子，在不断的实践摸索中，临安构建了一套"乡村运营"模式，有效破解了乡村发展过程中存在的招商难、造血难、引才难、增收难等问题，创新了农民农村共富新路径，通过市场力量，振兴乡村旅游，有效为新型农村集体经济赋能。

　　那么，临安"乡村运营"模式是什么？它的落地为临安乡村发展带来哪些改变？未来它还会给乡村带来什么样的惊喜？带着一系列疑问，我们听杭州市临安区文化和广电旅游体育局副局长陈伟洪谈一谈。

　　目前，临安"乡村运营"模式发展势头较好，成果突出。多个乡村在此模式带动下，完成了"空心村""贫困村"到"网红村"的华丽蜕变。

　　那么，临安"乡村运营"模式提出的背景是什么？

　　多年前，和全国大多数乡村一样，临安村庄发展的投资建设都由政府包揽，村庄的基础设施和配套设施提升了，但缺乏产业的植入、专业的运营和市场的手段，导致大部分投资只进不出。村集体经济只能持续依靠政府投入资金，村子经济发展较缓，很多年轻人都选择外出打工。当时很多村支部书记都希望政府能想办法，通过发展乡村旅游产业，带动村集体和村民增收。

　　临安的人文山水资源禀赋优越，但这些优质资源不会自动转化为经济价值，如何破解这些难题呢？要由专业的人去做专业的事。乡村旅游如要更好、更快发展，需要有一个转化通道，即通过市场力量介入才能实现。

　　后来，当地在文化和旅游工作中有意尝试运用市场运营的手法，帮助一些乡村做提升。比如，指导五星村发展特色铜锅饭及农家乐升级版，指导指南村打造太平灯会和指南十八碗乡村家宴等特色业态和产品，达到整村运营的市场效应。

但在具体的实践中，单靠政府临时性、阶段性地辅导，力量不够、效率不高，缺乏持续的力量。靠村委会去推，力量也不足，还有可能造成方向和举措上的偏差。一个新的思路出现，是否要在市场上找专业的第三方公司来推动，以及如何发挥好第三方在乡村旅游发展中的作用。

2017 年 4 月，临安市旅游局在大明山召开民宿圆桌高峰研讨会，组织民宿产业链上相关文旅企业代表会谈，碰撞出了新的灵感：如果临安邀请这样一批有资源、懂谋划的团队到村里做运营，调动起村里的土地、人力等闲置资源，加上他们本身所积累的经验、行业资源以及市场运作能力，不就能把乡村所需的一些业态和产品落地，吸引游客在村里停留和消费，带动村集体的增收及乡贤的回归了吗？就这样产生了以招引市场化运营团队，再由他们招引社会各类业态和产品投资商的想法。临安"乡村运营"模式大致基于这样的背景提出。

随着乡村振兴战略向纵深推进，全国各地乡村建设正如火如荼进行中。近几年，很多地方也在大力推动乡村旅游产业发展，有了一定经验和做法。那么，临安"乡村运营"模式的定义是什么？临安"乡村运营"模式的核心竞争力是什么？

临安"乡村运营"模式是以乡村振兴、共同富裕为目标，以打造整村旅游产品为切入口，公开招引一支有策划能力、运营能力和组织能力的市场化运营团队。在政府部门和村集体的共同参与下，开展轻资产、系统化、多维度的市场化乡村运营，同时从产品供给和市场需求两端发力，推动资源的积聚、盘活和变现，从而激发乡村发展内生动力。

这里提到的运营团队，是由政府通过公开招募、发动圈层资源等方式引进。筛选后的团队会与乡村自由自愿地进行深入了解，双方都满意，才会签约"结亲"。签约后，双方会组建驻村办公的合资运营公司，村集体可用公共资源的使用权作价入股，获取运营分成。正式运营之后，运营商需要利用自身的人脉和资源，对外招引投资商进村开发项目，当业态落地且通过考核后，政府才会进行相应奖励补贴。

而目前，国内部分乡镇通行的做法是运营商接受乡村的运营委托后，拿到政府给的运营经费再干活，实质上是政府在兜底。而临安"乡村运营"模式则是要求运营主体市场化和运营行为市场化，这种"运营前置、奖励后置"的做法，和其他地区在运营之初就进行大规模的投入有本质差别，临安是"把市场的事交给专业的人去做"。

此外，"系统化思维"和"轻资产运营"也是临安"乡村运营"模式与众不同的地方。

目前，国内很多乡村的发展模式大多依托采摘亲子游、田园综合体等单个项目，对外进行招商引资，并根据项目需要招引、组建运营团队为项目服务。而临安则要求运营团队必须站在全村旅游发展的角度，从一个区域的公共利益出发，进行整村性、系统性、多维度的规划部署，为乡村今后几年甚至十几年的发展做好长远打算。

同时，运营团队不需要专注于大拆大建式的重投资，而是通过对村里的老物件、老房屋、荒田地等闲置资源进行"微改造、精提升"，孵化新产品、新业态，其中，有关项目、投资等由运营团队根据村庄发展主题以及产业特色的需要进行有针对性的"再招引"，实现一种轻资产运营。

临安"乡村运营"模式发展至今，取得了一定的影响力和知名度。很多文旅领域专家、村镇负责人、主流媒体等主动来此调研，将临安做法推向全国。对于临安"乡村运营"和乡村未来发展，有什么期许和打算？

第一，进一步推动和完善临安做法。临安乡村旅游要持续发展、壮大下去，需要构建一个系统的"乡村运营"发展模式，且这个做法必须环环相扣，成为一个体系。这就要求我们用前瞻性的思维来考虑问题，不断地通过调研、交流、反思，发现模式中存在的不足之处，积极解决运营中遇到的问题，不断壮大发展成果。

第二，宣传、推广临安"乡村运营"模式的经验。我们不能只是简单运用这个模式，而是要总结好临安模式"出圈"的做法，将该模式的有效成果宣传、推广至全国，将临安做法的有效经验复制到其他区域，助力地方乡村旅游发展，推动乡村振兴与共同富裕。

第三，打造乡村运营村落样板。目前，临安乡村运营成果初显，石门村、洪村村、指南村等村落已经打响了自己的村落品牌，每年吸引游客上万人次。针对这些发展较好的村落，我们还需继续改进、提升，让这些村落发展成为精品村、样板村，在保留差异化的前提下，打造"乡村运营"村落样本，为乡村发展提供实践路径。

第四，培育优秀乡村运营团队。目前乡村旅游发展最缺的是人才，"乡村运营"模式已经在很多村镇得到运用，优质的乡村运营团队成为乡村旅游发展的稀缺资源。我们肩负着培育优秀运营团队的责任与使命，希望这些在实践中锻炼出来的运营团队能总结自身有效经验，在全国各地乡村推广乡村运营做法，走出临安、走向全国。

三十六、杭州临安：乡村多次相亲，只为找到对的人

——《人民日报》人民号 2023 年 10 月 22 日

"如果今天不能跟百丈村建立联系对接，我跟公司合伙人的'友谊小船'估计就危险了。"10 月 20 日，由杭州临安区文旅局主办的 2023 第三届临安区"天目村落"乡村运营相亲大会上，运营商代表杭州发条广告有限公司负责人王雅祺向百丈村深情"告白"。

活动中，三联村、花戏村、古竺村等临安 18 个天目村落的代表，在杭州临安区文旅局的牵线搭桥下，与 22 家乡村运营商代表齐聚一堂，双方掏出家底聊运营，以"对话相亲"的形式寻找乡村运营合伙人。这些运营商来自上海、杭州、嘉兴等不同地区，关联央企、国企、高校、协会等不同背景，涵盖规划设计、生物技术、会务会展、虚拟人物、文化旅游等不同专业领域。

起源于临安的乡村运营模式，是一种村集体向市场公开招引专业运营团队，整村谋划旅游业发展，并以整合资源为主要手段开展轻资产运营的乡村发展模式。该模式强调乡村与市场主体通过"自由恋爱"结对携手运营，因此自推行以来，临安便组织了多次"相亲式"的对接会，为运营结对双方创造更多接触的机会，从去年开始，临安更是整合全区天目村落资源，举办了三届"天目村落"乡村运营相亲大会，向市场集中推介适合运营的乡村，将"相亲式会面"的形式巩固下来。

翻看参加本届相亲大会的村落名单，能发现一个有趣的现象，其中有不少村落已是多次相亲，它们是相亲大会上的"熟面孔"。"我们心里急，要通过乡村运营把网络热度转化成村民的收入，所以今年参加了两场相亲大会。"百丈村党总支书记盛世杰说。位于临安西部的百丈村，去年底因一场冬雪而火遍社交网络及新媒体平台，为了加快"流量变现"，他们积极参加相亲大会，以结识更多擅长业态运营的团队，期望整合多个团队力量，共同为百丈村乡村运营出谋出力。

而坐落于临安市区近郊的崂山村，则因为没能寻得合适的运营商而选择多次"相亲"。"乡村振兴是个大工程，光靠我们村两委的力量肯定不够，必须对外招引专业团队开展乡村运营。"曾经营企业的崂山村村书记郑仁苗深谙乡村运营的价值和重要性，按照临安乡村运营模式的标准，他希望找到一个能与村两委运营思路契合匹配的运营团队，思想上要同频共振，行动上要扬长避短，能开发好乡村闲置资源。"即使这样的团队一时不好找，我们也会一直找下去，一直'相亲'下去，不会将就找一家凑合了事。"

"乡村招引运营商'不凑合'是件好事，这既说明这些乡村想要开展运营的意愿强、决心大，也说明它们对于临安乡村运营模式理念和标准的坚守。"临安区文旅局副局长陈伟洪表示，互相陌生的企业和村庄本来就不能苛求它们通过一次见面就看对眼，政府不仅不应该急于求成，反而应该积极为双方创造更多相亲机会，引导它们按照临安的乡村运营模式标准，通过实地考察、试运营等环节深入了解彼此，争取每成功"结亲"一对，就能真正激活一个乡村。

"虽然目前临安乡村运营招商竞争激烈，但是临安鼓励村庄和运营商深入考察后再做决定的做法我们非常认同。"参加本次"相亲"活动的运营商一致认为，这种不急于求成、鼓励"不凑合"的做法既能起到合理保护、科学开发乡村不可再生资源的作用，也有助于提高结对运营双方的信息对称性，降低乡村市场运营的风险，为后续提升乡村运营效益奠定良好的基础。

（文／谢逸楷）

两山短评：

鼓励"不凑合"，方能铸就长久幸福

不管是待婚的男人还是女人，如果出于年龄、家庭、舆论等顾虑，在有组织或自由式相亲过程中，被动或主动地放弃或降低自己的择偶标准，转以一种"凑合凑合""大差不差"的态度，为了结婚而结婚，草率选择一个对象闪婚甚至盲婚，大概率会为婚姻的不幸埋下祸根。

类比浙江临安区由政府出面组织的乡村运营"相亲"，其内在道理大抵并无二致。如果为了面子好看、政绩漂亮，谁又不喜欢在一场类似于招商引资的"运营相亲会"落幕时看到几个体现"成果丰硕"的数字呢？比如说促成多少家运营商与招商村落一见钟情、现场签约之类。如果是这样，有关组织部门完全可以事前做足"导演"的功课，现场只需表演一番即可。

但是，临安的态度恰好并非如此。针对一些乡村多次"相亲"只为寻找更合适的人

的现象，作为"红娘"性质的存在，相关政府部门不仅不反对、不"催婚"、不督导，反而表示认可。这是由于他们清醒地认识到，乡村运营"相亲会"只是一个中间媒介性平台和载体，运营商和美丽乡村之间缘深缘浅，全靠双方相互考察了解、两相情愿，而非中国老传统式的"父母之命、媒妁之言"。他们知道，拉郎配式的结亲，很难换来长远稳定的幸福。

他们坚持把"相亲会"始终当成临安乡村运营模式的标准做法之一，但却并不执着于立结速成，而是鼓励和支持运营商和美丽乡村双方在"相亲"时都"不要勉强""不要凑合"，可以激动但不要冲动，耐性足一些，眼光毒一些，看准了，摸透了，想好了，再真正向彼此托付未来。也就是说，能够一次成功固然好，一次"相亲"不成功，不要灰心，那做好准备来第二次、第三次、第四次，实际需求远比议论纷纷更重要，大不了多试几次，直到认为真的遇到了对的人。

实际上，这种理念不仅是一种适用于当代人的婚恋观，也是一种适用于浮躁如当代的区域发展观，凝聚着"高标准、高质量"的进取心，包含有"不应付、不含糊"的责任心，体现出"多试试、别怕错"的包容心，可以说，这对于依赖于试错的创新探索和取决于实效的乡村振兴具有重要价值，不失为一种真正务实、科学和多赢的政绩观。

静候花开花自开，花若扑香蝶自来。我们有道理相信，依照当前这种操作，临安乡村运营很值得期待。

（文 / "文旅浙壹说"融媒体首席评论员 梁山君）

三十七、浙江临安"村庄经营"探索共富新路

—— "城市怎么办" 2023 年 10 月 23 日

当前，发展乡村产业的难点在于缺乏能够组织、整合乡村碎片化资源和资产的市场主体。从农村基层组织而言，只有农村集体经济组织负责管理集体财产、开发集体资源、发展集体经济，理应成为乡村经营工作的主体。但在实践中，农村集体经济组织面临着资本和人力资本双重约束，存在经营管理能力薄弱、"产权"变"产业"难度大、分红数额普遍低、市场身份不完善等问题。截至 2021 年底，我国仍有超过 45% 的村集体经济年收入低于 5 万元，处于"空壳化"状态。

浙江临安"村庄经营"探索共富新路

原创 邱浩钧 城市怎么办 2023-10-23 17:30 发表于浙江

杭州国际城市学研究中心
浙江省城市治理研究中心
杭州城市学研究会

当前，发展乡村产业的难点在于缺乏能够组织、整合乡村碎片化资源和资产的市场主体。从农村基层组织而言，只有农村集体经济组织负责管理集体财产、开发集体资源、发展集体经济，理应成为乡村经营工作的主体。但在实践中，农村集体经济组织面临着资本和人力资本双重约束，存在经营管理能力薄弱、"产权"变"产业"难度大、分红数额普遍低、市场身份不完善等问题。截至2021年底，我国仍有超过45%的村集体经济年收入低于5万元，处于"空壳化"状态。

杭州市临安区积极探索"村庄经营"模式，大力发展新型农村集体经济，通过构建经营主体、利益联结、致富路径的制度框架，回应了市场主体缺乏的难题。截至2022年12月，临安区有19个市场化运营团队进驻22个村庄开展经营，累计实现旅游收入7.1亿元，村集体收入增加9112万元，村民收入增加2820万元。

杭州市临安区积极探索"村庄经营"模式，大力发展新型农村集体经济，通过构建经营主体、利益联结、致富路径的制度框架，回应了市场主体缺乏的难题。截至 2022 年 12 月，临安区共有 19 个市场化运营团队进驻 22 个村庄开展经营，累计实现旅游收入 7.1 亿元，村集体收入增加 9112 万元，村民收入增加 2820 万元。

1. "村庄经营"的市场主体

2017 年以来，临安在全省率先开展村落景区市场化运营，通过面向社会招引运营商、企业，各村形成"企业＋农村集体经济＋村民"的市场主体。

这个合作架构其实非常普遍，但实践中往往出现农村集体经济组织作为市场和村民的"中枢"失灵的问题。一是农村集体经济组织面临制度性困境，其市场功能和社会功能难以协调，由于必须承担和履行本地化的集体道义，本质上不是一个能承担经营风险的完全市场主体。二是集体成员和管理者的集体资产控制权和集体收益分配权均呈现出不相匹配的格局，例如村支部书记一般担任集体经济组织的管理人，但其面临"大控制、小索取、有风险"的局面，缺乏经营动力。

临安"乡村经营"模式对农村集体经济中的公益福利部门和市场主体部分实现切割，形成由企业负责经营、实操，由村委负责乡村治理、矛盾协调、定夺方向，由农村集体经济组织负责集体资产监管和保障的分工体制——三者各司其职，塑造了具有主体性、能动性、能承担市场风险的乡村经营主体，属于发展新型农村集体经济"村企分离"的探索实践。

在实践中，临安区通过设置制度规范，让"村企分离"落到实处。例如《临安乡村运营考核办法》要求，运营商与村委分工合理，形成明确的制度、机制；村支部书记需要签订《乡村运营承诺书》，承诺以服务运营商为核心，村两委分工明确，着力为运营商提供优质高效的服务。由此，虽然"村庄经营"在市场中表现为企业主导，但实质上是"企业＋农村集体经济＋村民"的共同推动，即村集体出资源、市场出运营、政府出规则、"能人"出智慧、村民出力量。

2. "村庄经营"的利益联结

建立在利益联结基础上的集体行动是最为有效的村治形式，但利益联结的建立面临三重挑战，需要同时满足制度供给、可信承诺与有效监督。

制度供给，是明确集体行动中各方的权利、责任、规范。临安区级层面形成法规、政策、考核制度，帮助村镇减少了制度建立的预见成本、试错成本、缔约成本、实证成本。首先，企业需要经过洽谈、考察、答辩，从竞争中证明自己胜任某一村庄的运营；随后进入试运营环节，需要在工作中通过村委、区文旅局、专家学者的考察评分；最终与村庄正式签约，需要遵守《乡村运营工作流程》、开展运营工作例会制度、"六个一"工作机制、通过年度考核——让企业和乡村发展深度绑定。

可信承诺，是推进集体行动中各方的相互信任、协同并行。临安区要求企业投入高资产专用性的产业设施来增加企业长期深耕的意愿，提升村民和企业的相互认可。根据《乡村运营工作流程》，企业必须在村庄注册运营公司，并出资 50 万元以上与乡村组建村落景区运营公司，其中村集体在不出资情况下占股 10%～30%，企业占股 70%～90%。企业支付了大部分前期成本，同时又享有大部分收益份额，激发了经营积极性；而村民群体看到企业的前期大量投入、完善基建后，也更相信企业会在乡村长期发展。

有效监督，是加强集体行动中的信息对称，保障各方利益。临安对"村庄经营"建立了工作例会制度、村庄综合管理制度、专家咨询工作制度、运营难题"一周一报"制度、乡村运营师"驻村日记"推广制度，打通企业、村委、村民之间的信息不对称，深入了解彼此的工作思路、利益诉求、实际困难、项目进展等，进一步加强多元主体的协同和互信。

3. "村庄经营"的致富路径

致富路径即发展何种产业实现强村富民。整体来看，临安区的"村庄经营"是介于轻资产的乡村运营模式和重资产的工商资本下乡模式之间，且更偏向于乡村运营范畴，要求企业进行 50 万～1000 万不等的项目投资，并基于投入的高资产专用性增加企业的沉默成本，以实现村企利益绑定并激发企业的创收动力。同时，"村庄经营"高度重视加强企业和村民的互动，鼓励村民将家庭农业、土特产、技能手艺、才艺特产适度经营化。村民作为股东可将自然资源以及房产等入股或租让给运营商经营，作为劳动者可在家门口就业，作为农民可出售农产品获益，从而通过租金、分红、薪金、销售等实现增收。例如，太湖源镇指南村村民依托太湖源旅游板块建设 83 家农家乐，村人均收入 10 年增长为原来的 5 倍，达 5 万多元。

基于临安整体的资源禀赋、"村庄经营"的制度特色、企业投资额度等条件，临安的乡村发展模式与旅游服务、民宿餐饮、艺术文创、体验式农业等休闲产业高度契合。对比工商资本下乡容易造成"村民不动"的困境，"村庄经营"模式高度重视激发乡村内生性的活力创意，营造富有人情味的乡土氛围，鼓励村民兴办产业加入乡土建设，是浙江省乡村共同富裕的代表性探索。

三十八、运营师让临安山村大变样

——《人民日报》海外版 2024 年 1 月 31 日

天目月乡、径山阳坡、红叶指南、龙门秘境……这些分布在天目大地上的乡村，犹如一颗颗被串起的明珠，它们有一个共同的名字"天目村落"，这是浙江省杭州市临安区创建的浙江首个"村落景区"公共品牌。它的诞生离不开一个名叫"乡村运营师"的团队。

2017 年 5 月，临安区旅游局提出"乡村市场化运营"概念，并面向全国招募乡村运营师，吸引了一批批爱乡村、会策划、懂经营的人涌入临安，积极发展乡村旅游，振兴乡村。这股新生力量的加入，为临安山村注入了鲜活的生命力和内生动力。

"祠堂变学堂"，村庄资源变产品

走进临安区清凉峰镇杨溪村，一栋别致的石头小楼房映入眼帘，这是村里老匠人陈锦逵的麻酥糖体验馆，里面飘出醉人的芝麻香、酥糖香。两层高的小楼房里设有品茶区、产品展示区、手工体验区、麻酥糖手作区等空间，装修古朴雅致，格外温馨。手作间里，麻酥糖制作技艺第四代传承人陈春娇正埋头熬制麻酥糖的原材料：麦芽糖。"稍等我一下，熬煮时需要全程盯着，马虎不得，不然会煳掉。"她一边忙碌着，一边热情地招呼我们坐下。

眼前的一切，让人感慨。谁能想到当初的麻酥糖店铺只是开在家里的一个小作坊，空间狭小、光线昏暗。每天制作的麻酥糖仅供应小镇上的几家零售店。

临安面向全国招募乡村运营师后，临安区旅游局副局长陈伟洪想到，章小云是个不错的人选。当时，章小云经营着一家旅行社，一直想寻找新的突破口。于是，在陈伟洪的鼓励下，章小云带团队实地走访了临安的 3 个村落。杨溪村，就是此行中的一个。凭借着深耕旅游行业 10 多年的"灵敏嗅觉"，章小云一眼就相中了这个小村落。经过进一步的交流，在陈伟洪的建议下，章小云的思路也从最初打造单个项目，转变为整村运营。

杨溪村是浙西地区的文化名村，"忠孝文化"是它的底色。位于村庄正中的孝子祠最具特色，这是一座有着千年历史的祠堂。驻村初期，陈伟洪召集有关旅游专家，与杨溪村村两委、章小云团队进行策划座谈，围绕村落景区主题以及特色资源孝子祠，进行整村策划，确定以"忠孝古村"为主题建设"忠孝文化村落景区"，并采用"祠堂变学堂"的运营方式，实现村庄资源变产品。"忠孝学堂"研学产品推出后，逐渐引起社会各界的关注与认可，每年吸引 8000 余名学生前来体验忠孝文化。

要把整村运营起来，让村民也能得实惠

"但仔细盘算，除了场地费，真正给村里带来的收益并不多。"按照临安的乡村运营模式，运营商不能只运营单个项目获利，而是要把整村运营起来，让村民也能得实惠。在调研了游客与村民的需求之后，章小云团队又拿出了一套新的运营方案，依托"忠孝学堂"，与专业研学机构合作升级"忠孝文化"课程，策划推出做麻酥糖、编草鞋、一封家书、农耕运动会等活动，同时，增设了小火车、土灶头、户外拓展等体验项目。此外，还设计出与周边景区景点串联的游线，将原本半天的行程，延长为一到两天。

自从村里有了体验项目，客流量大增，因残障而无法外出就业的小李也摆起小摊，做起生意。他说，春秋旅游旺季，每天的营业额可达 7000 元。村口小卖部每月平均收入也从最初的 4000 元增加到 10000 元以上。

不忍看着祖辈的手艺后继无人，陈春娇辞去城里稳定的工作，回乡继承父亲陈锦逵的手艺，推出手作麻酥糖体验项目，进行现场教学，在运营商协助下对麻酥糖商品进行包装、宣传，还成功将麻酥糖制作技艺申报为临安区区级非物质文化遗产。有了运营商的赋能，曾经的小作坊摇身一变成了麻酥糖休闲茶吧，集参观、制作、体验、销售于一体。随着电商销售渠道的打通，陈春娇做的麻酥糖名气越来越大，还有国外的客人找她购买。2023 年，陈春娇的儿子、儿媳也从城市回到家乡继承祖业。回首这几年的发展历程，陈春娇感触颇深："自运营商入村运营后，村子有了生气。经过运营商的包装宣传，我的麻酥糖更加畅销了，来杨溪村的游客总会人手好几份带回家。"

"从最初打造'祠堂变学堂'到整村运营，真正把文化资源的价值挖掘了出来，将文化资源优势转化成文化产业优势，仅 2023 年上半年，杨溪忠孝学堂研学就接待中小学生 2 万余人，实现村集体经济效益 26 万余元。"杨溪村党总支书记陈建政说。

为"空心村"打开与外界的对话之门

有文章这样形容龙门秘境："从驶入盘山公路那一刻起，目之所及皆是绿色，它们是竹海、梯田和果园。往山下望去，是潺潺的溪流，有'山之麓，河之曲，一湾秀色盘虚谷'之感。"

龙门秘境，一个由石门、龙上、大山 3 个行政村组成的村落景区，最高处海拔 1170 米。行走在村落洁净的石子路上，眼前是白墙黛瓦的民居，"油登粿"香扑鼻而来，身边走过的游客满脸惬意，村巷中阿公阿婆热情地打招呼，新四军纪念馆内传出动人的讲解声……

2017 年以前，龙门秘境还是"空心村"，如同它的名字一般，隐秘、鲜为人知。境内的狮子山有着得天独厚的自然优势和地理风貌，孕育出一项独具在地文化特色的攀岩项目，它的启动，打开了龙门秘境与外界的对话之门。

"曾有人说高虹镇'是一个没有民宿、没有景点的地方'。我是土生土长的高虹镇人，外婆家在大山村，那里有竹海、梯田、果园，儿时每天路过的石门村是出了名的古村落，怎么能说高虹镇没有景点呢？"龙门秘境的运营商娄敏说。

临安举办面向全国招引乡村运营师的活动后，娄敏决定运营龙门秘境。为了保留乡村原汁原味的生态本底和文化特色，她和团队以"运营前置"的策划思维，对龙门秘境进行整村产业规划设计。

入村不久，娄敏与村里签订合作协议，共同组建运营公司，协议中不仅包含打造龙门秘境的旅游业态，还包括如何提高村民和村集体收入的内容。起初的运营工作并不顺利，龙门秘境虽然拥有丰富的山乡资源和特色原乡生活，但是人才、资金匮乏，村民老龄化严重、认知水平低。虽说狮子山的攀岩项目已为龙门秘境打开了市场，可是，如何化"美丽生态"为"美丽经济"，将"匆匆过客"变为"悠悠住客"？

娄敏回忆，当时龙门秘境只有十几户农家乐，特色不鲜明，生意也淡。必须充分盘活山水资源，做好从"卖风光"到"卖生活"的文章，才能形成完整的产业链。在充分调研石门、龙上、大山三个村庄之后，娄敏团队确定了以探古、畅玩、康养、研学为主题的秘境之旅，并建起中高端民宿。

"做梦都没想过靠自制特产也能挣钱"

运营的第二年，原本的"空心村"有了"面子"。娄敏团队挖掘当地文化、民风民俗、特色饮食等资源，在村落建设了一批"小而美"的"网红打卡点"，以"前店后作坊"的模式进行产品展示，开展互动体验。原本寂寥的石门老街，因一家家店铺的回归和开张，逐渐恢复了昔日的热闹。来龙门秘境体验原乡生活的游客越来越多。垄上行民宿更是一跃成为龙门秘境的"网红民宿"，随后还发起组建了龙门秘境民宿小集群。每逢节假日，民宿小集群的成员都会在微信群里交流工作，及时分享民宿房间入住情况，在自家民宿满房的情况下，将住客分流到其他有空房的民宿。一些最初持观望态度的农家乐，也纷纷开启"微改造，精提升"。

如今，经过资源整合与重塑，龙潭运动拓展基地、冰川遗存天石滩、康养研学基地金竹坞、大山梯田林家塘、星空之城草山岗等景点，垄上行精品民宿、森林小木屋等中高端民宿酒店，民俗文化体验馆、新四军纪念馆、红色文化体验馆、乡愁记忆馆、乡村振兴馆、攀岩博物馆等场馆，民俗风味小吃体验房、土特产超市、精酿啤酒吧、梯田小火车、音乐烧烤、龙潭奇幻乐园、RC龙腾赛道等旅游配套设施形成合力，共同为龙门秘境摘下了"冷门"的标签。每年举办的华东地区水上攀石精英挑战赛、菊花文化节、龙门秘酱节、农民丰收节、精酿啤酒节、寻味龙门年俗节、嬉水纳凉节、星空之城露营大会等系列节庆活动，为在地文化融入温度，使"龙门秘境"品牌得到广泛传播。

　　"第一届龙门秘酱节后，村里的张阿姨拿着奖金激动地对我说，做梦都没想过靠自制特产也能挣钱。"娄敏介绍，"2023年，我们累计接待游客200余万人次，营收9000余万元，直接解决村民就业300余人，增加村集体经营性收入400余万元，村民增加收入7000余万元，吸引青年、新乡贤68人回乡创业，引入社会资本1.5亿元。"

（文／刘珊）